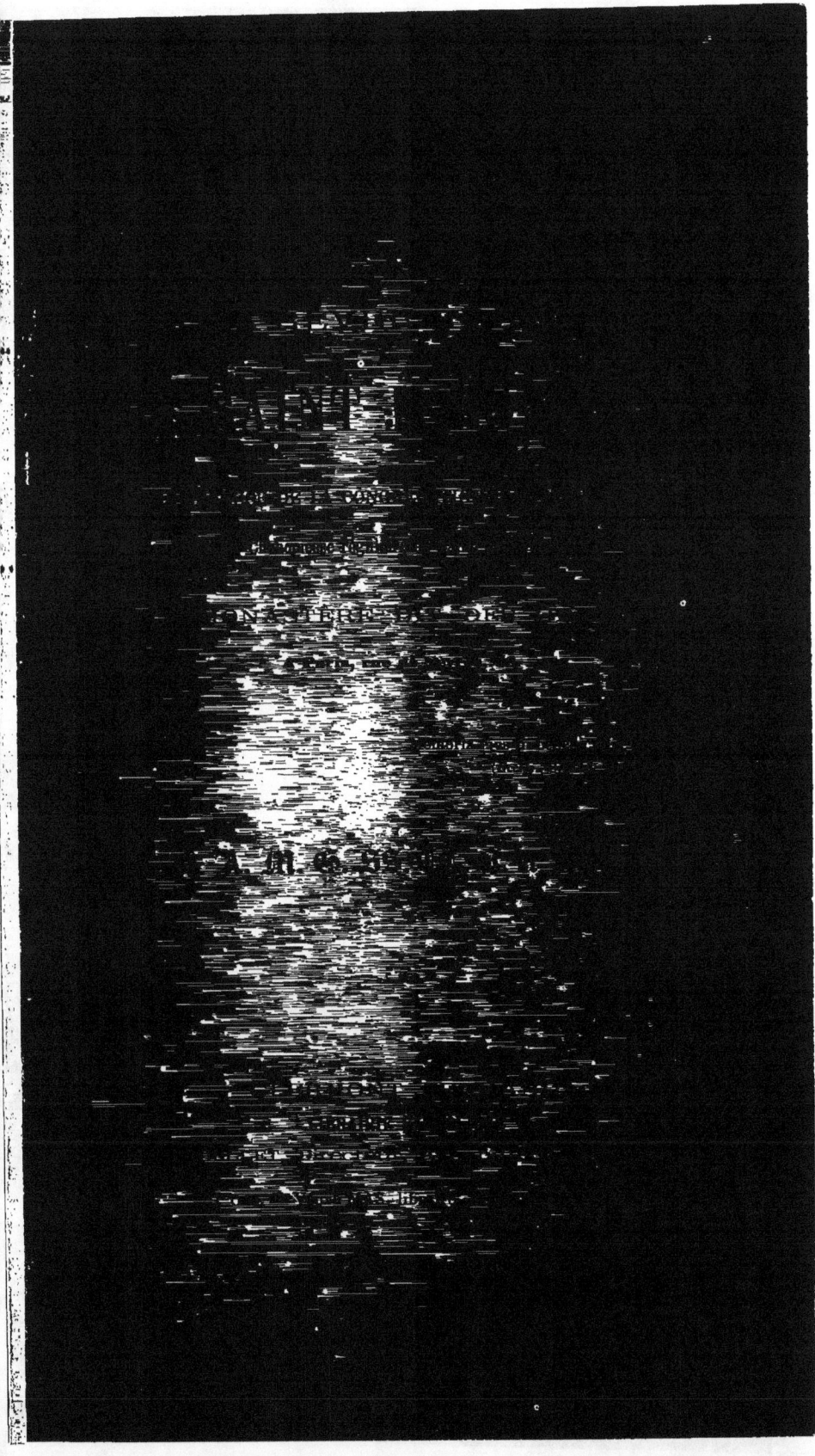

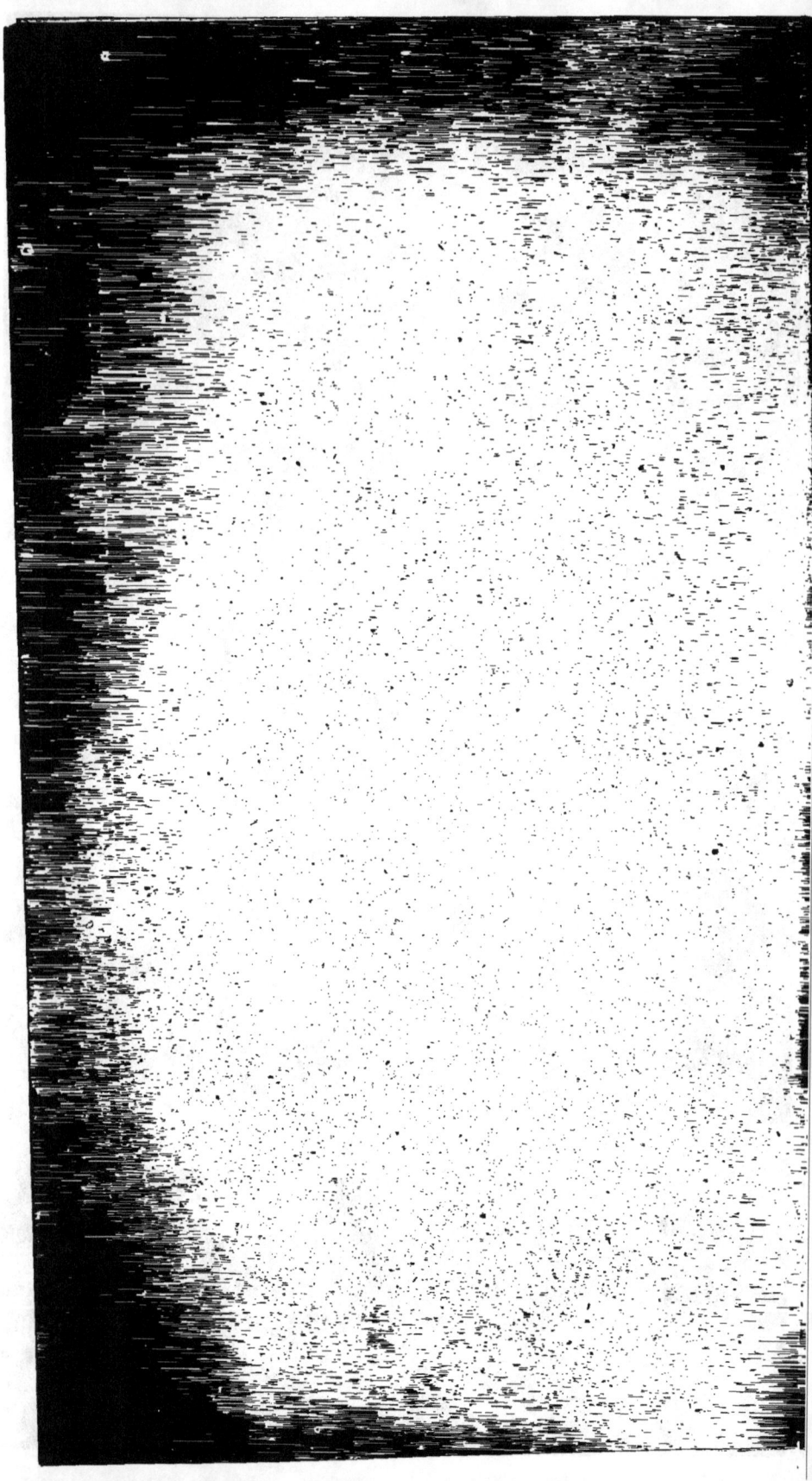

VIE

DE LA

R. MÈRE SAINT-JÉRÔME.

VIE

DE LA RÉVÉRENDE MÈRE

SAINT-JÉROME

RELIGIEUSE DE LA CONGRÉGATION DE NOTRE-DAME

Chanoinesse régulière de Saint-Augustin,

AU MONASTÈRE DIT DES OISEAUX

A Paris, rue de Sèvres, 86.

> Memoria ejus in benedictione est.
> (*Eccles.*, C. XLV, ℣ 1.)

A. M. G. SS. CC. J. et M.

———⚹———

CLERMONT-FERRAND
LIBRAIRIE CATHOLIQUE
M. BELLET, Directeur, avenue Centrale, 4.

1875

GLOIRE ET AMOUR

Aux Sacrés Cœurs de Jésus et de Marie!

———◇———

Telle est la devise que nous lisons en tête des nombreuses lettres et de tous les écrits de notre regrettée Mère Saint-Jérôme. Du séjour de la béatitude, ne semble-t-elle pas nous exprimer le vœu de voir le modeste récit dont elle fera le sujet commencer par ces paroles si familières à son zèle? Elle-même les retraça des milliers de fois; elle eût voulu, de sa main, les inscrire en tout lieu, et constamment elle les porta gravées dans son cœur. Aussi, selon l'interprétation de ses désirs, nous choisissons cette devise pour épigraphe de l'essai dans lequel nous nous proposons de conserver la mémoire d'une sœur qui nous fut si chère! Pendant les courts instants d'exil qui nous séparent encore de cette heureuse élue, nous aimerons souvent à nous unir à elle pour contempler au ciel le Cœur divin qui fut ici-bas son habituelle demeure et le rendez-vous de toutes ses affections.

O Cœurs très-saints de Jésus et de Marie, daignez agréer le premier hommage de cet humble travail. Jésus, bénissez-le. *Que votre grâce se répande sur moi, qu'elle écrive avec moi* (1). Puissé-je imiter les vertus et le dévouement de votre fidèle épouse; puissions-nous tous, à l'envi, répandre sa dévotion chérie, et consacrer nos personnes et nos œuvres à la plus grande gloire des Sacrés Cœurs de Jésus et de Marie!

(1) *Im. de J.-C.*, L. III, C. XVI.

INTRODUCTION

On nous demandait depuis longtemps si nous ne songions pas à écrire la vie de notre chère Mère Saint-Jérôme, et si nous ne ferions rien connaître de ce qui se rattache à sa mémoire bénie.

Sans parler des évènements qui nous ont apporté tant de troubles, plusieurs motifs nous avaient empêché jusqu'à présent de répondre à ces affectueuses réclamations, auxquelles il nous est aujourd'hui bien doux de faire droit.

C'est à vous, amies fidèles et dévouées, à vous chères élèves, dont nous avons souvent entendu les filiales sollicitations, que nous devons offrir ce recueil de souvenirs, mémorial qui vous est tout spécialement destiné. Vous aimiez tant la Mère Saint-Jérôme que, nous en sommes sûr, vous accueillerez avec bienveillance les moindres détails qui vous la rappelleront.

Des relations amicales, sincères et constantes; des rapports très-intimes nous ont permis de conserver dans notre cœur le dépôt des faits dont il nous sera consolant de vous entretenir. Notre chère Mère se retrouvera en quelque sorte elle-même au milieu de vous, et chaque fois que nous le pourrons, nous ne manquerons pas de vous faire entendre son propre langage, et de vous transmettre directement sa parole écrite.

Il faut vous l'avouer cependant, à peine mettons-nous la main à l'œuvre pour l'exécution de notre travail, que nous y rencontrons plusieurs difficultés. Aussi, dans l'appréhension de ne pouvoir satisfaire que très-imparfaitement vos désirs, nous avons besoin de nous appuyer sur l'obéissance et d'élever nos pensées, afin de ne former, dès le début, que le dessein de remplir un religieux devoir en accomplissant la volonté de Dieu.

Vous savez quelles étaient les qualités de la Mère Saint-Jérôme, et vous en aviez fait une appréciation aussi juste que favorable. La première de nos difficultés est précisément de faire ressortir sa supériorité et ses mérites, si bien cachés sous des dehors simples et naturels : rien d'extraordinaire ne s'est produit dans la vie de cette modeste religieuse.

La carrière de notre bien-aimée Mère s'est entièrement écoulée dans notre couvent, qu'elle n'a jamais quitté ; et, pour la suivre, nous n'aurons point à sortir de cet asile béni. En demeurant avec elle toujours sur le même terrain, sans franchir cette pieuse enceinte où se traverse la vie régulière la plus uniforme, comment éviter l'écueil des redites et de la monotonie ; comment donner à ce récit la physionomie vive et variée des histoires de notre époque, dans lesquelles les descriptions et les épisodes occupent une si large place ?

Dès le bas âge, Dieu avait entièrement brisé pour notre

sœur tous les liens de famille. Il n'a donc jamais rien existé de cette correspondance dont l'écho éveille tant de sympathies et fait si sensiblement vibrer la fibre du cœur. Pour l'enfance et la jeunesse de celle qui fut notre compagne, nous n'avons d'autres ressources que nos souvenirs et quelques notes manuscrites sur les évènements contemporains. Une fois arrivé au temps où vous avez le plus connu la Mère Saint-Jérôme, c'est vous qui nous fournirez la plupart de nos matériaux. Nous ferons usage de tout ce que nous pourrons extraire des lettres que vous avez bien voulu mettre à notre disposition, regrettant qu'il ne nous soit prudemment permis d'en publier que quelques passages. Même en supprimant les noms propres, il serait encore possible de les deviner, et nous ne saurions nous exposer à l'inconvénient de mettre au jour des confidences personnelles. Il se trouve toutefois encore de l'intérêt et de l'édification dans les fragments qui nous ont servi et dans la partie de cette correspondance que la discrétion nous permet d'insérer ici.

Nous comptons, du reste, principalement sur votre indulgente affection pour suppléer à tout ce qui nous manque et fait défaut à notre récit. C'est, d'ailleurs, pour nous-même une véritable consolation de vous dire quelque chose sur un sujet qui a tant d'attrait pour votre cœur, et de parler avec vous de celle que le Ciel nous a trop tôt ravie. Sa douce voix, mêlée de temps en temps à celle de notre vénérée Mère Sophie, s'unira à notre causerie. En leur compagnie, nous parcourrons la demeure qu'elles ont habitée ici-bas ; nous y rencontrerons les personnes qui vivaient avec elle, et nous trouverons la mère et la fille également identifiées à la famille religieuse qu'elles ont tant aimée !

La Mère Saint-Jérôme était comme la personnification des Oiseaux. C'est ce que notre Mère Sophie exprimait en deux mots qui peignent le caractère expressif de son langage : « La petite Mère Saint-Jérôme, disait-elle, ce sont les Oiseaux incarnés ; c'est là toute l'explication de ses succès et du bien qui se produit autour d'elle. » En effet, ou la Mère Saint-Jérôme avait été faite pour les Oiseaux, ou les Oiseaux avaient été faits pour elle. C'était un type accompli des sujets qui conviennent pour l'éducation des femmes chrétiennes, instruites et solidement pieuses, comme celles que nous avons la joie de nommer nos anciennes élèves.

Il ne faut pas s'attendre à trouver dans la Mère Saint-Jérôme une sainteté prématurée et toute faite. C'est d'abord l'enfant, la pensionnaire avec ses qualités et ses défauts ; puis l'élève intelligente et studieuse, avide de succès, n'aspirant qu'à acquérir les connaissances et les talents dont elle ne comptait point faire le sacrifice. Vous la verrez à la lutte contre l'appel de Dieu, dont elle se défendait d'autant plus qu'elle se croyait moins digne du regard divin. Après avoir posé les armes et s'être rendue à la grâce, les circonstances lui permettront, pendant un fervent noviciat, de faire la meilleure étude préliminaire de la vie religieuse, retirée dans la solitude de Corbeil, avec de nombreuses compagnes qui l'édifiaient et dont elle-même était l'édification. Engagée irrévocablement à la suite du divin Epoux, elle ne cessera de se dévouer à son amour, de lui gagner des âmes et de s'employer à procurer sa gloire. Son esprit, son cœur, ses talents, tout sera mis, dans ce but, au service de sa communauté, de ses élèves, et même de notre ordre entier, dans tout ce qui était de son ressort. Nous la verrons à l'œuvre, multipliant ses travaux pour l'instruction des enfants, composant presque comme délassement ses nombreux écrits, où l'on respire la tendre piété qu'elle avait puisée dans son amour pour les sacrés Cœurs de Jésus et de Marie, sa plus chère dévotion. Enfin, purifiée dans les douleurs d'une longue et cruelle maladie, perfectionnée par les épreuves dont Dieu gratifie les âmes fortes et fidèles, elle recevra, en récompense de son amour filial pour la sainte Eglise, la faveur suprême de la bénédiction de Pie IX, ce pontife admirable pour lequel elle avait une si profonde vénération, et quittera la terre en vrai fille de Notre-Dame, avec les noms de Jésus et de Marie sur ses lèvres expirantes.

VIE

DE LA

R. MÈRE SAINT-JÉRÔME,

Religieuse de la Congrégation de Notre-Dame,

Née le 1er novembre 1810 — Décédée le 11 décembre 1868.

CHAPITRE Ier

ENFANCE DE LA MÈRE SAINT-JÉRÔME.

Premier âge. — Entrée au pensionnat de la *Maison des Oiseaux*. — Première communion de Pauline. — Description de la cérémonie. — Ancienne chapelle. — Confirmation : Monseigneur de Quélen, archevêque de Paris. — Le prince de Rohan-Chabot.

> *Tenuisti manum dextcram meam ;*
> *et in voluntate tua deduxisti me....*
> Vous m'avez pris, Seigneur, comme par la main ;
> et vous m'avez conduit selon votre volonté....
> *Ps. LXXII.*

Au mois d'octobre 1821 entrait au pensionnat de la maison *des Oiseaux* (1) une enfant de dix ans, sur laquelle Dieu avait jeté un regard de prédilection et qu'il destinait à devenir sa fidèle épouse, l'une des plus ferventes reli-

---

(1) Ce nom, donné exclusivement au monastère de la Congrégation de Notre-Dame situé rue de Sèvres, 86, à Paris, était celui de l'ancien *hôtel des Oiseaux*, occupé actuellement par les religieuses du couvent. L'origine de ce nom est aujourd'hui très-connue.

gieuses de la congrégation de Notre-Dame et l'apôtre zélé de son divin Cœur.

Privée de ses parents presque dès sa naissance, Pauline Ethmann ne connut pas les douceurs du foyer paternel. Elle fut laissée par la providence aux soins d'une famille distinguée, qui veilla avec sollicitude sur ses tendres années, et la remit dès le bas-âge aux mains d'institutrices capables et chrétiennes. Par leur entremise l'enfant fut à même de recevoir de très-bonne heure l'impression des meilleurs exemples, et les prémices de cette instruction qui, dans la suite, devait prendre un rare développement.

Pauline avait quatre ou cinq ans à peine, que déjà on remarquait en elle, outre sa précoce intelligence, de précieuses qualités de cœur, parmi lesquelles se distinguaient une bonté et une sensibilité extrêmes. Toute petite fille encore, dès qu'elle apercevait un enfant mal vêtu, ayant l'air souffrant ou malheureux, elle courait à lui, le caressait, l'embrassait comme son propre frère, et lui donnait avec empressement tous ces riens auxquels les enfants tiennent et qui sont pour eux l'objet d'un sacrifice. Aussi, notre petite n'aimait pas qu'on la soupçonnât d'indifférence. Une fois, par l'effet peut-être de son jugement prématuré, s'étant montrée peu sympathique à la lecture d'un fait émouvant, elle crut entendre sur son compte l'accusation d'insensibilité. Aussitôt Pauline fit voir du moins qu'elle n'était pas insensible au soupçon, et sur-le-champ, pour s'en laver publiquement, elle entra dans un accès de colère enfantine qui commençait à révéler l'énergique vivacité de cette nature, très-longtemps sujet de combats et source de mérites.

Mme de F..., seconde mère de Pauline, l'envoya, lorsqu'elle eut six ans, apprendre les éléments du petit catéchisme chez une ancienne religieuse, chassée de son couvent par la première tourmente révolutionnaire. L'enfant, toujours très-attentive aux explications données par la bonne religieuse, fut un jour particulièrement frappée d'une instruction à sa portée, sur les caractères et la malice du péché. A peine eut-elle compris que déjà elle pouvait avoir quelque faute sur la conscience, que, de sa propre autorité, spontanément et sans hésitation, elle se fit conduire immédiatement à confesse, acte chrétien dont elle dut s'acquitter avec la maturité qu'annonçait cette démarche d'une volonté si énergique et d'une raison si prématurée.

Peu de temps après, une circonstance fit connaître ce qu'on avait lieu d'attendre d'une âme dans laquelle le zèle brûlait si tôt, et comme à son insu. Ayant entendu parler d'un personnage de sa connaissance malade à l'extrémité : « Pense-t-on, dit Pauline, à lui faire recevoir les der-« niers sacrements ? » L'accueil assez froid fait à sa question lui causa de la surprise et de la peine. « Com-« ment, dit-elle, s'étonnant de l'indifférence qui entourait « le malade, on le laissera mourir ainsi. » Puis, s'animant de plus en plus, elle redoubla de poursuites et d'efforts et fit tant, par elle-même et par d'autres, qu'on alla chercher un prêtre. Le malade eut ainsi le bonheur d'être administré, et put devoir son salut au zèle industrieux d'une enfant de sept ans.

Elle était d'ailleurs si raisonnable en toutes choses, que M. de J..., son tuteur, la conduisait aux expositions, dans les musées, et partout où l'on admirait les chefs-d'œuvre de l'art, se contentant de lui dire, en lui désignant les sujets qu'elle ne devait pas voir : « Pauline, « ceci n'est pas pour les petites filles, il ne faut pas le « regarder. » Cela suffisait, et jamais elle n'eut à se reprocher ni une désobéissance, ni une curiosité. On jugera de son mérite par ses impressions lorsqu'elle assistait aux spectacles des enfants. La vue de ces scènes innocentes, où se retraçaient quelques traits de grandeur et de générosité, la transportait au point d'agir sur son imagination jusqu'à troubler son sommeil et nuire à son repos. Sa petite âme était comme enthousiasmée par ce beau idéal que son esprit lui représentait, avant qu'elle le comprît et sût le définir.

Se trouvait-il quelque album ou quelque livre dans un salon où notre petite était admise, elle se sentait comme invinciblement attirée par ces objets que les enfants n'aperçoivent même pas ; ne pouvant lire ces volumes, elle en considérait la forme, les touchait, les tournait, les retournait de ses petites mains, en suivait les caractères de ses petits doigts, et, s'arrêtant là, elle demeurait en admiration, comme d'autres enfants devant un jouet, paraissant s'amuser d'une manière extraordinaire près de ces sources de la science où son esprit n'était pas encore capable de puiser.

Nous n'avons, du reste, recueilli aucun autre détail sur la première enfance de la Mère Saint-Jérôme, les témoins qui auraient pu nous en instruire ayant tous disparu.

Toutefois, nous regrettons peu la privation de ce qui nous fait défaut sur ces jours qui précèdent la raison, et ne comptent pour ainsi dire pas dans l'existence, lorsque nous songeons que notre principal objet est de retracer particulièrement dans cette vie édifiante la période de sacrifice et d'immolation, assez riche de dévouement, de travaux et de vertus pour suppléer à ce qui n'est pas venu à notre connaissance ou qui manque à nos souvenirs.

Pauline avait donc déjà passé un certain temps dans des institutions séculières, et, de plus, une année entière au pensionnat du Sacré-Cœur, lorsqu'elle nous fut confiée par son tuteur et par l'honorable famille qui s'occupait d'elle.

La Mère Raphaël, dont parmi nous chacune se rappelle la perspicacité et la pénétration, en même temps que la finesse d'esprit et la charmante naïveté, sut, du premier coup d'œil, discerner les qualités de la nouvelle élève, et deviner tout le parti que l'éducation pourrait tirer d'une nature si bien douée. Soudainement inspirée comme par un mouvement prophétique, ou plutôt animée par son désir de voir cette âme d'élite appartenir toute entière à Notre Seigneur. « Cette petite me plaît, dit-elle « tout bas à quelques religieuses présentes ; je vais la « demander à Dieu, et il nous la donnera. » Pauline, comme l'on pense bien, n'eut aucune connaissance de la naïve communication, qu'il n'eût pas été prudent de lui laisser soupçonner : toutefois la prière que Dieu seul entendit fut pleinement exaucée. La Mère Raphaël ne quitta plus l'enfant qui devint sa sœur, et ces deux saintes religieuses, après avoir toujours vécu ensemble sous le même toit, terminèrent presque en même temps leur pèlerinage pour aller se réunir dans la céleste patrie.

Extraordinairement avancée pour son âge, Pauline fut immédiatement placée dans la troisième classe, où son développement intellectuel et son travail soutenu lui permirent de prendre dès lors, parmi ses compagnes, le rang supérieur dans lequel elle sut toujours se maintenir. Quoique bien jeune, elle fut inscrite, dès 1823, sur la liste de la première communion. Une sagesse prématurée, plus encore que son instruction religieuse déjà si complète, la fit admettre unanimement et sans hésitation au nombre de celles qui formaient le troupeau privilégié. Examinée consciencieusement et longtemps à l'avance par la Mère Cécile, chargée de ces heureuses enfants, Pauline répondit sur les articles du catéchisme et sur tous les points de la doctrine chrétienne avec tant de clarté et de précision, que la maîtresse en était surprise, n'ayant jamais trouvé tant de lucidité et de justesse dans les réponses de ses élèves même les plus avancées. Tel est le témoignage que nous rend la Mère Cécile (1), âgée aujourd'hui de près de soixante-seize ans. Ces longues années n'ont rien fait perdre à cette bonne Mère de la mémoire la plus exacte, et c'est à l'aide de son récit et de plusieurs notes détachées que nous reproduisons, au sujet de notre première communiante, les principaux détails de

---

(1) La mère Saint-Jérôme conserva toujours la plus tendre reconnaissance envers celle qui l'avait disposée à sa première communion. Elle touchait à ses derniers moments, lorsque, voyant approcher la mère Cécile : « *Ah! ma mère*, lui dit-elle, *c'est vous qui m'avez préparée à ma* » *première communion.* »

la retraite qui précéda le beau jour et la cérémonie du 29 mai 1823.

Cette époque, fête du Saint-Sacrement, fut fixée pour la touchante solennité, qui devait se célébrer cette fois avec une pompe nouvelle et inaccoutumée jusque-là. Les enfants désignées, l'élite de nos moyennes, étaient toutes remarquables par leurs excellentes dispositions. Deux mois avant l'époque désirée, la portion choisie, placée sous une garde spéciale, devint l'objet d'une vigilance et d'une attention toutes particulières. L'oraison, l'instruction chrétienne, les récréations du soir se firent à part jusqu'à l'ouverture de la retraite, c'est-à-dire trois jours avant la fête. Un pavillon, situé à l'extrémité du jardin, était le bâtiment le plus commode pour l'ériger en chartreuse. Aussi ce local fût-il bientôt transformé en désert où l'on ne vit plus que de jeunes solitaires de douze ans. Dans cet asile de paix et de recueillement, loin du tumulte du pensionnat, chacune construisit, ou plutôt organisa d'avance une petite cellule où elle eut sa chapelle, son prie-Dieu, et tout ce qui pouvait favoriser sa dévotion particulière. Dès que ces nouveaux ermites furent complètement isolés et séparés des autres élèves, on prit les moyens de leur éviter toute distraction. A ce dessein, recommandation leur fut faite de ne s'inquiéter nullement de ce qui se passait autour d'elles et de ne point regarder çà et là inutilement. Pauline fut si fidèle à garder cette modestie des yeux qu'elle ne put dire quelles étaient ses vis-à-vis à la table commune où se prenaient les repas ; elle résista de même à la tentation, bien plus forte et très-pressante pour elle, de jeter un coup d'œil innocent sur l'enceinte où se faisait pour ses compagnes une distribution de ceintures dont le changement marquait la division nouvelle, ou le nouveau degré d'avancement dans les classes. « Pauline se distinguait ainsi parmi toutes, dit encore la Mère Cécile; elle faisait sa retraite comme un petit ange. J'étais frappée de son recueillement profond et de sa tendre piété; mais ce qui m'étonnait surtout, c'était ses résumés d'instruction : ils étaient charmants. » En effet, on devait déjà commencer à respirer dans ce style d'enfant quelque chose de ce que l'on goûtait plus tard en lisant les lignes tracées par cette plume de la Mère Saint-Jérôme, dont le naturel avait tant de charmes.

Les instructions, que Pauline écoutait et résumait si bien, avaient pour sujet des vérités profondes et pratiques, et revêtant un tour de gaîté et de simplicité tout à fait propres à captiver l'attention des enfants. Aussi le prédicateur (1) fût-il généralement très-goûté, et sa parole

---

(1) Le prédicateur était le Père *Charles Gloriot*, de la Compagnie de Jésus. Né à une époque où fermentait le levain de l'incrédulité moderne, il régla dès l'enfance sa conduite d'après les principes de foi et de religion, qu'il avait puisés dans une famille chrétienne, où furent cultivés avec soin ses heureuses dispositions et sa tendre piété.

Après avoir fait ses études avec succès et suivi à Besançon son cours de théologie d'une manière brillante, il fut promu au sacerdoce et entra dans la société des Pères du Sacré-Cœur, réunie depuis aux Jésuites. Pendant un laborieux noviciat, il perfectionna en lui l'homme intérieur et travailla à acquérir cette vaste érudition et ces connaissances théologiques qui donnaient tant de solidité à ses discours. Profondément pénétré des vérités saintes, il annonçait la parole de Dieu avec cet accent persuasif et cette ferme conviction qu'une foi vive peut seule inspirer, et son éloquence, pleine d'onction et de force, triompha souvent des résistances les plus opiniâtres.

Pendant une carrière remplie d'utiles travaux, ce digne ouvrier évan-

fit sur son jeune auditoire une impression fructueuse et durable. Le Père Ronsin (1) voulut bien se charger de la conduite de nos premières communiantes. C'était un

gélique fut souvent employé aux missions et aux retraites, pour lesquelles il avait autant d'aptitude que d'attrait. Aussi y déploya-t-il un zèle qui fut couronné des plus admirables succès. De trois missionnaires compagnons d'apostolat : le P. Thomas, le P. Caillat, le P. Gloriot, le premier était surnommé le *Bon Père,* le second, le *Père éloquent,* et le P. Gloriot le *Père sublime.* En effet, ce dernier s'élevait tellement dans les pensées de la foi que sans sortir de sa simplicité naturelle, il était fréquemment comme ravi dans la contemplation des mystères de notre sainte religion. Et lorsqu'il traitait ces graves questions, il ne pardonnait pas à ses auditeurs la distraction la plus légère. Une fois que, par une circonstance imprévue, l'attention de son auditoire fut un moment détournée, l'orateur s'arrête tout court au milieu du sujet qu'il développait dans la chaire. — « Comment, dit-il après un moment de silence, ces vérités sont si magnifiques, et pour une chose de néant nous sommes obligés de rompre l'enchaînement de ces belles démonstrations ! » C'était surtout à Tertullien, à saint Jean Chrysostôme et à saint Augustin, qu'il empruntait les vives images, les traits saillants et les aperçus lumineux qui frappaient les esprits et faisaient oublier l'abandon de son style.

A l'exemple des saints, le P. Gloriot, par la vivacité de sa foi et son ardent amour pour Jésus-Christ, voyait tout en Dieu et Dieu en tout. Il honorait d'un culte particulier le Cœur adorable de Jésus, avait la plus tendre confiance envers la sainte Vierge et apportait souvent comme une preuve admirable de la religion la constance des saints martyrs. Ayant lui-même découvert à Autun l'emplacement du martyre de saint Symphorien, il prit l'habitude de porter sur lui une relique de ce jeune héros et donnait ordinairement sa bénédiction avec cette sainte relique.

Fils dévoué de la sainte Église, il aimait à rappeler, comme une des grandes consolations de sa vie, le bonheur qu'il avait eu de baiser les pieds de Sa Sainteté Pie VII lors de son passage à Lyon en 1804.

Épuisé de travaux et de fatigues, ce vertueux prêtre, enrichi de nouveaux mérites par de douloureuses infirmités, alla recevoir sa récompense en 1844, à l'âge de 76 ans, ne cessant jusqu'à la fin d'exprimer par de touchantes aspirations les sentiments dont son cœur était rempli.

(Extrait en partie des Notices du P. A. Guidée.)

(1) On trouvera sa notice abrégée dans le cours de cet ouvrage.

directeur expérimenté, qui s'insinuait promptement et habilement dans les âmes, dont bientôt il gagnait la confiance, et qu'il avait le talent de transformer et de conquérir à Dieu. Lorsqu'il parlait de sa petite Pauline, c'était toujours avec un accent tout paternel et un sourire très-significatif : aussi l'on comprenait, malgré son silence, qu'il pouvait pénétrer les desseins du Ciel sur cette jeune âme. Ce fervent apôtre du Sacré-Cœur de Jésus avait-il déjà reconnu dans cette enfant sa future disciple? — C'est ce que nous ignorons. Quoi qu'il en soit, il prenait d'elle un soin particulier et venait le plus souvent possible, avec la supérieure, l'excellente Mère Sophie, l'entretenir familièrement du grand objet qui occupait uniquement toutes les petites solitaires.

Plus le grand jour approchait, plus la ferveur allait croissant. « La veille, nous dit Pauline, dans quelques notes écrites de sa main, c'était déjà commencement de fête pour le cœur. A l'issue d'une exhortation bien propre à nous exciter au repentir de nos fautes, chacune s'approcha du tribunal de la pénitence, et nous reçûmes pour la première fois l'absolution qui nous mettait en grâce avec notre Dieu. A mesure que nous sortions du confessionnal, des voiles blancs, symbole de pureté, remplaçaient les voiles noirs que nous avions portés jusque-là : puis, intérieurement purifiées, nous étions reconduites tour à tour dans notre solitude, pour faire notre action de grâces devant une relique de la vraie croix, qu'on avait exposée à notre vénération. La joie et la paix inondaient tellement notre cœur, que plusieurs d'entre nous arrosèrent le plancher de leurs larmes, et qu'il fallut, pour ainsi dire, nous arracher du pied de la sainte relique, où nous voulions toutes demeurer prosternées. Le soir, on nous conduisit ensemble demander pardon à nos Mères, puis à nos compagnes. Les unes et les autres en furent très-émues, nous promirent l'oubli de nos fautes et toutes leurs prières pour le lendemain ; inutile d'ajouter que déjà nous avions réparé nos torts envers nos chers parents, qui nous avaient tous donné leur précieuse bénédiction. Notre âme fut dès-lors plongée dans un océan de bonheur. Il n'y avait plus qu'une nuit à passer avant que notre Dieu lui-même vint par sa présence mettre le comble au plus ardent de nos vœux. Ah ! que cette nuit nous parut longue ! La pensée du moment si impatiemment attendu et si vivement désiré nous réveillait à toutes les heures, et chacune répétait, jusque dans le sommeil, ces douces aspirations : *Mon bien-aimé ne paraît pas encore..., venez, Jésus, mon cœur soupire après vous comme le cerf altéré,* etc.

En 1823, on introduisit dans le costume des premières communiantes une particularité qui devait, en quelque sorte, le renouveler et lui faire prendre une élégance qui ne nuisît toutefois en rien à sa simplicité primitive. Bien que ces ornements extérieurs fussent parfaitement uniformes et n'eussent rien d'extraordinaire, on eût pu craindre que la nouveauté ne causât quelques distractions à celles qui devaient les porter pour la première fois. Afin de les prémunir, on les avertit à l'avance de ce changement, mais cette précaution fut superflue ; leur cœur était trop pénétré de la grandeur de l'action qu'elles étaient si près d'accomplir, pour que leur esprit n'en était pas uniquement occupé. « Le matin, avant la messe, continue le récit de Pauline, on nous présenta à maman Sophie, qui nous accueillit avec une tendre bonté; elle nous parla de la grâce insigne que nous allions recevoir et voulut bien, à notre prière, nous donner, comme nos parents, sa maternelle bénédiction. »

Ainsi préparé, le bataillon privilégié fut disposé en ordre et dirigea sa marche vers le lieu saint. La modestie, le calme, le bonheur qui paraissaient sur la physionomie de chacune de celles qui le composaient, inspiraient la dévotion, et tous les cœurs étaient émus à l'aspect de cette troupe angélique.

Le sanctuaire où résidait le grand Dieu qui allait se donner à ses petits enfants était une humble chapelle qui laisse parmi nous d'impérissables souvenirs (1). On avait

(1) C'est aujourd'hui une salle de dessin dont le fond présente encore à la partie supérieure un ancien tableau des sacrés Cœurs de Jésus et de Marie, auquel se rattachent nos plus chers souvenirs de famille. Cette peinture, qui n'est pas un chef-d'œuvre, a cependant conservé sa place d'honneur et doit y rester comme mémorial de la destination primitive de ce local béni. Ce fut dans ce modeste sanctuaire que la mère Saint-Jérôme fit sa première communion. Elle y reçut la confirmation, y prit l'habit religieux et y prononça ses vœux solennels. A l'époque de sa profession, nous n'avions pu encore réaliser le projet de faire construire l'Eglise qui nous devenait de jour en jour plus indispensable, et où Notre Seigneur fut depuis logé un peu plus convenablement. Toutefois, ce bon maître daigna de nouveau, en 1871, honorer de sa présence réelle l'humble petite chapelle qu'il avait autrefois habitée. Il n'est pas sans intérêt d'en **rapporter la cause.**

On se rappelle que le bombardement dont les Prussiens menaçaient Paris, après trois mois de siège, commença le 6 janvier de cette malheureuse année pour le faubourg Saint-Germain. Déjà nous avions reçu sur notre terrain plusieurs éclats d'obus, lorsque, dans la nuit du 10 au 11 janvier, un de ces formidables projectiles tomba sur une cellule dépen-

pris soin de la parer le mieux possible pour la cérémonie. Des tentures y furent posées avec goût, des tapis en couvrirent toute la longueur et des places d'honneur furent réservées aux premières communiantes, afin que tout

dante de la sacristie, la fit voler en éclats ainsi qu'une partie de la galerie voisine, brisa instantanément et simultanément les cent quatorze vitres d'une façade de bâtiment à trente pas duquel l'obus avait éclaté. Un seul des fragments meurtriers, projetés de part et d'autre, pénétra dans l'intérieur des appartements où reposaient au premier une vingtaine de religieuses. Le projectile fut dirigé par une main providentielle sur le seul lit resté vide parmi tous les autres. Après cet événement, le Saint-Sacrement fut immédiatement descendu dans un lieu sûr, au-dessous du maître-autel, puis, deux jours après, transporté dans une petite crypte disposée à l'avance au fond de notre meilleure cave, et la communauté s'établit dans les caves adjacentes. Pendant vingt-un jours, chaque matin, la Victime sacrée renouvela la grande immolation dans ces nouvelles catacombes, et l'on s'empressait à l'envi d'aller tenir compagnie au Roi céleste qui, pendant ce danger, n'avait pas voulu priver de sa présence et de sa protection les filles de Marie sa mère.

Le 13 janvier, date mémorable dans nos annales, un second obus visita notre jardin : c'était l'annonce de celui qui traversa la toiture de notre église dans la nuit du 15 au 16. La poutre principale, qu'il toucha extérieurement, fut soudainement comme pulvérisée; ses menus fragments, accompagnés de pièces de mitraille et mélangés avec les plâtres de la voûte, furent lancés de toutes parts à l'intérieur de la nef et portés jusque dans la tribune qui domine le porche. Les vitraux de plusieurs fenêtres furent cassés, des dalles enfoncées, les bancs des élèves criblés comme avec du plomb de chasse. Rien cependant ne fut endommagé du côté de l'abside : ni la chaire sculptée qui touchait à l'ouverture faite par l'obus, ni la balustrade formant la sainte table, ni le maître-autel merveilleusement préservé, un éclat considérable ayant franchi avec la plus étonnante précision un vide de quelques centimètres formant tout l'intervalle entre le tabernacle et le premier chandelier; ni surtout, au milieu du chœur, un grand lustre suspendu, dont une seule feuille fut détachée pour attester une fois de plus la protection du ciel. Bref, les gens de l'art qui visitèrent notre église après l'événement ne purent s'expliquer comment il s'était fait si peu de dégâts dans cet intérieur, où les dommages les plus considérables eussent dû se produire. Pendant les vingt jours du

contribuât à rehausser l'éclat de cette belle fête. La musique et les chants, analogues à la circonstance, se firent entendre pendant le saint sacrifice jusqu'au moment solennel. Alors le célébrant, le Père Ronsin, adressa un discours plein d'onction à ce troupeau béni, et les bienheureux parents, touchés des paroles de la foi, mêlèrent leurs larmes d'attendrissement à celles de leurs enfants. Bientôt les premières communiantes s'étant approchées avec ordre de la table sainte, l'occupèrent d'abord tout entière, puis elles cédèrent la place à celles de leurs compagnes en âge de les suivre, ainsi qu'à un grand nombre de parents, qui mirent le comble à la joie de leurs chères filles en participant avec elles au céleste banquet.

« Après la messe d'actions de grâces, dit encore Pauline, maman Sophie nous réunit dans une salle ornée de fleurs et nous fit servir un déjeuner auquel elle-même voulut bien assister. » Il fallait que tout parlât, pour ainsi dire, aux yeux de ces enfants, comme à leur cœur, afin de graver dans leur mémoire, d'une manière ineffaçable, le souvenir de ce grand jour. Notre Pauline ne l'oublia jamais, et peut-être le Seigneur, qui l'avait choisie de toute éternité pour être à lui seul, inclina-t-il à ce moment sa volonté par ses touches secrètes, à lui offrir les pré-

---

bombardement, trente-cinq mille obus avaient passé sur nos bâtiments. Aussitôt la déclaration de l'armistice, on éprouva une véritable consolation à rendre provisoirement à la salle actuelle de dessin sa destination d'ancienne chapelle ; on y replaça le Saint-Sacrement jusqu'au jour où des menaces plus terribles que les précédentes obligèrent à prendre les mesures de prudence les plus rigoureuses pour prévenir la profanation sacrilège des saintes espèces.

mices de l'holocauste qu'il devait lui demander. C'est d'ordinaire en se donnant lui-même aux âmes pour la première fois que ce bon maître a coutume de leur adresser intérieurement ses premières sollicitations, et de leur faire entendre le divin appel : *Suivez-moi* (1).

A l'issue des vêpres, Pauline fit solennellement, avec ses compagnes, la rénovation des vœux de son baptême. La main levée sur les saints évangiles, chacune prononça devant le Saint-Sacrement cette formule abrégée : *Je renonce à Satan, à ses pompes et à ses œuvres et je m'attache à Jésus-Christ pour toujours.* Tout le pensionnat voulut participer à cet acte imposant et renouveler aussi les promesses du chrétien : puis, s'étant rendues processionnellement à la chapelle de la Sainte-Vierge, les premières communiantes entourèrent son autel, et la consécration générale à Marie fut prononcée au nom de toutes ; chacune vint tour à tour elle-même la résumer en ces mots : « *O Marie ! je vous prends aujourd'hui pour ma mère, je me consacre toute à vous et je promets de vous servir et de vous aimer toute ma vie.* »

« Un salut solennel et la réception du saint scapulaire, ajoute Pauline, terminèrent cette belle fête de ma première communion, de laquelle on pouvait bien dire en général, et moi en particulier : C'est ici le jour que le Seigneur a fait, réjouissons-nous et tressaillons d'allégresse. »

(1) Deux novices compagnes de Pauline avaient fait leur première communion le même jour qu'elle, dans des paroisses différentes. Sans se connaître, ces trois jeunes filles reçurent simultanément la grâce de la vocation religieuse, pour le même ordre et pour la même maison.

Comme les processions de la Fête-Dieu se firent cette année le jour de la première communion, on nous permettra d'en donner en même temps une courte description. Cet épisode est ici d'autant mieux placé que chacune se souvient sans peine du zèle de la Mère Saint-Jérôme pour varier l'expression des sentiments de son cœur dans tout ce qui regardait le culte divin. Il n'est pas une enfant de Marie qui ne se rappelle combien elle était ingénieuse à imaginer de nouvelles décorations, et combien elle s'en montrait prodigue pour orner la chapelle de la congrégation dont elle fut chargée plus tard.

On voulut donc, précisément à cause de la coïncidence de la première communion, donner cette fois une pompe extraordinaire à la procession du très Saint-Sacrement. — Le défilé commença à la sortie des vêpres, et le parcours eut lieu dans tout notre intérieur, où l'on avait disposé trois reposoirs dans les situations les plus agréables du jardin. Quatre premières communiantes, encore parées de leurs couronnes, eurent l'honneur de tenir les cordons de la bannière de Marie, portée par l'une de ses ferventes enfants. Suivait le pensionnat en grand costume, puis la communauté en larges manteaux de chœur, toutes, religieuses et élèves, avaient un cierge à la main, particularité qui ne s'observa qu'une fois, et produisit un effet frappant, surtout dans l'esprit des premières communiantes. Six d'entre elles, choisies parmi les plus petites, dont Pauline faisait partie, tenant des corbeilles de fleurs, en jetaient par intervalle, en même temps que l'on encensait le très Saint-Sacrement.

Quelques heures auparavant, nous avions reçu dans

notre cour d'honneur la procession de la paroisse, qui pouvait alors circuler librement dans les rues de Paris. Un autel, dressé sur des gradins couronnés d'une plate-forme, servit de reposoir à l'Hôte divin qu'il nous était si doux de recevoir. Le clergé des missions, les Sulpiciens, les ordres religieux, entrèrent dans l'enceinte et se développèrent sur plusieurs rangs autour de nos murs, dont le haut était orné de guirlandes et de rameaux de verdure. Après les chants et la bénédiction solennelle, la procession, dans le plus bel ordre, reprit sa marche vers l'extérieur et laissa un souvenir de plus attaché à ce précieux jour. Il se termina par la cérémonie touchante de la déposition des couronnes aux pieds de la Sainte-Vierge. Pauline recueillit les paroles du Père Rousin, qui présidait à cet acte de piété filiale : « Mes enfants, dit-il, vous venez de vous consacrer à la Reine des Anges, et ces couronnes dont vous lui offrez l'hommage sont un gage de votre entier dévouement à son service. Priez cette bonne Mère de vous les conserver, ou plutôt de les transformer un jour pour vous en couronnes immortelles. » La formule de cette offrande étant prononcée, chacune détacha elle-même sa couronne et la déposa aux pieds de Marie en les baisant respectueusement.

C'est ainsi que la description de ce jour mémorable nous fut transmise fidèlement par la Mère Saint-Jérôme, appelée elle-même, dans les temps futurs, à préparer les âmes des enfants à recevoir Jésus dans la sainte Eucharistie.

Quelques jours après sa première communion, le 3 juin, Pauline, ainsi que ses compagnes, reçut la confirmation des mains de Mgr Yacinthe de Quélen, nouvellement élu au siége archiépiscopal de Paris. Le pieux et éloquent prélat nous rappela en quelques mots les admirables effets du sacrement des forts, et sa parole élégante et onctueuse pénétra tous les cœurs. Sans déroger en rien à la dignité pleine de noblesse qui le caractérisait, le nouvel archevêque nous montra tout d'abord tant de bienveillance et d'affabilité, que longtemps il fut parlé avec reconnaissance de son passage au milieu de nous, et notre jeune historiographe ne manqua pas d'en noter les détails.

« Après la cérémonie, dit-elle, Monseigneur voulut bénir les salles d'étude, les dortoirs, réfectoires et toute la maison. Descendu au jardin, dans l'enceinte où les élèves prenaient leurs récréations, il traversa les petits parterres cultivés de leurs mains, et, regardant les fleurs épanouies par leurs soins, il détacha de sa tige une rose que les timides petites filles n'osaient lui offrir. « *Ah!* dit tout à coup sa Grandeur, ressentant les effets des pointes aiguës cachées sous les feuilles, *je vois bien, mes enfants, que vos roses ne sont pas non plus sans épines.* » Cette condescendante et paternelle visite se renouvela en plusieurs circonstances, et c'était chaque fois une fête pour les élèves; Pauline se réjouissait personnellement de son retour, et se chargeait elle-même de conserver les paroles du bon Pasteur. Cependant, après une journée de solitude, nos confirmées retournèrent avec le pensionnat, et c'est là que nous allons continuer de suivre notre ancienne petite sœur, notre bien-aimée compagne.

Peu après sa confirmation, elle eut à recueillir un autre

souvenir, et les termes dans lesquels sa piété nous le transmet prouve quelle impression salutaire il laissa dans son âme.

« Monseigneur le prince de Rohan-Chabot (1), dit-elle,

(1) Louis-François-Auguste, duc de Rohan-Chabot, prince de Léon, depuis cardinal-archevêque de Besançon, était fils du duc et pair, premier gentilhomme de la chambre du Roi en 1815. Contraint de passer sa première jeunesse dans des cours peu chrétiennes, il s'y montra non-seulement fidèle observateur des principes catholiques, mais ouvertement pieux. En 1812, il s'était empressé d'aller visiter Pie VII dans sa prison de Fontainebleau et de lui demander sa paternelle bénédiction. Après la Restauration, il obtint de Louis XVIII le grade de colonel, et dans ce poste il sût toujours allier les formes élégantes de l'ancienne noblesse française avec tout ce qu'on peut y joindre d'honneur et de vertu.

La Providence le soumit à la plus douloureuse épreuve en enlevant inopinément à sa tendresse la femme chérie (Mlle de Sérent) qu'il avait épousée, et qu'il perdit dans les circonstances les plus cruelles. La princesse se disposait à se rendre à une soirée chez l'ambassadeur d'Autriche, lorsque, fermant une lettre avec de la cire, elle en laissa tomber quelques gouttes brûlantes sur l'étoffe légère de sa robe. Le feu y prit aussitôt et se communiqua à ses autres vêtements avec une effrayante rapidité. Voulant fuir le danger, la princesse courut en hâte chercher du secours. Mais le mouvement précipité ne fit qu'accroître l'activité des flammes, dont en quelques instants elle fut enveloppée de toutes parts. Les ravages en furent si prompts que, lorsque le secours arriva, il était trop tard. En vain le duc lui-même voulut-il étouffer le fatal incendie dans ses bras. Ses funestes effets étaient déjà produits, et la duchesse ne survécut que trois heures à ce terrible accident. Le pieux prince baisa la main qui lui présentait cet amer calice; il renonça à toute autre alliance, même à celle d'une princesse de Saxe que Louis XVIII lui offrit pour seconde épouse, et, prenant désormais Dieu seul pour son partage, il entra au séminaire de Saint-Sulpice le 20 mai 1819.

Rapportons ici une circonstance qui nous est particulière. Le duc de Rohan venait d'être admis dans les ordres, lorsque le Père R..., dont il avait été l'un des plus fervents congréganistes, voulut le rendre témoin des admirables dispositions d'une des trois premières religieuses de la maison, la Mère R..., qui touchait à ses derniers moments : « Ma Mère, lui dit le nouveau lévite en se recommandant à ses prières, je ne suis

nous donna le salut le 7 juillet, fête de notre bienheureux Père, et nous adressa quelques paroles très-édifiantes au sujet de notre saint fondateur. A l'imitation de Mgr de Quélen, il aima, dès les premiers temps de son sacerdoce, à célébrer par de pieux panégyriques les fêtes des saints. La vue seule du prêtre modeste et distingué qui venait de dépouiller les livrées du monde pour se revêtir de celles de Jésus-Christ, ayant consommé son holocauste sous le poids d'une croix douloureuse et déchirante, excita parmi nous la plus vive émotion ; aussi les paroles touchantes

que diacre, mais je désire devenir non-seulement un saint, mais un grand saint. — Eh bien, lui repartit la religieuse, avec cette liberté dont elle pouvait user dans cet instant suprême, il faut le vouloir et le bien vouloir ; ne pas se contenter du simple désir et mettre la main à l'œuvre. Pour en venir à la pratique, il y aura beaucoup à faire, mais avec la grâce on vient à bout de tout. »

Ayant reçu la prêtrise en 1822, l'abbé de Rohan ne tarda pas à être nommé grand-vicaire, puis archevêque d'Auch, et en 1829 il fut placé sur le siége archiépiscopal de Besançon et promu au cardinalat. Forcé en 1830 de quitter la France, il y rentra au moment où le choléra menaçait d'envahir son diocèse et revint partager les dangers de son troupeau. Ce fut dans l'exercice périlleux de son dévouement à ses ouailles qu'il fut atteint, à Chenecey, village près de Besançon, du mal qui l'enleva à l'Eglise et aux fidèles dont il était le pasteur. Se sentant près de sa fin, le cardinal forma le désir ardent d'être assisté par le guide qui l'avait dirigé lors de son entrée au sacerdoce. Ce vœu fut exaucé. Le Père R..., conduit providentiellement à Besançon, eut la consolation de s'entretenir pendant deux heures avec le pieux archevêque qui avait été autrefois son enfant spirituel. Dans cet entretien, le Père R... rappela au cardinal les paroles de la Mère R... mourante : « Jamais, dit le prélat, je n'ai oublié le spectacle édifiant de cette sainte religieuse des Oiseaux, non plus que les conseils qu'elle m'a donnés. » Le bon Père R... demeura auprès de l'archevêque jusqu'après son dernier soupir, et nous ne doutons pas que l'apôtre infatigable des sacrés Cœurs de Jésus et de Marie n'en ait ouvert l'entrée immédiate à celui auquel il avait su inspirer sa dévotion chérie.

et pratiques de son exhortation resteront à jamais gravées dans ma mémoire. « Mes enfants, nous dit-il, une des raisons pour lesquelles Notre-Seigneur a voulu se faire homme était de nous présenter un parfait modèle en sa personne. Toutefois, afin que nous ne nous découragions pas par la pensée de sa divinité, ce bon maître nous met de temps en temps sous les yeux les exemples des saints, qui ont été des hommes comme nous, voulant nous porter ainsi à pratiquer plus facilement la vertu. Ce qui les a rendus saints, ce ne sont pas tant les grandes choses qu'ils ont faites que leur fidélité à s'acquitter des moindres devoirs. C'est donc ce que nous devons tendre à imiter particulièrement en eux. Cette correspondance continuelle à la grâce, cette docilité à en suivre toutes les inspirations est le plus sûr moyen de nous enrichir en peu de temps et d'approcher de si beaux modèles. Et, d'ailleurs, c'est par l'exercice des petites vertus que l'on devient capable des plus grands sacrifices, et c'est ainsi que non-seulement votre bienheureux Père, mais tous les saints se sont élevés par degrés jusqu'au premier rang des élus. Car le Seigneur l'a dit : « Parce que vous avez été fidèle en peu de choses, je vous établirai sur beaucoup. Songez à notre grand saint Louis, l'honneur de la France à saint François-Xavier, l'apôtre des Indes, et à ces milliers de héros chrétiens la gloire de la sainte Église. Du reste, chères enfants, ajouta le pieux prédicateur, dans une conclusion qui frappa Pauline et ses compagnes, la vie est si courte qu'elle s'évanouit comme la lueur d'un éclair ; le temps des combats n'est rien comparé à l'éternelle récompense. O grands saints, vous avez passé dix, vingt, trente ans dans l'exil, dans les travaux, dans les tribulations, et vous êtes pour toujours au Ciel, quelle comparaison! — Ah! mes enfants, croyez-en à l'expérience de celui qui vous parle. *Momentaneum et leve tribulationis nostræ..... Æternum gloriæ pondus operatur in nobis.* Dire l'impression que ces paroles produisirent sur les élèves sérieuses serait chose difficile ; l'Ange de celui qui les avait prononcées les fit longtemps retentir à leurs oreilles, et ce fut pour plusieurs une grâce efficace de les avoir entendues.

CHAPITRE II.

LA MÈRE SAINT-JÉRÔME ÉLÈVE DANS LES PREMIÈRES CLASSES.

Pauline entre en seconde. — Sa maîtresse. — Instructions chrétiennes. — Physionomie extérieure de Pauline. — Entrainement. — Classe de première : ardeur pour l'étude. — Episode. — Deux saintes élèves. — Cours supérieur. — Madame R....

> *Beatus.... quem tu erudieris, Domine,
> et de lege tua docueris eum.*
> Heureux celui que vous instruisez, Seigneur,
> et à qui vous apprenez votre loi.
> *Ps. XCIII*, ℣. 12.

En 1825, Pauline était en seconde, sous la mère Saint-Vincent, excellente maîtresse, et, bien mieux, parfaite religieuse. La capacité et la gravité de cette digne mère avaient permis de l'employer, n'étant encore que novice, à l'enseignement dans les hautes classes. A peine professe, elle se fit remarquer non-seulement par son esprit religieux, mais par son grand sens et son jugement droit. S'appuyant constamment sur des principes solides, elle se proposait en tout les règles les plus sûres et les appliquait invariablement dans sa conduite. Sa parole mesurée n'exprimait jamais qu'une idée réfléchie, et sa phrase, toujours nette, était grammaticalement irréprochable, aussi bien que les caractères calligraphiques tracés par sa plume. Formée selon les meilleurs principes, de la manière la plus lisible, son écriture finit par passer en proverbe, et il n'y avait rien à ajouter à l'éloge des formes manuscrites lorsqu'on avait dit : *C'est une écriture de la mère Saint-Vincent.* Elle avait coutume de peser avec soin les avantages et les inconvénients de toutes choses et ne se déterminait en rien que par des motifs d'un ordre supérieur. L'obéissance était sa raison souveraine, sa vertu caractéristique, et, sous ce rapport surtout, elle prêchait particulièrement d'exemple. En un mot, ce fut un modèle achevé depuis son enfance religieuse, jusqu'aux derniers jours d'une carrière laborieuse et toute apostolique. Après avoir occupé plusieurs années la place de maîtresse générale du pensionnat, elle consuma ses forces pour le bien de notre ordre, auquel elle rendit de très-importants services en qualité de supérieure de deux de nos maisons de province, sacrifice d'autant plus sensible qu'elle chérissait sa communauté au delà de tout ce qu'il est possible d'imaginer. Sa prudence, sa sagesse et toutes ses qualités la rendaient très-propre au conseil et à la direction ; aussi ses élèves s'en rapportaient-elles avec confiance à ses maternels avis, et toutes à l'envi y recouraient au besoin. Lorsque le programme des études avait été rempli selon l'ordre pour le travail du jour, il arrivait, de temps en temps, que la classe se terminait par une espèce de cours de philosophie amené très-adroitement par les enfants elles-mêmes. C'était comme un piége innocent habilement tendu, et dans lequel la bonne maîtresse feignait parfois de se laisser prendre, connaissant le fruit qu'on retirait de ces conversations. Nos pensionnaires se regardaient alors comme de petits philosophes entourant leur maître, et, n'ignorant pas sa doctrine, les disciples multipliaient des questions qui, vu la gravité des matières, n'eussent pu dégénérer en puérilités. Ces questions ne demeuraient jamais sans une exacte réponse ; on raisonnait ensemble, l'une retenait une bonne parole, l'autre une citation, un passage de la Sainte-Ecriture, et chacune sortait toujours munie d'une maxime chrétienne ou d'une sentence morale, qui imprimait la leçon plus encore dans le cœur que dans l'esprit. A l'élève portée à l'amour-propre ou à la vanité, la maîtresse disait : « *Mon enfant, à la suite du Verbe incarné, on monte en s'abaissant.* » — A celle qui aspirait à secouer le joug de l'autorité : « *Il leur était soumis.* » — A la jeune fille irréfléchie, elle rappelait les grandes pensées de la foi : « *Mille ans devant Dieu sont comme le jour d'hier qui n'est plus*, etc. »

Il ne faudrait toutefois pas conclure de ce que nous rapportons que la mère Saint-Vincent mît à tout propos ses élèves en retraite, ou qu'elle fût avec elles d'une austérité effrayante ; au contraire, son abord était des plus faciles et toujours bienveillant ; son accueil plein de bonté et de religieuse gaîté. Elle avait toujours quelque histoire à raconter à l'appui de ses pieuses maximes. Sa mémoire lui fournissait mille traits authentiques, pleins de sel et parfaitement appropriés aux circonstances, et c'est dans cet enseignement, où l'éducation marchait de pair avec l'instruction, que se formait cet esprit de famille alimenté et transmis avec tant de succès par mère Saint-Jérôme.

Ce fut à la même école que, toute jeune encore, elle acquit une connaissance assez étendue des vérités de la foi, dans un cours quotidien de doctrine chrétienne, dont les explications étaient aussi intéressantes qu'instructives.

Cependant, afin qu'il ne manquât rien de ce qui pouvait faciliter aux enfants une étude approfondie de la religion, d'excellentes instructions avaient lieu chaque semaine pour les différentes sections du pensionnat. Pauline avait plus de goût et de capacité pour cet exercice que pour tout autre. Placée selon son rang scientifique parmi les plus grandes élèves, elle semblait se perdre extérieurement à l'ombre de ses voisines et disparaissait, pour ainsi dire, au milieu d'elles, dominée physiquement par la taille élevée de ses compagnes. Une fois son nom, presque en tête de la liste, ayant été appelé, elle se leva pour être interrogée. Debout, elle ne dépassait pas la hauteur de celles qui se trouvaient assises à ses côtés. Cependant, elle répondit avec tant d'assurance et de justesse aux demandes qui lui furent adressées, que le prêtre catéchiste en parut frappé et surpris. « Mademoiselle, lui dit-il, vous êtes bien petite; mais, dans les âmes bien nées »... chacune acheva à voix basse, selon son impression : le *savoir,* la *vertu* n'attend pas le nombre des années. — On eût aussi bien fait de ne pas changer le mot *valeur;* Dieu connaissait la valeur de cette âme qui devait lui en conquérir tant d'autres par son zèle, ses travaux et son dévouement.

Les instructions hebdomadaires se résumaient entièrement de mémoire, et il était d'usage de n'y prendre aucune note. Pauline n'en avait pas besoin pour rédiger parfaitement ses diligences. Revues par celui qui en expliquait le texte, ses rédactions portaient chaque fois la note *très-bien*. De temps en temps, par l'intermédiaire des maîtresses, on remettait au catéchiste des objections ou des questions sur le sujet traité, et l'instruction suivante réfutait les objections, les réduisait à néant, et apportait aux questions la réponse décisive en dernier ressort. On comprend que ce genre de controverse n'était permis qu'aux plus fortes élèves, pour lesquelles seules il pouvait avoir de l'intérêt et de l'utilité. Ainsi fut initiée à l'intelligence des ouvrages de saint Thomas celle qui se servit des raisonnements de ce grand théologien pour convaincre une âme à la conversion de laquelle elle travailla de longues années.

Puisque nous avons parlé de la petite taille de notre ancienne compagne, arrêtons-nous ici un instant pour esquisser quelques traits de celle dont l'image adolescente se retrace encore fidèlement dans notre souvenir.

Il est raconté d'une sainte carmélite que Notre-Seigneur, l'ayant choisie pour représenter le tableau des vertus de sa sainte enfance et principalement de sa divine simplicité, voulut qu'elle conservât toute sa vie la taille d'un enfant de douze ans. Etait-ce par une disposition semblable de la Providence, ou par l'effet d'un plus tendre amour du cœur de Jésus, que Pauline, d'une grandeur bien au-dessous de la moyenne, et en tout parfaitement proportionnée, resta, de même, une agréable miniature, jusqu'à ce que le temps et surtout la maladie eussent fait disparaître chez elle l'harmonie des formes du jeune âge. De douze à quinze ans, elle avait une figure enfantine, dont les traits peu accentués donnaient à sa physionomie une expression douce et sérieuse, éclairée par un regard intelligent et réfléchi, plus ou moins animé selon les circonstances. Sa chevelure, d'un blond foncé, ondulée et frisée naturellement, entourant son visage et retombant en boucles jusque sur ses épaules, faisait prendre à sa tête un peu de l'aspect d'une intelligence céleste.

Quoique son extérieur, d'une aimable simplicité, n'eût absolument rien de prétentieux, il était impossible à d'autres enfants de ne pas s'imaginer que Pauline devait se rendre compte de sa supériorité. Aussi, quelques-unes éprouvaient-elles une sorte de crainte de se mesurer avec elle sous certains rapports. On lui supposait même un peu de dédain, parce que son esprit sérieux ne s'accommodait pas des causeries ou badines ou puériles. Avec quelque chose de naïf, elle avait dans l'accent de son parler la finesse et la distinction parisiennes ; son langage, toujours naturel, traduisait ses idées avec la facilité et la perfection d'une personne qui eût possédé l'entière connaissance des mots et des règles de la diction. Prenait-elle la parole à la récréation, la lui donnait-on en classe, ce n'était jamais pour faire des récits insignifiants ; elle ne disait que des choses sensées et intéressantes, que tout le monde écoutait avec plaisir, parce qu'elle les racontait fort bien, s'accompagnant elle-même d'un geste enfantin plein de grâce et d'aisance, et n'étant jamais gênée par son auditoire, qu'elle croyait beaucoup plus attentif à ce qu'elle disait qu'à la manière dont elle le disait. En un mot, sa conversation, plus tard si édifiante et si profitable, était dès-lors toujours agréable et souvent utile.

Toutefois ces traits, conservés comme souvenirs de l'enfance de Pauline, peuvent à peine donner une idée du caractère de celle dont la vie morale ne s'est révélée tout entière et n'a produit la plénitude de ses fruits que pendant les jours de sa carrière religieuse. A l'époque où nous sommes actuellement, plusieurs distractions traversaient l'esprit de la jeune pensionnaire et la détournaient de la voie où se trouve le bien par excellence, seul capable de contenter nos désirs. Avouons-le donc, Pauline ne fut pas entièrement exempte de ces petits écarts que l'imagination des jeunes filles attribue trop souvent à leur cœur. Elle crut à l'affection d'une compagne, qui, sans avoir les qualités solides de son amie, la captivait par ses moyens et ses dehors agréables, et ne pouvait lui faire aucun bien. Il y eut des rapprochements trop exclusifs et trop fréquents ; on se donnait continuellement des marques de sympathie, on faisait bande à part au mépris du *nunquam duo*, et l'on tenait bon contre les avertissements. Comme l'on pense, la piété, la soumission, le bon esprit n'y gagnèrent pas, et toute la conduite se ressentit bientôt de cette grave infraction à la règle.

Pauline n'ignorait pas combien sont nuisibles ces amitiés particulières, sagement défendues dans tous les pensionnats chrétiens. Sa conscience, d'accord avec son bon sens, lui reprochait cette faute, source de plusieurs manquements. Mais, sourde à la voix intérieure, elle s'étourdit assez longtemps, et résistait encore lorsque Dieu lui-même rompit ce lien qu'il n'avait pas formé. La santé de C.... ayant obligé ses parents de la rappeler auprès d'eux, la séparation des deux amies, quoique très-sensible, se fit tout naturellement. Dans la suite, la mère Saint-Jérôme redemandait cette compagne à Notre-Seigneur par des motifs de zèle, mais elle n'eut pas la consolation de la rejoindre ici-bas. Ce fut probablement au souvenir de cette ancienne affection qu'elle adressa, plusieurs années après, cette humble prière à la sainte Vierge :

« O Marie! après vos bienfaits, remettez-moi devant les yeux mes ingratitudes : cet orgueil, cette petite ambition toujours insatiable, et les péchés sans nombre que j'ai fait commettre depuis mon enfance par ce cœur si porté à s'attacher et toujours trompé dans ses amitiés. O ma bonne Mère, si je n'avais eu de désirs que pour le Ciel, où doivent être toutes les ambitions du chrétien; si je n'avais eu d'autres dépositaires de mes affections que Jésus et Marie, je n'aurais pas été trompée et mon cœur aurait été rempli. O tendre Mère, obtenez-moi cette faveur de vous aimer, et l'amour me portera à vous invoquer, à vous regarder, à me souvenir de vous, à vous imiter, et alors, puisque *Dominus tecum*, je trouverai Jésus, dont vous faites le présent infiniment grand à vos enfants fidèles. Ne le refusez pas à votre mauvaise Pauline, qui veut vous aimer et vous servir tous les jours de sa vie, de tout son cœur, de toute son âme, de tout son esprit, de toutes ses forces. »

N'étant plus arrêtée par l'obstacle dont nous avons parlé, Pauline se livra tout entière à l'étude, et particulièrement à celle de la littérature et de l'histoire, pour lesquelles elle avait autant de facilité que d'attrait.

A treize ans, elle se trouvait en première et presque

toujours au premier rang. Il n'est pas inutile de dire quelque chose de la maîtresse de cette division, afin de mieux apprécier le témoignage qu'elle rendit de son élève.

Véritable règle vivante, incapable de perdre ou de laisser perdre une minute de temps, la mère Saint-Jean mesurait, à quelques secondes près, la tâche dont à quinze ans on peut s'acquitter pendant une heure bien employée. Jamais elle ne retranchait un iota à l'exposé de son plan, conçu sur ses données expérimentales, et il fallait que cet invariable plan, très-complet pour chaque jour, s'exécutât intégralement. Sa réputation était si bien établie sur ce point, que les hauts personnages qui la connaissaient osaient à peine, en l'honneur de leurs visites, demander congé pour le pensionnat, dans l'appréhension d'affliger la mère Saint-Jean, en lui soustrayant quelque fraction de classe. Mais tout était prévu, même pour ces circonstances ; les heures ravies au travail se restituaient peu à peu, et l'exécution du plan général ne souffrait jamais de ces récréations imprévues, dont le nombre approximatif avait été calculé, aussi bien que celui des jours de sortie.

On peut comprendre, d'après cette manière d'être et d'agir, quel intérêt spécial une maîtresse si zélée devait porter à ses meilleures élèves. Elle avait, du reste, le talent de les faire germer autour d'elle, et malgré les murmures des plus récalcitrantes sur l'inflexibilité de l'organisation classique, on était forcé de convenir que ce travail continu, constamment exigé, avait d'heureux et féconds résultats, et que des mains de la Mère Saint-Jean sortaient les jeunes filles les plus affermies sur les principes, la pureté du langage, en un mot, les mieux instruites sur les points essentiels. C'était pour la maîtresse un énorme sacrifice de les voir partir avant la distribution des prix, et plus d'une fois elle fit l'aveu de la peine qu'elle éprouvait à la seule pensée que ces laborieuses enfants seraient privées de leurs récompenses. « Lorsque M. de Saint-Albin, dit-elle, voulut rappeler sa fille avant la fin de l'année scolaire, mon regret fut si vif, que j'eus réellement la tentation d'aller me jeter aux pieds de ces respectables parents, pour les supplier de nous laisser Zélie jusqu'à ce qu'elle eût reçu les couronnes qu'elle méritait. »

Citons maintenant les paroles de cette digne maîtresse au sujet de Pauline :

« Je la conservai, dit-elle, deux ans à la première, qu'elle doubla à cause de sa grande jeunesse. Il m'a semblé, dès l'abord, qu'elle avait une intelligence hors ligne. Celles de ses compagnes qui venaient après elle dans les compositions ne se trouvaient qu'à une grande distance. Je me rappelle entre autres produits ou essais de sa plume, un résumé d'histoire générale lu dans notre public à la fin de l'année. Il y avait dans ce récit une précision, une justesse que j'admirais, et qui présageaient de nombreux succès pour cette élève ; elle eut, en effet, constamment des prix, celui de succès ne lui manqua pas, et elle s'entendit nommer dans la plupart des facultés. »

Non-seulement Pauline avait les plus grandes aptitudes pour l'étude ; mais étudier était pour elle une jouissance préférable à toutes les autres. Une fois qu'elle se trouvait à une agréable soirée dans la famille qui la faisait sortir, sans affectation elle quitta le brillant salon où sa présence n'était pas nécessaire. Une personne s'apercevant de son absence chercha la jeune fille : elle la trouva se promenant un livre en main dans de grands couloirs. Là, à la faveur d'un splendide éclairage, elle lisait quelque chef-d'œuvre de Racine. S'interrompant de temps en temps, elle pressait affectueusement le volume et répétait avec enthousiasme : O Racine! mon cher Racine!.... C'est ici le lieu de retracer un tableau de peu d'importance, mais qui fait image et achèvera de nous donner la connaissance des goûts sérieux de Pauline.

Dans ce couvent des Oiseaux, auquel deux ou trois vieilles calomnies ont fait libéralement le reproche de luxe et de grandeur, les élèves portaient jadis, comme elles le portent aujourd'hui, un simple uniforme noir, d'une sévérité vraiment spartiate, égayé seulement par des ceintures de couleurs variées, selon les classes, et par des rubans, décorations, croix et autres distinctions honorifiques. Selon le conseil de saint François de Sales, il a toujours été d'usage de confectionner les différentes parties de ce costume de manière à lui laisser suivre de loin les modes du jour. Or, à cette époque, la dominatrice du monde avait le caprice de reléguer à la campagne les poches, si commodes pour se faire accompagner d'un indispensable mobilier. Afin de suppléer à ce défaut de leur modeste robe de laine, chaque élève portait au bras ou à la main, à l'instar des *ridicules* ou *gibecières* des dames du monde de ce temps, un réceptacle à coulisse, tout bonnement appelé *sac* par les pensionnaires des Oiseaux. Donc, Pauline, comme ses compagnes, avait un sac; mais elle ne le trouvait jamais assez grand. Aussi, elle-même en confectionna un, et de telle dimension qu'il comportait pour la hauteur au moins la moitié de sa petite taille. En usant d'efforts et d'industrie, elle parvint à y loger tous les livres que déjà elle lisait en grand nombre dans ses moments libres, et, par ce moyen, elle put se faire suivre partout de sa bibliothèque. Le ruban qui la fermait, renouvelé de temps en temps, n'était jamais assez solide pour supporter le fardeau des auteurs contenus dans ce cabinet de lecture portatif, et Pauline finit par trouver plus commode de le laisser ouvert, quitte à serrer le haut avec la main lorsqu'elle le portait d'un lieu à un autre. Comme elle ne marchait jamais sans son sac, qu'elle tenait en façon de bourse, c'était un accessoire auquel de loin on la reconnaissait, et quoiqu'elle eût parfois la distraction d'égarer ses petits meubles de service, on ne s'aperçut jamais qu'elle eût laissé sa bibliothèque ambulante à la merci du public.

Le grand saint Grégoire, placé au premier rang des docteurs, et dont on admire les ouvrages et les lettres, avait dans sa jeunesse une telle passion pour s'instruire qu'il consacrait à l'étude tout le temps qu'il ne donnait pas à la prière. Pendant ses frugals repas, on le voyait, dit-on, un livre dans une main, absorbé par la lecture, et ne goûtant que la nourriture spirituelle qu'il devait communiquer à l'Eglise pendant et après son illustre pontificat. Celle qui devait, en quelque sorte, devenir notre petit docteur, assaisonnait aussi ses repas d'un semblable aliment. Dans ces temps anciens, où le bon tempérament des enfants permettait encore de simplifier les mets, constamment elle étudiait pendant le déjeuner, mais sans omettre de placer son mot dans la conversation, lorsque le signal permettait de parler.

C'était ainsi que Pauline posait elle-même les bases de ce que nous pouvons appeler son érudition. Elle ne la puisait, bien entendu, qu'aux sources approuvées, et, comme c'étaient les meilleures, l'instruction fit naître dans son âme le sentiment solide et profond du néant des choses de la terre, la conduisit à l'estime des biens éternels et la fit conclure à la nécessité de renoncer à tout ce qui n'est pas Dieu. Toutefois, le moment de l'appel divin n'était pas arrivé; le temps des illusions n'était pas écoulé pour Pauline, et alors elle ne songeait qu'à satisfaire son insatiable avidité d'apprendre et peut-être son désir de recueillir des succès. Dans la première classe, on remarquait, à cette époque, des élèves distinguées en tous genres. Il ne serait pas hors d'intérêt de dire quelque chose de cette académie d'enfants, parmi lesquelles on comptait non-seulement des membres doués des dispositions scientifiques les plus heureuses, mais plusieurs jeunes filles qui possédaient la *science des saints*. Deux d'entre elles, modèles achevés d'édification, eurent par leur exemple l'influence la plus favorable sur Pauline. Celle-ci, frappée de leur vertu précoce et extraordinaire, recueillit sur ses compagnes des notes qui nous servent de documents.

La première était Marie du B... (1), qui comptait deux

---

(1) Ces élèves avaient été placées aux Oiseaux d'après le bienveillant témoignage de Monseigneur de Cheverus, archevêque de Bordeaux. A un

sœurs au pensionnat. Ces élèves eussent suffi, à elles seules, pour faire la réputation de la maison. Marie, la cadette était une sainte, selon toute l'acception du mot. Elle retraçait constamment dans sa conduite les exemples de saint Louis de Gonzague et de Berchmans. « Nous pouvons affirmer, sans crainte d'avoir un démenti, dit le mémorial de Pauline, que jusqu'à ce jour jamais élève aussi vertueuse n'a porté le premier médaillon de sagesse. » Le recueillement angélique que Marie apportait à la prière l'accompagnait dans toutes les actions de la journée, et l'on était certain de la trouver toujours occupée de Dieu. Plusieurs de ses compagnes tâchaient en vain de la distraire par leurs espiègleries. Parmi les plus sages, il y en eut même qui, jalouses d'une perfection si prématurée, employaient vainement toutes sortes de ruses pour détourner Marie de sa continuelle oraison. L'*Imitation de Jésus-Christ* ne la quittait pas, et, dans tous ses moments libres : marches, intervalles de leçons, on était sûr de la voir en lire un ou deux versets ; puis, elle se remettait à son œuvre avec une nouvelle ardeur. Son inaltérable égalité d'humeur, son maintien grave, son extérieur modeste, mêlé d'affabilité et de douceur, tout

---

esprit d'une rare distinction et aux vertus évangéliques d'un apôtre, ce digne prélat unissait la plus condescendante bonté. Il nous honora quelquefois de sa présence, nous confia sa nièce et motiva hautement, dans la société, le choix qu'il faisait de notre maison, dans laquelle, disait-il, il avait trouvé une surveillance intelligente, douce et active, unie à la plus grande simplicité. Cette opinion bien connue détermina plusieurs de ses compatriotes à choisir notre pensionnat pour y faire élever leurs enfants, dont quelques-unes, contemporaines de la Mère Saint-Jérôme, furent remarquables par leur sainteté précoce.

en elle inspirait l'amour de la vertu, sans jamais effrayer. Estimée de celles qui l'imitaient le moins, on l'avait, par vénération, surnommée *la sainte*, et ses contemporaines la reconnaîtraient à cette seule qualification, qu'elle mérita toujours par sa vie exemplaire dans le monde, où elle répandit la bonne odeur de Jésus-Christ.

Une autre sainte, de la jeune académie de 1826, était Pauline B.... morte religieuse à vingt-quatre ans. Pendant tout le temps de son pensionnat, on ne put jamais surprendre en elle une seule inexactitude à la règle, et surtout une infraction à la loi du silence. Sa délicatesse de conscience allait si loin qu'elle se reprocha une fois, comme une grande faute, d'avoir laissé distraire son attention pendant la lecture qui se faisait au réfectoire. A l'étude, elle apportait une application tellement soutenue que souvent, par des succès, elle confirmait la vérité de cette parole d'un ancien : *Un travail opiniâtre triomphe de toutes les difficultés.* Sa constance lui donnait l'avantage sur les élèves douées des plus heureuses dispositions, et, disons-le, parfois même elle l'emportait sur la petite Pauline. Celle-ci n'acceptait pas volontiers de se voir accidentellement descendre au second rang, tandis que la grande Pauline B... ne voulait dominer que par la sagesse et la vertu, montrant une patience invincible contre les importunités de ses compagnes, lesquelles essayaient quelquefois, mais en vain, de la faire sortir de son calme inaltérable. Plusieurs affectaient de l'interrompre au milieu de ses études les plus sérieuses ; mais, avec le sourire sur les lèvres *la bonne Pauline*, tel était son surnom, répondait toujours d'un air doux et gracieux. Jamais on ne l'entendit blesser en rien la charité, et le service qu'on réclamait d'elle était rendu presque en même temps que demandé. On eût dit d'ailleurs qu'elle s'étudiait à mener cette vie humble, cachée et mortifiée, qui est la perfection du christianisme. Néanmoins, autant elle cherchait à s'effacer, et autant Dieu voulut-il l'élever. L'unanimité des suffrages lui décerna, peu de temps après son arrivée, le premier médaillon d'honneur, le prix de sagesse, et bientôt le divin maître la choisit pour son épouse, et lui mit sur la tête la couronne des vierges. Après un fervent noviciat, elle fut éprouvée par la terrible tentation de saint François de Sales. Purifiée dans le martyre d'une semblable épreuve, comme cet aimable saint elle recouvra la paix et la gaîté, et quitta la terre en disant à ses sœurs : *Félicitez-moi, bientôt je serai dans le Ciel.*

Après ces deux modèles d'une sainteté prématurée, nous pourrions parler de plusieurs de leurs compagnes, peut-être plus remarquables par leur aptitude pour leurs études classiques, mais beaucoup moins avancées que les deux précédentes dans les voies de la perfection. Parmi ces dernières, il y eut cependant des sujets dont la grâce sut bien tirer parti et faire aussi des saintes à l'heure marquée par la Providence : telle était Pauline. Ayant obtenu la plupart des prix, le ruban de sagesse, elle ne pouvait, malgré son jeune âge, rester plus longtemps dans la première classe. Le cours supérieur de 1827 fut donc formé pour elle et pour trois de ses compagnes ; puis, afin de donner à ces jeunes filles quelques principes des usages du monde, on les mit sous la surveillance et la direction de la mère Sainte-Chantale, autrefois baronne de R..., femme aussi distinguée par sa bonne éducation que par son amabilité, sa franchise, son humeur gaie et ses manières de bonne société. Entrée dans la maison providentiellement après la perte de son mari et d'un fils unique tendrement aimé, elle embrassa la vie religieuse avec une résolution admirable, et Dieu se plut à renouveler sa jeunesse comme celle de l'aigle. D'un naturel indépendant et absolu, habituée au commandement, on la voyait cependant obéir avec la soumission, la joie et la promptitude d'une humble novice. Personne n'était plus capable qu'elle de donner aux élèves qui devaient bientôt rentrer dans leurs familles les conseils propres à assurer le succès de leur éducation. Pauline le comprenait très-bien et appréciait grandement les leçons données par l'expérience de la mère Sainte-Chantale ; pourtant, il faut l'avouer, l'ardeur de l'élève pour s'instruire n'avait pas à cette école des éléments assez multipliés ni assez variés. Une de ses compagnes avait reçu de son père, comme moyen d'apprendre facilement le français, quelques notions de latin ; Pauline se renseigna des éléments de cette langue près de ce nouveau professeur, puis elle se procura une *grammaire latine*, l'*Epitome*, le *De viris*, quelques classiques latins, et bientôt elle put lire Tite-Live, Cicéron, etc., dans les originaux. Il fallait cependant faire en secret ces difficiles études et toutes les traductions ; les maîtresses étaient censées les ignorer, et il n'eût pas été prudent de s'en faire honneur, de peur de se donner un air de pédantisme, qui était à cent milles de la simplicité des élèves et du naturel de Pauline. Elle avait, du reste, le génie des polyglotes, et, en peu de temps, elle acquit la connaissance de plusieurs langues vivantes : anglais, italien, espagnol, comme celle du latin, langue plus vivante que toutes les autres.

La mère Sainte-Chantale ayant été appelée à d'autres fonctions, ne put continuer le cours supérieur, et l'on résolut de diversifier pour deux ou trois ans le plan des études de ce cours que Pauline redoublait, étant beaucoup trop jeune encore pour terminer ses classes.

Pendant cette période de transition, de grands événements eurent lieu pour les élèves du cours supérieur appelées *les blanches*, du blanc de leur ceinture (1). La mère Saint-Jean fut nommée leur surveillante par in-

---

(1) En 1828, les quatre Blanches avaient pour salle académique une annexe de la grande salle d'étude, petite pièce de quelques mètres carrés, qui fut témoin des meilleurs jours de leur première jeunesse. A propos de ce petit local des temps primitifs, nous n'avons pu oublier une invention touchante, qui servit à donner aux Blanches l'intime connaissance des tendres sollicitudes d'un cœur religieux appelé par une vocation sublime à l'éducation des enfants. A cette époque reculée, où les calorifères inconnus ne distribuaient pas la chaleur aux salles et couloirs des habitations, on avait assez froid l'hiver dans les appartements non chauffés : c'était le cas des Blanches, qui, dans leur salle d'étude, ne prenaient d'exercice qu'avec la plume, encore leurs doigts refusaient-ils parfois de la faire marcher. La compatissante Mère Saint-Jean imaginait toutes sortes de moyens pour adoucir la température du petit appartement. Ayant lu dans les écrits attribués à saint-Clément que Notre-Seigneur, pendant les courses de sa vie apostolique, faisait lui-même chauffer des briques pour empêcher ses apôtres de souffrir du froid, elle résolut d'imiter ce grand exemple de la tendresse divine, et chaque matin elle usait d'un semblable moyen pour réchauffer ses élèves, retraçant par cette industrie la ravissante charité du Bon Maître. Longtemps elle mit à exécution ce système de chauffage pour ses quatre disciples, sur lesquels cette manière d'agir si maternellement religieuse faisait une profonde impression.

térim durant les derniers mois de l'année scolaire. Cette zélée maîtresse donnait à ses élèves une tâche proportionnée à l'idée qu'elle avait de leur application. L'histoire se lisait au cours dans de grands in-octavo, et, tous les jours, chaque élève devait en résumer cent pages. La bonne mère, en venant s'assurer du résultat de ce travail, ne se montrait heureusement ni trop rigoureuse, ni trop exigeante, car il eût été bien difficile de remplir la mesure du devoir dont Pauline était celle qui s'acquittait le mieux.

La doyenne de l'académie blanche était une jeune fille d'un caractère charmant, très-bonne compagne et possédant de grands moyens classiques ; elle avait acquis par de bonnes lectures des notions en tous genres, et spécialement une connaissance de l'histoire aussi complète que le comportait son âge. En se jouant, elle rédigea, sur les temps modernes et sur la période contemporaine, un abrégé succinct, si exact et si intéressant, qu'après avoir passé à de sérieuses et judicieuses critiques et subi l'examen des maîtresses, ce travail eut l'honneur de rester entre les mains des académiciennes, et de servir de supplément au cours d'histoire adopté. L'élève dont il est question excellait dans le talent de raconter, mais l'agrément de ses récits captivait parfois un peu trop l'attention aux dépens des travaux prescrits.

Hâtons-nous toutefois de dire que cette manière de s'instruire mutuellement n'avait rien d'absolument défendu à l'école un peu libre de ces grandes élèves, qu'on laissait à dessein assez maîtresses d'elles-mêmes et de leurs actions, afin de leur faire faire une espèce d'essai de leur avenir. Cette forme d'études, variées au gré de la volonté de ces jeunes filles, ne nuisit donc point au résultat. Pauline, pour laquelle apprendre quelque chose de plus était un véritable plaisir, prenait part à ces sortes de digressions toujours instructives, et sa grande maturité lui permettait d'en retirer, avant le temps, la leçon de l'expérience, qu'elle devait transmettre par tant de conseils sages et prudents.

Cependant, pour ne pas taire la vérité, disons qu'elle et ses compagnes usèrent trop largement de la confiance qu'on leur accordait; aussi, afin de satisfaire la mère Saint-Jean, au sujet du compte-rendu des devoirs, il fallut recourir à des expédients désavoués par une conscience droite et délicate.

L'extrême facilité de L.... lui donnait la possibilité de suppléer sans hésitation par un résumé oral à celui qui eût dû être écrit, et chacune, au moyen d'une rédaction quelconque, s'en tirait assez adroitement pour voiler le procédé aux yeux de la mère Saint-Jean, qui ne parut jamais former le moindre soupçon sur aucune de ses élèves. C'étaient, en effet, de bonnes enfants, qui se dévoilèrent elles-mêmes plus tard par leur propre aveu. Elles avaient une foi trop vive pour ne pas se rendre aux réclamations de leur conscience; mais alors, craignant de rencontrer de trop près le Dieu qu'elles appréhendaient de contenter entièrement, trois d'entre elles prirent le parti de s'étourdir et de se dissiper. Pauline, engagée sur la pente, déclina sensiblement, ainsi que les deux compagnes avec lesquelles elle avait de plus sympathiques rapports; la quatrième de ces jeunes filles sembla se maintenir et ne pas dévier de la ligne droite; toutefois, elle montrait moins de conformité d'esprit de famille, et, dans la suite, nous la perdîmes de vue. Quant aux premières, Dieu ne cessa pas de frapper à la porte de leur cœur; mais, en refusant d'écouter ses paternelles sollicitations, elles reculèrent avec tant de rapidité qu'à la distribution semestrielle des récompenses honorifiques, la doyenne et Pauline ne furent pas nommées pour porter le cordon bleu, dont elles avaient été décorées, et la troisième de ces élèves ne conserva le sien qu'à la faveur d'une maladie qui l'arrêta tout court dans sa marche rétrograde.

Il était manifeste que le démon voulait renverser, ou tout au moins traverser les desseins de Dieu sur ces âmes, dont deux, qui devaient embrasser la vie religieuse, s'efforçaient, par les instigations perfides de l'ennemi, de faire la sourde oreille à l'appel secret dont elles commençaient à distinguer clairement les accents.

Pour L..., Dieu la voulait au milieu du monde, où elle devait se sanctifier dans l'état du mariage, en portant courageusement de très-pénibles croix. Après avoir prodigué de longs soins à un mari toujours souffrant, elle eut le chagrin de lui fermer les yeux; puis, ce premier sacrifice accompli avec résignation, son cœur de mère fut mis à une indicible épreuve: un fils bien-aimé lui fut ravi, par l'effet d'une injuste et criminelle vengeance, et non-seulement elle supporta avec une héroïque patience les afflictions inséparables d'une perte si cruelle, mais cette généreuse chrétienne refusa de se porter comme partie civile dans le procès criminel, où, selon la parole du commissaire, « elle ne voulut point accabler le coupable du poids de sa douleur et de ses larmes. » Bien plus, ce ne fut que par des motifs d'un ordre supérieur qu'elle s'abstint de solliciter elle-même un pourvoi en grâce, lequel finit par avoir lieu et détourna d'une seconde famille le malheur du deuil le plus affligeant.

Fortement ébranlée par ces secousses, la santé de Madame R.... fut victime de ses souffrances morales; aussi revint-elle, comme la colombe du déluge, chercher le calme dans notre paisible maison. Elle y retrouva sous l'habit religieux plusieurs de ses compagnes, entre autres la mère Saint-Jérôme, à laquelle elle survécut, et demeura au milieu de nos dames pensionnaires un sujet d'édification par son aménité, sa régularité et sa piété solide. Ajoutons à ce qui concerne Madame R... un trait d'esprit de famille dont il ne nous est possible que de donner une idée. Rentrée dans l'asile de son enfance, elle vit arriver le cinquantième anniversaire de son admission au pensionnat. Cette circonstance, unique dans nos annales, permit de faire une exception en faveur de cette ancienne amie. Elle avait témoigné le désir que le jour appelé *sa cinquantaine* fût célébré pieusement et joyeusement par toute la famille. On lui donna donc une part spéciale aux prières; puis, admise à partager nos récréations, et placée honorablement dans une réunion commune, elle fut complimentée par les élèves de la manière la plus gracieuse en cette petite fête, dont le cœur seul fit tous les frais.

Revenons à 1828.

CHAPITRE III.

VOCATION RELIGIEUSE.

Retraite du P. Guyon. — Résolutions de Pauline. — Visite du Procureur de la Grande-Chartreuse. — Premiers signes de vocation religieuse. — Attrait, combats. — Dernière année au pensionnat. — Lecture de la vie de saint Jérôme. — Pauline entre au noviciat.

> *Audi, filia, et vide, et inclina aurem tuam :*
> *Et obliviscere populum tuum et domum patris tui.*
> Ecoutez, ma fille, et voyez, et prêtez l'oreille :
> Oubliez votre peuple et la maison de votre Père.
> (*Ps. XLIV*, § 11.)

On a toujours observé que les commotions, les crises des Etats, les guerres, etc., sont précédées d'une agitation particulière chez les enfants. Ce fut pour nous un pronostic des événements qui suivirent les fameuses ordonnances du 16 juin. Nos jeunes têtes étaient donc en pleine fermentation, lorsqu'on annonça pour le pensionnat la retraite du Père Guyon (1), laquelle eut une

---

(1) Le Père Guyon avait appartenu à la corporation des missionnaires de France. Cet excellent ouvrier apostolique produisait des effets si merveilleux par ses prédications, la pompe qu'il donnait à ses missions et surtout par les belles cérémonies de ses plantations de croix, que lui-même fut effrayé des succès extraordinaires dont étaient couronnés ses travaux. Pénétré de la crainte des dangers qu'il pouvait courir en travaillant d'une manière si éclatante au salut des âmes, il se dit un jour à lui-même : « Si je continue à marcher dans cette voie, je suis perdu. » Sa profession religieuse dans l'ordre des Jésuites lui fut montrée alors comme une planche de salut. Toutefois, cette inspiration de l'Esprit-Saint

influence décisive sur l'avenir de Pauline. Aussi, l'ennemi du salut usa-t-il de toute sa malice pour anéantir les bons effets de cette retraite, et les meilleures élèves avouèrent qu'elles ne pouvaient se décider à la suivre. Quelques-unes firent même provision de livres profanes et de tout ce qui pouvait, disaient-elles, les aider à passer *agréablement ces huit jours de solitude.* Ni conseils, ni prières, rien ne put triompher de leur détermination. On eut la sagesse de ne pas les irriter en s'opposant à leur plan, et on les laissa s'approvisionner selon qu'elles l'entendaient, abandonnant à Dieu le soin de les toucher et de changer leurs dispositions. Cependant, afin que l'isolement fît naître la réflexion, on s'empressa de leur ac-

fut accompagnée de violents combats, puis d'une lutte décisive dans laquelle Dieu remporta une pleine victoire.

Engagé dans la Compagnie de Jésus, le Père Guyon continua l'exercice de son zèle, qui, dirigé par l'obéissance, n'en fut que plus fructueux. Il donna à notre pensionnat deux retraites qui produisirent les effets les plus salutaires. Dans son ardeur, il ménageait si peu ses forces, qu'on l'entendit s'exprimer ainsi : « A quarante-cinq ans, un missionnaire ne devrait plus oser se montrer, il devrait être mort à la peine. » Il mourut, en effet, les armes à la main, en donnant une mission à Lavaur. Atteint tout-à-coup d'un dangereux mal de larynx, il fait appeler l'homme de l'art : « Docteur, dit le missionnaire, je vous adjure, au nom de la religion et de l'honneur, de me dire toute la vérité. Croyez-vous que je sois en danger? — Oui, mon Père, répond le docteur. — En ai-je encore pour quelque temps, pour quelques jours? — Je ne puis rien assurer à cet égard. — En ai-je au moins pour jusqu'à demain? — Mon Père, Dieu est tout-puissant, mais je ne le sais pas. — Merci, docteur, dit cet énergique religieux, je vais penser à mon éternité. » Aussitôt il fait ses préparatifs, demande et reçoit les derniers sacrements, et sa mort, qui suivit presqu'immédiatement, fut la prédication la plus efficace de ses missions. Le Père Marcel Bouix, qui prêcha l'Avent suivant dans cette localité, n'eût qu'à ouvrir les bras aux nombreux pénitents. Le souvenir encore tout vivant de cette mort exemplaire et frappante les excitait à se présenter d'eux-mêmes à la confession.

corder la faveur qu'elles désiraient, d'occuper chacune une petite chambre ou cellule à part.

Dès l'ouverture de la retraite, on comprit que le but spécial du prédicateur était d'inspirer à son jeune auditoire une volonté ferme et efficace de se sauver, à quelque prix que ce pût être. *Le salut gagné tout est gagné, le salut perdu tout est perdu.* C'était à cette vérité fondamentale qu'il revenait sans cesse et sous toutes les formes.

Jamais Pauline n'avait paru plus sérieuse : elle ne parlait à personne, sortait rarement de son ermitage, se promenait seule, à grands pas et toujours un livre à la main. Il était visible qu'elle roulait dans son esprit quelque grande pensée. C'était le fruit de la méditation de cette importante maxime : *Le salut gagné tout est gagné;* elle en concluait : pour le salut, il faut tout sacrifier. Cependant elle s'efforçait de regimber contre l'aiguillon, et d'affecter l'air le plus calme et même le plus indifférent. Ainsi personne ne pénétrait encore le mystère de cette touche divine, dont elle renfermait avec soin le secret dans son cœur. Toutefois, force lui fut de dire à qui de droit deux mots de ce qui se passait dans son âme. Le Père Ronsin, qui la connaissait entièrement et d'ancienne date, devina ou comprit sans peine, à première ouverture ; et, pour toute décision, il lui donna en forme d'avis cette sage réponse : Mon enfant, *consultez Notre-Seigneur dans l'oraison et à la communion, et puis livrez-vous à la grâce.* Ces paroles si modérées pénétrèrent jusqu'au fond de l'âme de Pauline, et dès ce moment l'holocauste fut consommé dans sa pensée. Cette mémorable retraite se termina par un magnifique discours sur le

Ciel. Il dura deux heures, pendant lesquelles le prédicateur ne put en développer que la première partie, et l'auditoire le trouva trop court. On en sortit transporté, en s'écriant : il faut conquérir le Ciel coûte que coûte. « *Que sera-ce de la réalité*, disait Pauline, *si la peinture suffit pour ravir l'esprit et pour enflammer un cœur froid comme le mien !* »

Dans une des instructions précédentes, le prédicateur, en parlant de nos fins dernières, se servit d'une image d'autant plus frappante qu'elle est plus vraie : « *La mort*, dit-il, *sera bientôt votre femme de chambre, et les vers seront votre parure et vos ornements.* » Cette pensée de la mort et celle de l'importance du salut furent les deux vérités qui triomphèrent de toutes les résistances, et opérèrent les merveilleux effets de cette retraite, suivie de nombreuses conversions radicales et sans retour, ainsi que de plusieurs vocations parmi les élèves.

Pauline avait conservé les résolutions qu'elle écrivit en terminant les exercices, et nous les avons retrouvées : « Je ne prends, dit-elle, à la fin de cette retraite de 1828, qu'une seule résolution, mais je veux qu'elle soit bien profondément gravée dans mon esprit et dans mon cœur : c'est de faire chacune de mes actions comme si je devais mourir après. Ainsi, à mon réveil, je me proposerai de passer la journée comme si elle devait être la dernière de ma vie. » Ici elle entre dans le détail de toutes ses actions, puis elle continue : « Avant de prendre mon repos, la pensée de la mort sera ma conseillère, et c'est surtout avant de me confesser qu'elle sera mon prédicateur. Je la consulterai pour mieux me préparer quand j'aurai le bonheur de communier. En toute circonstance, je me dirai à moi-même : que voudrais-je, dans cette occasion, avoir fait à l'heure de la mort? Afin qu'à tout instant de ma vie, si l'on me demandait, comme à saint Louis de Gonzague, ce que je ferais si la mort devait me frapper à ce moment, je puisse répondre : *Continuer ce que je fais actuellement.* Oui, je l'espère, de la fidélité à cette résolution dépendra le fruit de cette retraite, et, par suite, ma conversion et mon bonheur éternel. »

Cette pensée de la mort, loin d'être effrayante, n'a rien que de doux et de consolant; elle anime à la pénitence, fortifie contre les tentations et transporte de joie lorsqu'on se sent bien avec Dieu. C'est le témoignage de ces hommes qui s'en nourrissent, qui ne parlent que pour dire : *Frère, il faut mourir*, et dont la seule distraction est d'aller, après leur repas, creuser chacun à leur tour la fosse qui doit recevoir le premier d'entre eux que la mort atteindra. Oh! disait un de ces heureux solitaires, questionné sur l'état de son âme dans son effrayant désert, si les mondains savaient quel bonheur nous y goûtons, ils quitteraient tout ce qui les séduit, et viendraient en foule peupler notre demeure.

Ce qui suggérait à Pauline cette réflexion fut probablement la visite que nous avions reçue du procureur de la Grande-Chartreuse, dom Bruno de Rambaut, venu à Paris pour solliciter une autorisation légale afin d'interdire régulièrement aux femmes l'entrée de sa solitude. La modeste gaîté, l'aimable piété de ce saint religieux, firent désirer et accueillir dans la première société cet homme qui semblait revenir d'un autre monde, et reparaissait dans le nôtre avec toute l'aisance que donne la simplicité chrétienne. Son passage parmi nous fit le plus grand bien aux élèves. Il ne leur cacha point l'objet de sa mission, leur fit une vive peinture de ces montagnes à pic, de ces torrents impétueux, de ces glaces éternelles, surtout de cet isolement, de ce silence qu'il n'est permis à ces religieux de rompre qu'une fois la semaine, et termina par la promesse d'associer notre maison à toutes les bonnes œuvres et prières de la Chartreuse. Pauline et ses compagnes ressentirent sensiblement l'effet de ces prières, et le souvenir de ce solitaire, type de la vraie sainteté, fut longtemps pour elles un puissant stimulant à la vertu : « Me sauver, continue Pauline, dans ses résolutions, voilà ma première affaire ; toutes les autres, si elles me détournent de celle-là, je dois les abandonner. Dès que je *veux* me sauver, je le *puis*. Tout dépend de ma volonté. Il y a un premier pas à faire. Ce premier pas une fois fait, tout ira, les obstacles s'aplaniront et je trouverai tant de consolations à marcher dans le chemin étroit, que je serai tentée de m'écrier : Eh quoi ! mon Dieu, vous m'annonciez des croix, des épines dans votre service, mais ces croix, bien plus nombreuses et beaucoup plus pesantes au service du monde, feront à votre suite ma joie et mon bonheur. Encore plus de croix et d'afflictions, ô mon Dieu, encore plus ! Le chemin de la croix, c'est celui que vous avez pris, c'est celui que je veux prendre et qui me conduira au Ciel. N'importe donc où la Providence m'appellera, fût-ce au milieu du monde le plus pervers, ou dans l'ordre religieux le plus austère et le plus rude, je veux me sauver, quoi qu'il m'en coûte..... Et après tout, que sert à l'homme de contenter son ambition, son orgueil, son désir *de tout apprendre*, de satisfaire les penchants de son cœur, s'il ne recueille que trouble et remords et s'il perd son âme pour une éternité. Ah ! que les saints se sont bien trouvés d'entrer généreusement dans le chemin du Ciel pour sauver leur âme ! S'ils ont souffert de passer pour des insensés aux yeux du monde pour l'amour de Jésus-Christ, est-ce que je n'aurais pas le courage de souffrir quelques railleries pour la même cause ? Est-ce que je n'oserais pas confesser ma foi, me montrer ce que je suis, faire un signe de croix, désavouer les maximes des mondains, ne point paraître participer à leurs railleries coupables ? Mais les mondains ne craignent pas de faire le mal devant les gens de bien. Il ne devrait y avoir que le vice qui fît rougir. »

« Mon Dieu, venez à mon aide.— Mon enfant, regardez le Ciel. Si vous êtes fidèle jusqu'à la mort, je vous donnerai la couronne de vie. Elle est entre vos mains ; la persévérance la placera sur votre tête. Ornez-la, enrichissez-la, ajoutez-y chaque jour de nouveaux fleurons. »

« Courage ! que les objets de la terre ne vous empêchent pas de penser à l'unique nécessaire : étudiez pour Dieu, vivez pour Dieu. « Etudier comme devant toujours » vivre ; vivre comme devant bientôt mourir. » Puis, elle termine par cette conclusion : « A Jésus-Christ pour toujours, et Jésus-Christ pour toujours à moi. A moi dans les tentations, à moi dans les afflictions, dans les peines de la vie, dans les rigueurs salutaires de la pénitence. Jésus-Christ à moi dans toutes les situations de la vie, dans les irrésolutions, dans les dangers, dans les maladies ; Jésus-Christ à moi au moment de la mort, à moi dans l'éternité, parce que je me donne toute à lui. »

On le voit, le glaive du sacrifice avait atteint la victime ; mais il devait se passer plus d'un an encore avant que Pauline eût dit adieu au monde et fait son premier pas dans la carrière religieuse. C'est cette période d'environ dix-huit mois que nous allons parcourir avant de commencer l'important chapitre du noviciat.

L'esprit souffle où il veut et quand il veut. Pauline n'avait pas seule été l'objet de l'inestimable grâce de la vocation religieuse. Nous avons dit qu'après la retraite de 1828, plusieurs élèves résolurent presque simultanément, sans se faire aucune communication, de se donner à Dieu, et toutes réalisèrent ce noble dessein. Chacune cependant gardait prudemment un secret qu'il n'était pas temps de divulguer. Les plus observatrices se devinaient bien un peu à la faveur de leurs continuelles relations ; pourtant nulle n'osait se confier à sa compagne, moins encore lui adresser une question directe. Etre toujours en présence sans rien se laisser entrevoir de l'unique objet de ses pensées était chose d'autant moins facile, qu'il est de la nature du bien de se communiquer ; aussi, le mystère fut-il pénétré par quelques-unes des amies les plus intimes. Un jour, une compagne de Pauline la rencontre à l'improviste, et, pleine de son impression, elle lui frappe sur l'épaule, en lui disant : — Vous avez la vocation religieuse. — Qui vous l'a dit ? répond vivement Pauline.— Je le sais, réplique N,..— Là-dessus s'engage entre les deux jeunes filles une conversation qui fut presque une ouverture de cœur ; puis on se quitta en se promettant des prières réciproques. A la récréation suivante, les deux élèves se hâtèrent de se joindre pour se faire une entière confidence de leurs dispositions. Dès lors, elles se trouvèrent en toute occasion attirées l'une vers l'autre, et il leur devint impossible de ne pas renouveler fréquemment leurs pieuses communications.

Pauline avait vu quelque chose de plus grand que la science, et ce fut vers la sainteté que se tournèrent ses aspirations. Non-seulement elle voulait être sainte, mais sainte canonisée. Le Père Ronsin, à qui elle s'accusa de cette ambition, lui répondit : « Mon enfant, pour n'être pas canonisée, vous n'en serez pas moins une sainte. » Le même Père, se trouvant une fois à quelque distance de la chapelle dont Pauline montait l'escalier : « Je vois, dit-il, une prédestinée qui monte ces degrés. »

Les entretiens intimes des deux élèves dont nous avons parlé n'avaient d'autre sujet que le choix dont N.-S. semblait les favoriser. A peine pouvaient-elles croire à cette grâce de prédilection, parce qu'elles ne se connaissaient pas meilleures que d'autres, et se jugeaient même beaucoup moins bonnes que plusieurs de leurs compagnes. Cependant elles ressentaient de plus en plus la forte influence de l'attrait divin qui devait les captiver et les attacher irrévocablement à la croix. Un verset de l'Imitation de Jésus-Christ, un couplet de cantique, un passage de la sainte Ecriture, des psaumes ; elles interprétaient tout en appel à la vie parfaite. Sans cesse, nos deux jeunes filles se redisaient l'une à l'autre ces douces invitations de Dieu à l'âme : *Audi, filia, et vide, et inclina aurem tuam*..... *obliviscere populum tuum et domum patris tui...* Le *concupiscet rex* les charmait. C'était à qui paraphraserait le mieux ces ravissants passages : *Beati qui habitant in domo tua, Domine... — Melior est dies una in atriis tuis super milia... — Elegi abjectus esse in domo Dei mei,* etc. Le céleste *Sequuntur agnum,* enthousiasmait pieusement celles qui voulaient suivre Notre-Seigneur ici-bas, bien plus par le motif d'un amour désintéressé que par celui d'une plus grande sécurité pour leur salut.

On avait autorisé quelques grandes élèves à faire chaque jour une demi-heure d'oraison vers un petit rocher d'aspect simple et rustique, nommé *la grotte de saint Joseph.* Pauline ne manquait pas de venir chaque matin s'asseoir sur la pelouse qui dominait cet antre solitaire. Là s'écoulaient trop rapidement pour elle de délicieux instants, pendant lesquels, dans sa condescendante bonté, Dieu mêlait au parfum des fleurs de la terre celui des douceurs célestes. Bientôt nos jeunes filles, plus avides de la nourriture du Ciel que des suavités terrestres, obtinrent de se lever à quatre heures, afin d'assister incognito à la méditation matinale de la communauté. Là, au fond d'une tribune où elles se croyaient cachées, elles s'efforçaient de faire oraison à la façon des religieuses, de s'unir à elles, et d'offrir à Notre-Seigneur les saintes affections de ses épouses. A ces heures de calme et de recueillement succédaient bientôt celles du trouble et de l'agitation. Les touches les plus sensibles de la grâce ne leur semblaient alors que des illusions, et la folle du logis, s'agitant dans les têtes, ne faisait plus voir à nos catéchumènes de la vie parfaite que des monstres dont elles seraient dévorées dès leur entrée dans la voie étroite. Une prière, une communion surtout, faisait évanouir la fausse image, et le jour de la vérité reparaissait dans tout son éclat.

Souvent Pauline et sa compagne se faisaient un jeu de donner le change sur leurs vrais sentiments, et elles durent parfois mal édifier de bonnes âmes, peu initiées aux mystères de la lutte intérieure. A ce propos, voici un trait propre seulement à égayer cette histoire, et qui ne serait pas assez grave pour y trouver place, s'il ne donnait une idée du coup d'œil juste, pénétrant, et de l'esprit large de la révérende Mère Sophie. Un jour, certain Nathanaël, israélite sans finesse, se trouvant à portée des deux amies, entendit de leur bouche un langage qui lui sembla tout au moins peu respectueux et très-indépendant. *Si je me fais religieuse*, disait N... bien haut, je ne veux m'appeler que sœur *Tranquille*. — Et moi, répliquait Pauline, il me faut un docteur pour patron : on me nommera *sœur Basile ;* mais je ne serai jamais religieuse, j'aime trop ma liberté.... Vive la liberté ! La consciencieuse personne qui avait ouï de telles expressions, sans soupçonner la feintise, crut prudent de transmettre immédiatement ce dialogue à la révérende Mère supérieure. Au courant des dispositions de ses élèves, la clairvoyante et bonne maman Sophie prit sur elle le scandale et ses suites : « Rassurez-vous, dit-elle, *je me charge de ces enfants et de tout ce qu'elles peuvent dire.* »

Cette Mère Sophie, qui possédait si parfaitement l'art de bien gouverner, s'était fait une règle de ne jamais parler de la vie religieuse à ses élèves. Elle recevait même si froidement les confidences à ce sujet, que l'on osait à peine lui faire une ouverture dans ce sens, de peur d'être privé de son accueil souriant et maternel.

Nous nous demandons si, à propos de la vocation de Pauline, nous n'aurions pas dû nous abstenir de parler de ces luttes où paraissent triompher tour à tour la nature et la grâce, et s'il n'eût pas été mieux de taire ces phases opposées inexplicables aux personnes du monde et étrangères même à ceux qui n'ont pas été favorisés de l'appel à la perfection religieuse? Mais les amies et les élèves de la Mère Saint-Jérôme s'intéressent à tout ce qui la regarde, et ce ne sont pas elles qui ne croiraient point à la vocation religieuse ou qui seraient tentées de l'attribuer à des motifs humains.

Toutefois, nous ne prétendons pas expliquer l'œuvre du Saint-Esprit, ni donner la définition de cet attrait surnaturel qu'il est impossible de ne pas suivre si l'on veut être fidèle.

« Il ne faut pas craindre de proclamer, dit un historien de Saint-Ambroise (1), qu'il y aura toujours des âmes supérieures appelées à des voies plus hautes, touchées d'une grâce plus forte, pressées de consacrer leur vie à celui qui leur a livré la sienne par amour. Or, quand cette invitation se fait entendre, elle ne confère pas seulement le droit de s'y rendre, elle en impose le devoir. » Et n'entendons-nous pas cet oracle sorti de la bouche du divin maître lui-même : *Que celui qui peut*

---

(1) M. Baunard.

comprendre ces choses, les fasse. Pauline avait compris. Déjà captive dans le filet de la grâce, sa nature cherchait à se déprendre; et pourtant, elle eût été désolée d'être infidèle au point de se dégager elle-même de ces liens déjà si doux!

Si quelques jeunes âmes éprouvent les mêmes combats, puissent-elles ne pas s'en étonner et demeurer fermes et fidèles, à l'exemple de celle qui prenait plaisir à raconter elle-même ce qu'elle appelait ses combats de vocation.

Le noviciat de la Congrégation renfermait alors des sujets remarquables par leurs vertus. Parmi ces novices, on distinguait la sœur Xavier, touchante victime d'un sacrifice, dont le généreux père, après avoir embrassé le sacerdoce, avait lui-même été le ministre (1).

Avant d'avoir renoncé aux vanités du siècle, Mlle de B... avait adopté une mise simple et de bon goût, dont la couleur, ordinairement bleu clair, s'harmonisait parfaitement avec la fraîcheur de son teint et le blond de sa chevelure. Ce détail mondain n'avait pas échappé aux pensionnaires, qui admiraient comment la prétendante avait le courage de renoncer à une toilette si gracieuse pour se couvrir la tête d'un humble bonnet noir, dont la garniture ensevelissait le visage des postulantes. Et la petite *demoiselle bleue*, aux traits si distingués, était estimée une héroïne, par ce côté léger, qui n'avait très-probablement nul poids dans la balance de sacrifices bien

---

(1) La notice de cette religieuse, type de capacité, de générosité, d'amour de Notre-Seigneur et d'humilité, se trouve à la suite de la vie de la Mère Marie-Anne, par la Mère Saint-Jérôme.

autrement difficiles pour son cœur. Pourtant, frappées de l'extérieur, nos jeunes filles eussent désiré surpasser la sœur X... en générosité, et posséder des couronnes pour les briser aux pieds de Jésus-Christ.

A la fête de l'Assomption de la sainte Vierge, pendant que l'on chantait les motets *Astitit Regina, adducentur regi Virgines post eam*, les deux amies se sentirent pénétrées d'un nouveau désir de se donner irrévocablement au Roi céleste. Ce fut toutefois le moment de la séparation. Rappelée par sa famille, N... quitta Pauline, emportant l'espérance et la résolution du retour. En se disant *au revoir*, on se fit la promesse de s'écrire souvent. De là une suite de lettres où se peignaient, dans un style plein d'abandon, les impressions vives et variables de ces jeunes imaginations, ayant d'un côté la vue d'une longue carrière d'immolation, et de l'autre la perspective d'un avenir d'indépendance et d'illusions. Il eût été curieux de reproduire quelque chose de cette correspondance, où se discutait le choix entre la couronne d'épines et la couronne de roses ; mais il n'en est resté aucun fragment : tout fut déchiré et brûlé dans une flamme de ferveur.

En parcourant la dernière année de l'éducation de Pauline, nous remarquons chez elle une nouvelle ardeur pour perfectionner ses connaissances. Elle fit une étude plus approfondie de la religion, s'inspira des plus beaux modèles de la littérature, se fortifia dans les langues, les talents d'agrément : dessin, peinture, musique, que lui enseignaient les meilleurs maîtres, tels que M. Herz, et l'on eût dit qu'elle se hâtait d'amasser le bois pour élever son propre bûcher; car elle se dissimulait de moins en moins la certitude de son appel au sacrifice.

A ce moment, elle écrivait à une de ses compagnes, en parlant du progrès des études : « Notre littérature prend un nouvel essor. L'émulation du cours supérieur imprime à nos lettres un remarquable élan, et il faut que nous tirions parti des moindres sujets..... »

On habituait, en effet, les élèves à profiter des plus petites circonstances pour les obliger à mettre au jour leurs idées et à former leur style. Pauline réussissait dans tous les genres de composition : elle ne dédaignait aucun sujet, et quelque mince qu'il fût, le tour facile et ingénieux de sa plume lui donnait de la valeur. Il est peu d'élèves de la mère Saint-Jérôme qui n'aient entendu parler du *Panégyrique de Hoco* (1). devoir qui mérita de fixer l'attention de Monseigneur de Quélen. Ce digne prélat, ayant bien voulu présider notre distribution de prix, s'égaya avec la plus paternelle condescendance de cette *oraison funèbre d'un jeune gallinacé*, sujet par lui-même peu poétique, mais fort habilement relevé par des comparaisons de choix et par des citations tirées des plus graves orateurs. Le peuple ailé, établi à proximité de l'assemblée, fit entendre, fort à propos, un concert qui força Pauline de s'interrompre à l'endroit le plus pathétique de son discours, et en assura le triomphe.

(1) Monseigneur se montra si content de ce petit morceau littéraire et de la simplicité de l'élève, qu'il lui demanda en la couronnant : « *Si l'orateur qu'il venait d'entendre voudrait bien se charger aussi de son oraison funèbre.* »

Avant la reprise des classes, les élèves assistèrent pendant quelques jours aux instructions d'un prédicateur à la parole concise et ardente, qui tombait sur les âmes en étincelles de feu, et les embrasait d'amour pour Notre-Seigneur. A toute rencontre, cet apôtre zélé répétait : « *Aimez-vous l'aimable Cœur de Jésus? Pensez-vous à cet aimable cœur?* » — *Réfléchir et se vaincre,* telle fut la courte maxime qu'il fit exposer partout à la mémoire des yeux, après l'avoir développée dans de solides et fructueuses conférences.

Pendant ces instants de réflexion, Pauline lisait la vie de saint Jérôme. Cette lecture fut comme le dernier engagement de sa campagne de luttes, et décida de la victoire. Frappée de la magnanimité du héros chrétien plus que de la science de l'illustre docteur, elle médita cette rupture complète avec le monde brillant de Rome, où ce vaste génie eût pu acquérir tant de célébrité; puis, se demandant une fois de plus ce que valait le monde, elle entendit avec calme la réponse intérieure de l'esprit de vérité, et n'hésita plus à fermer pour jamais sur son avenir les portes entr'ouvertes des riantes perspectives du temps. — Les regards tournés vers l'éternité, elle écrivit à l'amie qu'elle devait attendre au port :

« Ma chère N..., comment résister désormais? Ecoutez avec moi saint Jérôme raconter à Eustochie une de ses visions : « Je jeûnais, dit-il, et je lisais Cicéron !... Tandis
» que le démon me séduisait par ses ruses, je tombai
» malade, et, dans le fort de ma maladie, ravi en esprit,
» je comparus devant le souverain juge. L'éclat des
» lumières et des splendeurs qui l'entouraient m'obligea

» à me prosterner sans oser lever les yeux pour regarder
» la majesté de mon maître. Il me demanda qui j'étais?
» Je répondis que j'étais chrétien. — Vous mentez, me
» dit-il, vous êtes cicéronien. A ces mots, je me tus, et,
» flagellé par les anges, selon l'ordre du juge, je com-
» mençai à crier et à dire, en fondant en larmes :
» *Seigneur, ayez pitié de moi ; Seigneur, ayez pitié de moi.*
» Ceux qui étaient présents se jetèrent aux genoux du
» juge et le prièrent de pardonner à ma jeunesse. Je fis
» le serment de ne plus avoir de livres profanes, ce qui
» fut cause de mon pardon. Revenu à moi, je portais les
» marques des coups que j'avais reçus..... Depuis ce
» temps, fidèle à ma promesse, je ne lis que les saintes
» écritures, et je les lis avec plus d'ardeur que je ne
» lisais auparavant les auteurs profanes. »

C'en est fait, ajoute Pauline, je prends saint Jérôme pour patron, et je veux m'efforcer d'imiter de loin ce grand modèle. — En effet, dans le dessein de lui être plus conforme et de faire un plus entier divorce avec le monde, elle inclina ses premiers désirs vers le Carmel. Mais le conseiller de son âme lui fit comprendre qu'elle devait rester là où Dieu, la prenant comme par la main, l'avait placée lui-même dès son enfance, en la douant de toutes les qualités propres à la vie apostolique.

A l'éducation de la jeunesse, but spécial de notre ordre, se joint pour nous la douce obligation de l'oraison et de l'office canonial, et rien ne pouvait mieux convenir aux aptitudes et aux goûts de Pauline que cette vie d'action et de contemplation.

Le problème était donc résolu. Elle allait devenir fille

de la congrégation de Notre-Dame, et s'identifier pour toujours à la chère maison des Oiseaux. Cependant l'ennemi revenait à la charge et suggérait sans cesse à la jeune prétendante un nouveau prétexte pour différer d'entrer au noviciat. Le 18 octobre, une de ses compagnes ayant obtenu d'y être admise, elle n'eut point le courage de s'associer à sa démarche, et se débattit encore dix jours avec elle-même : la grâce la poursuivait d'un côté, tandis que le démon l'obsédait de l'autre. Dans ce combat, véritable agonie de l'âme qui veut et ne veut pas, il se manifestait une agitation inaccoutumée chez Pauline ; elle allait et venait, dialoguant avec elle-même à haute voix, ce qui surprenait les plus jeunes élèves, et, dans leur étonnement, quelques-unes se demandaient : « Qu'a donc mademoiselle Pauline ? » Tel est le témoignage de la Mère assistante, alors au pensionnat, où son jeune âge ne lui permettait encore de songer pour elle-même qu'à l'avenir des vacances. Ce fut précisément sur cette jeune enfant que Pauline déposa son ruban d'honneur et de sagesse, lui transmettant avec cette décoration son esprit, son cœur et toutes ses vertus.

Le 1er novembre 1828, N... reçut enfin ces mots, datés de la veille : C'est demain la fête de tous les saints ; il faut que ce soit un jour la nôtre... Je ne veux plus rien de ce qui passe, je meurs au monde.....

> Mon dernier soleil se lève :
> Le souffle de Dieu m'enlève
> A la terre des vivants (1).

(1) Quinze ou vingt ans plus tard, une exhortation de prise d'habit,

dans laquelle fut développé le texte qui avait parlé au cœur de Pauline lors de sa vocation, réveilla dans la Mère Saint-Jérôme le souvenir de ses combats passés, et voici ce qu'elle écrit à ce sujet en 1847 :

« Il faut que je vous donne le précis d'un excellent sermon que nous a donné le Père M..., à la prise d'habit de C...; il m'a remise dans mon temps heureux de combats et de pensées entraînantes, qui m'ont fixée dans l'héritage du Seigneur. Le texte était : *Audi, filia, et vide.* — *Audi!* La parole du Seigneur, du Verbe, a été toute-puissante dans la création; elle sera toute-puissante un jour pour anéantir cet univers. Cette parole dans l'âme produit les mêmes effets, de plus surprenants, de plus miraculeux encore. Pourquoi ces prodiges qui éclatent autour de nous? Une âme tout-à-coup changée, terrassée par un mot, une parole qui a retenti mille fois sans effet à ses oreilles. Quelle est la puissance de cette parole de Dieu : *audi!* lorsqu'il veut s'unir à une âme? Il s'incline, se penche sur l'âme, comme autrefois sur le chaos; il présente à ses méditations cette grande image de l'éternité, qui a peuplé les déserts; cet amour éternel, infini, dont elle a été aimée!... Il lui imprime quatre dispositions remarquables : *silence, séparation, solitude, repos.* Le bruit, le tumulte, les attachements, les affaires de ce monde lui deviennent à charge ; elle cherche partout un lieu où elle puisse se livrer à ces attraits qui l'enlèvent à elle-même.... Alors apparait dans le lointain le port de la vie religieuse. Elle le salue, elle l'appelle comme le lieu de son repos. C'est là qu'elle veut planter sa tente durant les courtes heures de son pèlerinage ; car, bien qu'elles s'écoulent avec la rapidité de l'éclair, l'âme qui entend le Seigneur ne peut cependant se décider à passer ces heures au milieu du tumulte du monde. Et comme la solitude de la crèche de Bethléem n'a pas suffi à Notre-Seigneur, que son amour l'a jeté dans la solitude du tabernacle où, depuis 1800 ans, le jour, la nuit, il se sacrifie et se donne à l'âme qui le cherche, l'âme aussi se précipite dans la solitude de la vie religieuse, pressée du besoin de s'épuiser, de se consumer, de se dépenser pour le Dieu qui l'a tant aimée! elle veut s'acquitter envers son Dieu! *S'acquitter!* le pourra-t-elle jamais? Au moins elle veut lui rendre tout ce qu'une créature peut donner à son Dieu, ne lui refuser pas un seul des instants de cette vie où elle le cherchera dans la prière, le silence, la méditation, la croix.

. » *Audi, filia, et vide.* — Ce n'est pas assez d'entendre, il faut voir, supputer les *frais,* dépenses de l'édifice de la perfection. Ils sont tels, que le mercenaire poussé par la plus âpre nécessité du gain ne s'astreindrait jamais aux sacrifices, à la continuité de travaux et d'efforts que nécessite une pareille entreprise. Il faut donc sonder, creuser, arriver jusqu'au roc, si l'on veut éviter la ruine : 1º Renoncement aux *richesses;* mais du moment où j'ai signé l'acte de ma renonciation, j'acquiers des droits sur les biens mêmes de Dieu. 2° Renoncement aux *affections de cœur*, de tous les sacrifices le plus douloureux ; ne plus aimer qu'en Dieu : *Ascensiones in corde disposuit*. Ces degrés sont infinis. 3° Renoncement à la *volonté*, le plus difficile des sacrifices. Je ne parle pas des consolations que Dieu répand dans l'âme et du centuple promis à la générosité. Son premier besoin doit être de se dévouer à Dieu, sans espoir de consolation. O Jésus, ô Dieu, ô mon Dieu, vous dont les discours ne lassent jamais, dites une parole à mon âme, dites encore, dites aujourd'hui, dites toujours, ne vous taisez jamais : *Ad quem ibimus?*

CHAPITRE IV.

NOVICIAT.

Le *Veni Creator.* — Postulat de la Sœur Saint-Jérôme : ferveur, tentations. — Mlle de ***. — Prise d'habit. — Vœux secrets. — Révolution de 1830. — Les novices à Corbeil. — Description de cette solitude. — Vie de prière et d'action. — Pieux excès de pénitences. — Caractère de la vertu de notre chère Sœur. — Lettres d'encouragement. — Profession des vœux solennels le 18 juillet 1831.

> *Elegi abjectus esse in domo Dei mei :*
> *magis quam habitare in tabernaculis peccatorum.*
> J'ai choisi la dernière place dans la maison de mon Dieu :
> plutôt que d'habiter dans les tentes des pécheurs.
> *Ps. LXXXIII,* ℣. 11.

Lorsqu'un sujet se présente au noviciat de la congrégation de Notre-Dame, on implore en son nom, pour le temps des épreuves, les lumières du Saint-Esprit, la protection de la Sainte-Vierge, et l'on chante à cette intention le *Veni creator* et l'*Ave Maris Stella.*

Cette petite cérémonie eut lieu, pour Pauline, le 1er novembre 1829, à l'issue du salut solennel. Tandis qu'elle s'agenouillait vers l'autel, le Père Ronsin, prêtre officiant, celui-là même qui lui avait fait faire sa première communion, s'attendrit à la vue de cette figure de dix-neuf ans, qui ne laissait pas même supposer son âge. « Eh quoi! dit-il, mon enfant, si jeune encore vous renoncez au monde, et vous embrassez pour toujours la » croix de Jésus-Christ!... Courage et confiance! Le Roi

» immortel des siècles, auquel vous offrez des prémices
» en lui consacrant votre cœur, ne se laissera pas vain-
» cre en générosité : il vous rendra le centuple!... »

Suivit l'adieu aux élèves ses compagnes, puis, après que la supérieure leur eut accordé un petit congé comme droit de joyeux avénement au nom de la nouvelle sœur Saint-Jérôme, celle-ci fut accueillie avec bonheur par les novices, et, selon l'expression caractéristique de la Mère X..., la communauté fit ce jour-là une *bonne acquisition*.

Le postulat de la sœur Saint-Jérôme, dont le temps fut limité par d'impérieuses circonstances, suffit pour s'assurer de la solidité d'une vocation basée sur des motifs de foi et de générosité. Cette première période du noviciat fut l'école des petites vertus, dans la pratique desquelles nos jeunes sœurs rivalisaient à l'envi. L'émulation générale et l'empressement particulier de notre postulante pour les exercices humbles et cachés, excita la rage de l'orgueilleux Lucifer. Désespérant de la tromper en lui inspirant des doutes sur la vérité de sa voie, il s'efforça de lui dresser des embûches pour y retarder sa marche. Parfois il lui suggéra de l'ennui pour l'oraison, et des répugnances pour l'accomplissement des plus saints devoirs. Un jour, il la porta même à refuser de s'approcher du tribunal de la pénitence, ce dont la sacristaine rendit compte à la supérieure en ces termes : « La petite sœur Saint-Jérôme ne veut pas aller à confesse. » « Eh bien! reprit la révérende Mère Sophie, si elle ne veut pas y aller, qu'on l'y porte. » On n'eut pas besoin de recourir à ce moyen, la chère postulante aurait elle-même demandé grâce si on l'eût prise au mot.

Selon sa promesse, le Cœur de Jésus s'était dilaté en faveur du Père Ronsin. *Ce fidèle et dévoué serviteur travaillait pour les âmes avec un merveilleux succès* (1). A sa voix, la tentation s'envolait comme une plume lancée au vent, ou se consumait comme une paille jetée au feu. Certaines paroles sorties de sa bouche étaient de véritables emporte-pièce, auxquels une bonne volonté ne pouvait apporter de résistance. « Quoi ! mon enfant, disait-il, vous jetteriez à vos pieds la couronne des vierges, que le bon maître tient suspendue sur votre tête ! — Quel dommage qu'un cœur si bien fait pour Dieu lui échappe ! — Souvenez-vous, mon enfant, de Mlle de *** (2).

---

(1) Vie de la bienheureuse Marguerite-Marie.

(2) Un mot d'explication sur Mlle de ***. C'était une de ces âmes pures où Dieu aime à demeurer et qu'il comble de ses plus précieuses faveurs. Son angélique modestie avait quelque chose de céleste, à ce point qu'un saint prêtre, chaque fois qu'il lui donnait la communion, ne pouvait s'empêcher d'adresser à Dieu cette prière : « Ah ! Seigneur, elle est à vous, prenez-la. » Elevée au sein d'une famille chrétienne, elle vivait dans le monde comme au milieu d'un désert, quoiqu'elle possédât tous les dons qui pouvaient la faire briller et rechercher. Comme son cœur était à Dieu depuis longtemps, elle était prête à fouler aux pieds tous ses avantages et n'aspirait qu'à se consacrer à Notre-Seigneur par les vœux de la religion. Tous ses arrangements étaient pris pour entrer dans notre Maison, quand l'ennemi fit jouer ses ressorts afin d'arrêter l'exécution de ses plans. On la fatigua de faux raisonnements ; des personnages d'autorité prirent sur eux une décision en sens contraire. En présence d'un mariage à conclure, il lui fut livré par ses parents mille assauts de tendresse auxquels Mlle de *** ne put résister ; enfin, elle se laissa ravir la seule couronne qu'elle ambitionnait. Bientôt des larmes amères coulèrent de ses yeux au souvenir de ce qu'elle avait perdu. Une année

Ainsi donc, à peine découvertes, les ruses artificieuses de Satan s'évanouissaient comme l'ombre, et l'on remettait la main à la charrue sans plus regarder derrière soi.

L'année du postulat de la sœur Saint-Jérôme n'était pas envore révolue, lorsque Monseigneur de Quélen vint au milieu de nous faire la clôture du beau mois de Marie. A cette occasion, les sollicitations des novices engagèrent Sa Grandeur à promettre d'abréger un peu le temps des premières épreuves en faveur de quelques-unes, et le 26 juin 1830, huit postulantes reçurent le saint habit, et quatre novices converses firent en même temps profession. Cette cérémonie, où les regards se reposaient sur douze voiles blancs couronnés, aurait comblé de joie la communauté sans l'appréhension des événements que tout faisait pressentir. En effet, un mois tout au plus s'était écoulé lorsque éclata la révolution de 1830. Nous ne dirons un mot de ces trois fameuses journées que pour rendre compte de l'attitude du noviciat pendant l'insurrection, et surtout de la ferveur de la sœur Saint-Jérôme pendant ces instants d'alarmes.

Incertaine de ce qui pouvait survenir, la prudente

était à peine révolue qu'au milieu des joyeuses fêtes d'une naissance la jeune femme fut inopinément enlevée, ayant exprimé dans sa courte agonie le regret de n'avoir pas été fidèle à suivre la vocation où Dieu l'appelait. Elle quitta la terre si promptement qu'on n'eut que le temps de lui donner les secours de la religion, et sa mère, accablée par une profonde douleur, comprit trop tard qu'une religieuse est un don de Dieu et un trésor pour sa famille. *Virgo Dei donum est, munis parentis* (S. Ambrosius, *de Virg.*, lib. I.). Elle demeura inconsolable de n'avoir pas donné à Dieu l'enfant qu'il lui reprenait d'une manière si subite, sans la lui redemander.

Mère Sophie fit appeler ses novices et leur parla de ce qu'il y avait d'inquiétant dans la situation critique de la France. Après leur en avoir fait un tableau peu rassurant, elle ajouta que chacune était libre de rentrer dans sa famille. A cette déclaration, le zèle de la sœur Saint-Jérôme s'enflamme de telle sorte qu'elle prend exactement le contre-pied du permis formulé. Dans la persuasion qu'elle avait obtenu tacitement l'approbation de sa supérieure, elle va trouver ses sœurs et leur dit : « Si nous courions quelque danger, il ne faudrait pas mourir en chemin ; nous avons la permission de faire secrètement nos vœux, et je vous y engage. » Là-dessus, elle dresse une petite formule de vœux conditionnels, et, selon qu'il fut convenu entre les novices, chacune la prononça en son particulier, pendant l'action de grâces de la communion générale faite en l'honneur de saint Ignace, le 31 juillet qui suivit les *glorieuses journées*.

A l'initiative de cet acte important, qui ne reconnaît l'assurance et même la hardiesse de la Mère Saint-Jérôme, lorsqu'il s'agissait d'entreprendre ou d'exécuter ce qu'elle estimait être un bien ?

Dieu fait tout pour ses élus. Après s'être assuré la possession de ces cœurs généreux, il conduisit ses nouvelles épouses dans la solitude de Corbeil, où le noviciat fut envoyé, le 21 octobre 1830, sous la direction de la Mère Félicité. Le mérite de cette maîtresse, divinement instruite à l'école du Saint-Esprit, était d'autant plus grand qu'elle se le dissimulait à elle-même par la pratique des vertus humbles et cachées, dont elle était le modèle et le trésor (1). Cette disposition de la Providence permit à la sœur Saint-Jérôme de passer dans une retraite entière les premières années de sa vie religieuse. Ce précieux avantage fut d'abord acheté par un sacrifice bien pénible à son cœur, déjà si plein d'amour de Notre-Seigneur. Il fallut se priver de la fréquente communion, et faire sa seule nourriture de la soumission à la volonté de Dieu, jusqu'au moment où l'on put disposer une cha-

(1) La petite colonie fut transférée de notre monastère de Paris dans un local spacieux et agréable, situé sur les bords de la Seine. Toutefois, au moment de l'arrivée, il ne s'y trouva pour logement qu'un abri en mauvais état et dénué de tout. Ce fut pour la Sœur Saint-Jérôme et pour les nouvelles venues une véritable joie d'éprouver d'abord sensiblement les effets de la sainte pauvreté, et de prendre sur le plancher ou sur la terre nue le repos de la première nuit. Dès le lendemain, se mettant à l'œuvre, les novices travaillèrent à rendre habitable la nouvelle maison de campagne, et commencèrent à défricher les terres, presqu'à l'état sauvage, par défaut de soin et de culture. Ces occupations ne furent pas seulement l'affaire d'un jour ; mais, sous la conduite d'une bonne Sœur jardinière, ils se continuèrent durant tout le séjour du noviciat à Corbeil. Appelées à certaines heures sur ce champ couvert de ronces, d'épines et d'orties, il était beau de voir avec quelle ardeur les néophytes de cet autre Clairvaux débarrassaient et nettoyaient leur vallée et la transformaient en parterre de vertus. Non-seulement la Sœur Saint-Jérôme se montrait là insatiable de mortifications, mais toutes avec elle couraient à l'assaut de ces travaux rudes et difficiles, qui leur étaient si étrangers. Les Sœurs Marie de la Nativité et Marie-Julie volaient à la besogne la plus rebutante, que l'une expédiait avec allégresse, promptitude et perfection, et dont l'autre rapportait joyeusement les traces sur ses mains martyrisées. La Sœur Marie-Madeleine, parfait modèle de dévouement, s'adjugeait elle-même le lot des plus fortes corvées. Pour étudier la régularité, la douceur, l'humilité, il suffisait de jeter les yeux sur les Sœurs Sainte-Marie et Sainte-Hyacinthe. Au milieu des fleurs de ce jardin céleste, un fruit précoce mûrissait pour le ciel, la Sœur Marie de la Conception, qui, par sa fidélité dans les épreuves décisives de la vie religieuse, conquit la couronne céleste après quelques jours de combat.

pelle domestique, dans laquelle fut accordé à la petite colonie le bonheur d'avoir la réserve. Dès ce jour, ce fut par de fréquentes visites à Jésus, et par une douce union à son divin Cœur dans le Saint-Sacrement, que la sœur Saint-Jérôme se dédommagea de l'exil de son âme, en l'absence du Dieu de l'Eucharistie. Saintement joyeuse de posséder ce bon maître, « Jésus à nous et pour nous seules, disait-elle, mérite bien nos hommages les plus assidus, et nous devons lui témoigner le désir de passer à ses pieds les jours et les nuits. » A cette fin, il fut convenu que deux ou trois novices iraient, au nom de toutes, faire, d'heure en heure, une courte adoration. Avec quelle ardeur la sœur Saint-Jérôme allait-elle, à son tour, satisfaire la soif de son âme, c'est-à-dire le besoin que dès lors elle ressentait de réparer les ingratitudes des hommes envers celui qui les a tant aimés ! Comme on avait un temps marqué pour aller tenir compagnie à Jésus pendant le jour, on avait aussi une semaine pour reposer la nuit dans la chambre attenante à la chapelle; et, pendant ces heures de silence et de calme, notre chère sœur, aussi enflammée d'amour que fidèle à l'obéissance, pouvait bien dire avec l'épouse : *Je dors, mais mon cœur veille.* Des aspirations fréquentes interrompaient son sommeil; et généralement les novices avaient la permission de s'éveiller de temps en temps l'une l'autre, pour se donner le signal de la prière. De plus, chaque jeudi, elles faisaient, avec une ferveur angélique, *l'heure sainte* demandée par Notre-Seigneur à Marguerite-Marie, et la sœur Saint-Jérôme était une des plus empressées à réclamer cette faveur.

Aux douceurs de la vie contemplative succédaient les exercices de la vie active, d'autant plus favorables à l'avancement spirituel qu'ils étaient plus propres à la pratique des vertus d'humilité et de renoncement, les novices devant s'occuper par elles-mêmes de la plupart des travaux manuels et domestiques. Dans le but de les distribuer avec ordre, la Mère Félicité n'avait pas différé de mettre en vigueur un sage règlement, dont l'isolement rendait facile l'exacte observation. Le silence et le recueillement régnaient dans cette espèce de désert, où chacune, sous les ombrages du bois de l'enclos, s'était construit une petite laure dans un lieu isolé entouré de feuillages. On y menait autant que possible la vie cénobitique, de sorte que là tout était religieux, excepté l'habit, quitté avec la clôture, et revêtu seulement quelques heures le matin pendant la récitation du saint office. La charité la plus cordiale unissait nos jeunes solitaires, et, parmi elles, le seul différend consistait à se disputer la plus pénible tâche. C'est dans ce sens que la sœur Saint-Jérôme, dont on ménageait les forces, adressa plus d'une fois ce reproche à ses sœurs : « Vous prenez toujours le meilleur, et ne me laissez que les moindres choses à faire. »

Parmi ses compagnes de noviciat, il y avait des âmes tellement avides de pénitences qu'elles mettaient en œuvre toutes les ressources de leur génie pour imaginer de nouvelles mortifications, et combien d'actes héroïques ont là passé inaperçus, grâce au peu d'importance que la Mère Félicité semblait y attacher ! Elle trouvait très-lucrative pour ces ferventes enfants la pratique de la maxime dont elle-même retirait un si notable bénéfice spirituel : *Aimer à être inconnu et compté pour rien.*

Chaque novice, à une semaine désignée, allait ou aider à la cuisine, ou nettoyer les lampes, ou faire les ménages, etc. Toutes prêtaient secours pour blanchir le linge, qui se lavait dans une petite rivière, où, pendant les froids, leurs doigts glacés payaient un dur tribut à la rigoureuse saison. Au milieu de ces travaux, il fut saisi à la dérobée quelques traits qui rappellent la générosité héroïque des Madeleine de Pazzi et des Catherine de Gênes. Bien qu'échappés à l'oubli, ces actes demeureront dans le silence dont on s'efforça de les couvrir : nous ne pourrions les proposer à l'imitation, et leur récit blesserait peut-être les oreilles délicates. Il suffit donc qu'ils aient été vus de celui à qui seul ils ont été offerts. Ce que nous dirons, c'est qu'outre les pratiques extraordinaires que nous nous abstenons de signaler, les novices trouvaient encore le moyen de rendre plus énergique l'effet de leurs instruments de pénitence en y ajoutant des paquets d'orties ou d'autres piquants supplémentaires. Dans l'appréhension de sortir plutôt des bornes de l'obéissance que de la discrétion, plusieurs firent à leur maîtresse l'aveu de ces pieux excès, et la réprimande qu'elles reçurent leur procura l'avantage de joindre au mérite de la mortification celui de l'humiliation. Observatrices scrupuleuses de la plus stricte pauvreté, leur vanité consistait dans la recherche des vêtements les plus usés, qu'elles prétendaient être les plus beaux. Notre sœur Saint-Jérôme, en participant à ces louables ferveurs, ne dépassa pourtant jamais les limites que lui traçait son bon sens; toujours elle se tint en garde contre certaines extrémités, dont son excellent jugement lui inspirait la crainte. Elle s'appliquait surtout à la perfection des actions ordinaires, qu'elle faisait d'une manière extraordinaire, et son naturel et sa modestie étaient un sujet continuel d'édification.

D'un abandon et d'une gaîté aussi simples qu'aimables, elle faisait le charme des conférences et des récréations. Une novice, à ce propos, pensant lui donner un conseil utile et amical : « Je crois, lui dit-elle, qu'il vaut mieux s'effacer, se tenir dans la réserve du silence, que de se mettre en avant et de faire tant de frais dans la conversation. » — « Je n'ai jamais pensé à cela, répondit doucement la sœur Saint-Jérôme ; je cherche seulement à rendre agréable et utile la vie de famille et de communauté, selon l'esprit et les recommandations de notre Mère supérieure. » Lui était-il enjoint de signaler quelque défaut extérieur du prochain, ainsi que cela se pratique dans les noviciats pour former les jeunes religieuses, le plus souvent elle n'avait vu que du bien, ou ses rares observations étaient accompagnées de tant de délicatesse et de charité que chacune désirait passer à sa douce critique. S'accusait-elle elle-même, c'était avec une simplicité, une clarté, une netteté, une humilité qui servaient autant à l'instruction qu'à l'édification générale. Si quelqu'un lui avait rendu un petit service, elle en exprimait avec effusion sa reconnaissance, prenant également en très-bonne part tous les refus, sans en examiner le motif.

Sa plume était déjà au service de la communauté, et en qualité de secrétaire du noviciat, elle recevait du bon

Père Rousin des lettres d'encouragement dont toute cette famille d'espérance tirait un grand profit.

Citons en quelques passages :

Mes chères enfants,

« Que le divin Cœur de Jésus vous possède, vous anime, vous dirige, vous enflamme, vous consomme en sainteté dans le feu de son pur amour !

» Vous voyez que dans mes distributions je vous donne la part de Benjamin, quintuple de celle de ses frères. Vos privations, votre isolement, vos bons désirs, et, plus que tout cela, vos besoins me font un devoir de m'occuper spécialement de vous, devant Celui qui seul peut remplir l'immense capacité de nos cœurs. J'importune donc Notre-Seigneur, pour vous obtenir de son tout aimable Cœur, si plein de tendresse et si brûlant d'amour, toutes les grâces et les vertus que le vôtre désire, afin que le bon maître puisse y prendre son repos et ses complaisances comme dans un jardin de délices. Mais, le croiriez-vous, mes enfants, ce qu'il recherche, ce qu'il aime, ce qu'il se plaît le plus à cultiver dans ce jardin, c'est parmi les fleurs la *violette,* qui se cache sous l'herbe, et parmi les fruits la *châtaigne,* qui s'enveloppe d'une écorce rude, âpre et piquante. Servez-le donc selon ses goûts, offrez-lui la violette de l'humilité et la châtaigne de la mortification. En échange, il vous donnera la rose de la charité avec les fruits les plus délicieux, et en telle abondance que vous pourrez suppléer à l'indigence d'un très-grand nombre de pauvres âmes.....

» Courage et confiance, mes chères enfants, écrivait le

même Père, à la fervente colonie. Vous êtes les objets de la prédilection du Cœur de Notre-Seigneur. Croissez à l'ombre de la croix, sous les ailes de la Vierge, votre sainte Mère. Jésus et Marie vous regardent d'un œil de complaisance. L'un et l'autre vous défendront des fureurs de l'aquilon et des ardeurs brûlantes du vent du midi. Sous la double influence de leurs Sacrés Cœurs, vous porterez en abondance des fruits de vie. Ah! n'oubliez jamais ce que le Dieu de toute bonté et de toute miséricorde a fait pour vous. Si la grâce de la vocation religieuse mérite toute votre reconnaissance à la considérer en elle-même, combien plus dans les circonstances où elle vous a été donnée. Un déluge d'iniquités inonde la terre, et, pour vous préserver du naufrage universel, votre père céleste vous a placées dans l'arche du salut. Quel heureux présage des grâces qu'il vous prépare et de la gloire qui doit en suivre le saint usage! Quel puissant motif de confiance et quel aiguillon à la pratique de toutes les vertus! Bénissez le Dieu qui vous dit tous les jours par son prophète : *Je suis avec lui* (vous) *dans la tribulation ; je le délivrerai et je le glorifierai...*

Après la fête patronale des novices, le bon Père écrit encore :

» Il est juste, dans l'octave de la fête de votre aimable et saint patron, d'adresser particulièrement la parole au troupeau choisi et chéri, en signe du tendre intérêt qu'on lui porte en Notre-Seigneur. Mes chères enfants, je vous propose à toutes pour modèle le bon petit saint Stanislas, objet de vos hommages, de vos affections et de votre pieuse jalousie. Il a aimé Jésus et Marie, voilà son grand secret pour parvenir à la sainteté. Il ne semble pas qu'il soit bien difficile de l'imiter en cela. Vous allez donc essayer de les aimer comme lui, c'est-à-dire de leur prouver votre amour par la conformité la plus parfaite avec le cœur du fils et le cœur de la mère... Nous voilà déjà assez avancées, je dirais presque nous touchons le but; encore un petit effort et nous y sommes. Notre aimable modèle a pris ces mots pour devise pratique : *Je ne suis pas né pour les choses périssables, mais pour les éternelles.* A son exemple, vous ne vous attacherez pas à ce qui passe. Aussi, vous vous direz : le plaisir de faire sa propre volonté passe, donc j'y renoncerai. Les satisfactions dont l'amour-propre est le principe passent, donc je ne les rechercherai pas, je ne m'y complairai point. La douceur que l'on goûte dans l'amitié des créatures, dans l'estime qu'elles nous témoignent, dans la confiance dont elles nous honorent passe, donc je ne me soucierai point d'occuper la place d'honneur dans le cœur de telle ou telle. La récompense attachée aux actes de vertus, d'humilité, de renoncement, de charité, d'obéissance est éternelle, donc je n'échapperai aucune occasion de les pratiquer, s'il est possible. A chaque degré de mort spirituelle à moi-même correspond un degré de gloire dans la vie éternelle, donc je mourrai à tout, et surtout à moi-même. — Je vous remercie de la leçon, mon bon petit saint, je tâcherai d'en profiter ; aidez-moi de vos prières... » Amen.

A ces lettres paternelles se joignaient les visites hebdomadaires de la révérende Mère Sophie, attendue chaque fois avec une vive impatience et toujours accueillie avec les démonstrations de la joie. Les encouragements furent donc prodigués à la jeune famille exilée, jusqu'au jour où, après une première année d'épreuves, les novices furent rappelées par la communauté pour la cérémonie de la profession, objet de leurs soupirs.

Peu de mois auparavant avait éclaté, à l'occasion d'un service offert pour Monseigneur le duc de Berry, l'émeute de Saint-Germain-l'Auxerrois, et ce choc pouvait faire craindre d'autres insurrections; pourtant, ces secousses de volcan, qui semblaient annoncer une éruption prochaine, ne faisaient que ranimer la foi et enraciner les vocations qu'elles auraient pu ébranler.

Le 1er mai arrivé, la sœur Saint-Jérôme s'entendit avec ses compagnes pour rendre à Marie des honneurs particuliers et s'efforcer de faire contrepoids à l'impiété par un redoublement de générosité et de zèle. L'image de la sainte Vierge fut placée dans un pavillon isolé au milieu d'un bosquet, et l'on rivalisa d'empressement pour aller dans ce rustique oratoire porter à la Reine du Ciel des hommages de toutes sortes. Le cœur de la sœur Saint-Jérôme s'épanchait là sans contrainte, aux pieds de notre Mère immaculée, et voici la prière qu'elle lui adressa à l'ouverture de ce beau mois :

« O Marie, je me prosterne à vos pieds et je vous conjure, avec toute la ferveur de mon âme, de vouloir bien enfin exaucer la prière que je vous adresse depuis mon enfance, de me prendre pour votre fille chérie comme je vous ai choisie pour ma mère bien aimée. Marie, donnez-moi de vous aimer ainsi que votre fils, et je ne demande plus rien. Donnez-moi de me connaître pour me haïr, de devenir profondément humble, de vous connaître vous et votre Fils et de n'aimer plus que vous pour *vous-même*.... Marie, gravez dans mon cœur votre nom et celui de Jésus. Que le souvenir des bienfaits dont votre fils et vous m'avez comblée ne s'en efface jamais, et daignez m'en faire comprendre toute l'étendue.

» O ma mère immaculée, vous qui avez une si grande estime pour la virginité, que vous eussiez renoncé à l'incomparable privilége de la maternité divine s'il eût dû vous la faire perdre ! Ah ! que je sois votre digne enfant ; veuillez m'apprendre quel est ce don de la virginité, à laquelle Dieu m'a fait la grâce de m'appeler en me choisissant pour son épouse. Jusqu'à ce que je connaisse tout le prix de cet inestimable trésor, matin et soir, dans le courant de la journée, je ne cesserai de vous en remercier, vous, ma bonne Mère, qui me l'avez obtenu sans que je vous l'aie demandé, et vous, ô mon Jésus, qui m'avez forcée de l'accepter lorsque je vous fuyais. — O Marie, faites du cœur de votre méchante fille un cœur amoureux et reconnaissant. Ma tendre Mère, qui prévenez ceux qui vous recherchent, obtenez-moi de vous aimer; je vous le demanderai jusqu'à ce que vous m'ayez donné la secrète réponse que vous m'avez exaucée; et alors, je vous demanderai encore de vous aimer puisque l'amour peut toujours croître, et que je ne saurais jamais trop aimer celle qui m'aime d'un amour si ardent ! Quelle joie, ô Marie! je suis votre esclave, votre petite servante, votre enfant. Vous m'aimez, vous voulez que je vous aime; ma prière est donc exaucée. » — 2 mai 1830, mois consacré à Marie.

Cette prière n'est que la simple effusion des sentiments de la sœur Saint-Jérôme : sa bouche parle à notre céleste Mère de l'abondance du cœur le plus tendre et le plus filial.

Cependant, à cette époque l'esprit public faisait craindre de nouvelles perturbations. Beaucoup d'ordres religieux continuaient à remettre à leurs familles ceux de leurs sujets qui n'avaient pas pris leurs derniers engagements. A Corbeil, au contraire, les nôtres répétaient à l'envi : Mieux mourir mille fois plutôt que de quitter le poste, de rétrograder, et de s'exposer à la perte de la vocation. Au milieu de ces alertes, la colonie s'était même renforcée, et trois élèves avaient pris occasion des bouleversements pour hâter, du consentement de leurs parents, leur entrée au noviciat.

Le 18 juillet 1831, la sœur Saint-Jérôme et ses compagnes prononcèrent leurs vœux solennels, et quoiqu'il ne fût pas possible, dans les circonstances, de donner à cette fête l'éclat extérieur accoutumé, ce jour ne fut ni moins cher ni moins précieux aux novices. Elles se préparèrent à cette grave cérémonie par un triduum de solitude, pendant lequel notre fervente petite sœur, selon l'attrait de sa tendre dévotion, ne cessa de supplier la sainte Vierge de venir à son aide pour accomplir parfaitement l'acte décisif, objet de ses aspirations.

« O Marie, Marie, Marie ma chère mère, s'écrie-t-elle, dans le fond de son âme, votre pauvre fille, plus misérable que jamais, se jette dans votre cœur, et vient vous conjurer de l'aider dans une action de telle importance que de se consacrer pour jamais à votre Fils. Ma bonne mère, rappelez-vous que Jésus vous a dit : Demandez, ma mère, et tout vous sera accordé. Eh bien! Marie, je vous en prie, obtenez donc que votre fille meure plutôt que d'être infidèle à ces vœux qu'elle va prononcer en votre présence, en celle de toute la cour céleste, à votre Jésus, qui est aussi le mien. Marie, je suis votre fille, mais je suis loin de vous dans les ténèbres ; obtenez donc pour moi l'intelligence du cœur, qui me fasse un peu comprendre Jésus incarné, Jésus naissant, Jésus pauvre dans la crèche, Jésus fuyant devant Hérode, Jésus obéissant : *et erat subditus illis;* Jésus caché, Jésus enseignant, Jésus accueillant les pécheurs, Jésus agonisant, Jésus, lié, garotté, souffleté, traîné devant les tribunaux, portant sa croix, attaché à sa croix, et mourant pour nous sur la croix. O Marie, donnez-moi un cœur droit et simple, donnez-moi la sagesse des enfants de Dieu qui me fasse mépriser tout ce qui est de ce monde, et ne me laisse de goût que pour les choses du Ciel. Par dessus tout, ô Marie, apprenez-moi la pratique du grand *discite à me*. Que je m'applique à toutes mes actions dans cet esprit d'*humilité*, et que je traite toujours mon prochain avec douceur. Sauvez ceux qui vous prient, ô Marie, ayez pitié de celle qui vous dit : *Souvenez-vous*. O Marie, je n'ai rien, je ne suis rien, je ne puis rien, mais si j'avais le monde entier, je vous le consacrerais ; acceptez mon cœur, enfoncez-le dans le vôtre, voyez sa misère, ne vous fait-elle pas compassion ? O Marie, Marie, Marie, souffrirez-vous que je m'unisse à notre Jésus (pardon, bonne mère, de ce notre) sans être revêtue de la robe nuptiale ? Revêtez-moi de vos vertus, donnez-moi votre cœur, afin

que vous n'ayez pas le déshonneur de voir un cœur de boue et de fange lié et uni au Cœur de votre Jésus !... O Marie, parlez par ma bouche, et renouvelez pour moi les trois vœux que vous fîtes au temple, qu'il n'y ait rien de moi, mais que vous vouliez bien vous rendre moi. »
Puis, s'adressant à Jésus, elle continue :

» O Cœur de Jésus, seul et unique cœur, mon refuge, ma vie, ma richesse dans l'extrême pauvreté où je me sens, mon tout, suppléez à mon impuissance : moi, demain, revêtue de la robe d'innocence, cette robe que j'ai eu le malheur de perdre ; moi, demain, votre épouse ! moi liée à vous et à votre croix par les trois vœux de pauvreté, chasteté, obéissance ! O Cœur de Jésus, unissez-les et affermissez-les ces trois vœux dans mon cœur par l'humilité de votre cœur, c'est là tout ce que je vous demande. Enchaînez-moi à votre cœur, inondez-moi du sang qui coule de sa plaie ; permettez que j'y trempe ces obligations que je vais contracter, et que je m'y enivre. O cœur, faites que je meure dans votre amour, et que je ne passe pas un jour sans vous aimer. Obéissance du Cœur de Jésus jusqu'à la mort et à la mort de la croix, pauvreté du Cœur de Jésus depuis la crèche jusqu'au dépouillement et à la nudité de la croix, pureté du Cœur de Jésus, au-dessus de la pureté des anges et de tous les saints, soyez ma règle et mon modèle.

» O divin Cœur, ayez pitié de cette maison qui vous est consacrée ; ayez pitié de la France, et si vous voulez exercer vos justices, ah ! que vos miséricordes les surpassent encore. — O cœur, que je meure plutôt que de devenir tiède et lâche. Gravez dans mon cœur : reconnaissance, regret, amour, souvenir perpétuel de votre passion, et désir efficace de la retracer en moi.

» Ces 17 et 18 juillet 1831. »

Nous n'ajoutons rien à ces paroles séraphiques, de peur de refroidir la flamme d'une prière si ardente !

CHAPITRE V.

SOUVENIRS SUR D'ANCIENNES ÉLÈVES.

Compagnes de noviciat de la Mère Saint-Jérôme : La Sœur Marie de la Conception, morte à 22 ans 10 mois. — La Sœur Hyacinthe, morte à 22 ans. — La Mère Marie de la Nativité. — La Mère Madeleine (1).

Ecce quam bonum et quam jucundum,
habitare fratres in unum!
Qu'il est bon et qu'il est agréable à des frères
de vivre ensemble dans l'union !
Psal. CXXXII, ÿ 1.

Il n'était pas dans les desseins de Dieu de laisser à la communauté la possession intacte et durable de ce noviciat cher à tant de titres ! A l'aurore de leur vie religieuse, deux de ces âmes privilégiées, que Notre-Seigneur s'était choisies pour épouses, entendirent la voix du céleste bien-aimé, et répondirent avec allégresse au *Veni, coronaberis.* La première, sœur Marie de la Conception, n'avait pas vingt-trois ans, et ne comptait que dix mois de profession, lorsqu'elle fut enlevée par le choléra qui désolait la France. Dans la main de Dieu, ce

---

(1) En nous rappelant que nous écrivons cette vie spécialement pour nos anciennes élèves, nous avons pensé qu'elles éprouveraient de la satisfaction à retrouver près du nom de la Mère Saint-Jérôme ceux de quelques religieuses, ses compagnes de pensionnat, sur lesquelles nous avons recueilli plusieurs souvenirs propres à l'édification de toutes les âmes pieuses.

fléau destructeur, châtiment des méchants, devenait la récompense des bons, qu'il mettait en possession de la couronne éternelle.

La victime désignée parmi nos jeunes sœurs était un ange d'innocence et de vertu. Née à Marseille, de parents éminemment chrétiens, Emilie *** fut marquée dès l'enfance du sceau de la prédilection divine. Le Seigneur prit plaisir à la combler de grâces, et, dès le bas âge, il prévint de ses bénédictions cette âme si pure, qu'il voulait se réserver pour lui seul.

Extrayons quelques passages d'un écrit dans lequel elle avait mentionné les époques de sa vie, consacrées par quelque bienfait de la miséricorde de Dieu à son égard.

15 Mai : *Première communion*. « Quelle grâce! le cœur seul peut la sentir! O mon Dieu, que ne vous ai-je pas promis en ce beau jour, quels sentiments ne m'avez-vous pas inspirés, quels désirs de plutôt mourir que de jamais vous déplaire! Comme vous me pressiez de me consacrer entièrement à vous!... Pour la première fois, vous parûtes me choisir pour votre épouse; je le sentais dans le plus intime de mon âme, sans le comprendre. Ah! vous m'ouvrîtes alors tous les trésors de votre divin Cœur. »

Emilie, en entrant au pensionnat le 21 juin 1825, eut le secret pressentiment que cette maison serait le lieu où elle s'engagerait pour toujours; et, à cette pensée, elle ressentit un violent combat intérieur. Au moment de son arrivée, on prononçait à la chapelle le panégyrique de saint Louis de Gonzague, et, par un singulier rapprochement, le prédicateur touchait précisément le point de la lutte du jeune saint contre ses parents, au sujet de sa vocation ; cette coïncidence frappa la nouvelle élève de manière à lui faire présager les assauts qu'elle aurait elle-même à soutenir dans une pareille occasion.

Un jugement droit, de solides qualités, une sensibilité exquise, jointes à une charmante modestie et à la plus tendre piété, lui gagnèrent dès l'abord l'estime et l'affection de ses compagnes, ainsi que la confiance de ses maîtresses. Sa régularité constante et son exactitude scrupuleuse à tous les devoirs d'une bonne élève, lui firent bientôt décerner d'une commune voix le cordon d'honneur.

Quoique si jeune, elle s'instruisait dans le silence à l'école du Saint-Esprit, qui lui suggérait mille moyens pour gagner les âmes et les faire avancer dans les voies de Dieu, où elle se maintenait toujours elle-même par sa fidélité à se mettre en garde contre les moindres péchés. O vous, qui savez tout, disait-elle sans cesse à Notre Seigneur, si je devais perdre votre grâce, je vous en supplie, retirez-moi de ce monde avant que ce malheur m'arrive ! » Cette prière fut exaucée, et le dépositaire de sa conscience ne craignit pas d'assurer que l'heureuse Emilie avait eu le privilége de conserver sans tache la précieuse robe de son innocence. Les motifs les plus parfaits étaient le mobile de ses paroles et de ses actions. « Ma principale et mon unique fin sera la gloire de Dieu, écrivait-elle. » Dans ses communions, elle était inondée de lumières, de délices. Une fois, entre autres, elle s'en exprima ainsi : « Le Seigneur m'a fait jouir d'un bonheur si parfait que les saints, me semble-t-il, ne peuvent en goûter de plus grand... J'ai pris Jésus pour mon partage.

Oui, mon Dieu, je me donne toute à vous; j'ai tant de plaisir à le répéter! Si les hommes qui ne vous connaissent pas goûtaient un seul instant le bonheur que j'ai ressenti en ce jour, ils ne voudraient plus des satisfactions que leur offre le monde. »

Dieu usait donc de toutes ses libéralités envers le cœur libéral de son enfant. Il la pénétrait de douleur à la vue de ses moindres fautes, qu'elle déplorait comme de monstrueuses ingratitudes. « Ah! disait-elle, Dieu se venge de mes infidélités par de nouvelles faveurs, je ne vois qu'un seul sacrifice qui puisse répondre à ses bontés à mon égard. » Sollicitée et pressée par ce puissant attrait: « Oui, mon Jésus, ajoutait-elle, je désire ardemment me consacrer tout à vous, je suis prête à tout sacrifier: mon père et ma mère qui m'aiment tant!... Toutes les sollicitations, parents, amis, jouissances, commodités, plaisirs; si vous voulez autre chose, faites-le moi connaître, je vous supplie, ô mon Jésus, faites que je vous aime autant qu'une créature peut aimer! »

La candeur de son âme se peignait dans ses traits, dont rien ne troublait la sérénité, parce qu'elle ne laissait rien entrer dans son cœur qui pût en ternir la pureté. Pleine de charité et de complaisance, Emilie s'était fait une loi de céder en tout et de prévenir tout le monde. Sa vertu n'avait que d'aimables dehors; ses conversations étaient toujours édifiantes. Pourtant elle savait condescendre aux désirs de ses compagnes, et leur racontait à son tour une anecdote divertissante. Lorsqu'on la provoquait plaisamment sur sa patrie, elle s'animait de la vive ardeur des méridionaux et défendait sa ville natale avec les meilleures armes, louant sa foi, sa fidélité, son dévouement au culte de Marie, rappelant que son premier évêque avait été l'*ami du Sauveur*; puis, elle parlait de Belzunce et du Sacré-Cœur; en un mot, elle tressaillait au seul nom de Marseille.

A tous les cœurs bien nés que la patrie est chère !

Après avoir terminé ses études avec succès, cette vertueuse élève, rappelée par sa famille, fut presque aussitôt privée d'un père tendrement chéri. Ah ! dit-elle, en arrosant cette croix de ses larmes : « Dieu s'est donc souvenu de moi, puisqu'il me fait part de son calice ! »

De retour à Marseille, Emilie n'y goûta que des jouissances mêlées d'amertume. On voulait lui ôter Jésus, ou plutôt l'ôter à Jésus, en réalisant pour elle des projets d'établissement formés dès ses premières années. Ce qu'elle avait acquis de vertus, de talents, les charmes de sa modestie ne faisaient que rendre, à dix-huit ans, la lutte plus périlleuse. Elle finit cependant par triompher de tous les obstacles, et ce n'était pas en vain qu'elle avait répété : « Seigneur, sauvez-moi, je péris ! » Du consentement de sa pieuse et courageuse mère, elle rentra au port, et prit l'habit religieux le 26 juin 1830, en même temps que la sœur Saint-Jérôme.

Envoyée à Corbeil avec les autres novices, Emilie, devenue sœur Marie de la Conception, partageait la vie calme et fervente de ses sœurs, lorsqu'elle se vit engagée dans un combat plus violent que les précédents. Les bouleversements pouvant donner raison aux conseils de la prudence, sa tendre mère vint de Marseille à Paris, afin de reprendre sa fille. Emilie, inébranlable aux menaces d'un parent, fut un instant sur le point de céder aux larmes de sa mère : pourtant le souvenir des *vœux particuliers* qu'elle avait faits, à l'exemple de la sœur Saint-Jérôme, et un secours spécial du Sacré Cœur de Jésus, la firent encore triompher de son propre cœur, et Mme *** consentit à ce que sa fille restât novice, sans lui permettre de s'engager définitivement. Ses pressantes sollicitations pour obtenir de faire profession avec ses compagnes, le 18 juillet 1831, furent infructueuses ; enfin, le 6 septembre, elle eut le bonheur de prononcer solennellement ses vœux, et voici l'expression de ses sentiments, dans ce jour si impatiemment attendu.

« Tout est fini pour moi, ô mon Dieu, ô l'époux de mon âme ! me voilà seule sur la terre avec vous seul ! Je commence dès ce jour mon éternité ; je vous ai tout donné, qu'y a-t-il en moi qui ne vous appartienne ? Mon corps, mon âme, mon cœur, mon honneur, ma volonté, ma liberté, mes plaisirs, ma santé, ma vie ; toutes mes actions, toutes mes paroles, toutes mes pensées, toutes mes affections, en un mot, tout moi-même. Tout n'est-il pas tout à vous, par le don solennel que je vous en ai fait, prenant à témoin la sainte Vierge, notre bienheureux Père Fourier, notre Père saint Augustin, tous les anges et tous les saints, le ciel et la terre !... Ah ! mon âme, n'oublie jamais ces noces divines. Toute la cour céleste a les yeux sur toi pour voir quel sera l'effet de ton serment ; mais, bien plus encore, celui qui t'a choisie pour épouse, et à qui tu t'es donnée, ne cesse de te considérer d'un regard jaloux ; rien ne lui échappe, et la moindre restriction que tu ferais au sacrifice lui serait infiniment sensible. Oui, il est jaloux de ton pauvre cœur. Ah! quel honneur pour toi! le Dieu grand devant qui l'univers est moins qu'un point!... Et considère ce que tu es toi-même dans cet univers. Quelle place y occupes-tu? et, de plus, n'es-tu pas un monstre dans l'ordre de la grâce par la multitude de tes péchés!... Malgré cette opposition, ce Dieu si puissant, mais si bon, veut bien s'unir à toi, te choisir pour l'épouse de son cœur. O Dieu, quelle merveille! Comment vous témoigner ma reconnaissance? C'est maintenant que je sens bien mon néant. Prenez mon cœur, tout moi-même, ô mon Dieu! Je ne veux plus vivre que pour vous; mais donnez-moi votre grâce, afin que je vous rende, autant que possible, amour pour amour.

» Voici, ô Jésus, les résolutions que vous m'inspirez, et que seul vous pouvez me faire exécuter. Je veux faire toutes mes actions pour votre plus grande gloire, pour votre pur amour, par la voie de l'humilité. Pour cela, vivre d'oubli et de mort à toutes les affections aux créatures; motifs surnaturels dans mes moindres actions; acceptation des mépris et de l'abjection; charité universelle, me regarder, suivant la vérité, comme la dernière de toutes.

» Bénissez-moi, ô mon Dieu! Bénissez mes résolutions; faites-moi habiter toujours dans votre Sacré Cœur. Et vous, Marie immaculée, ma bonne Mère, ayez toujours un cœur maternel pour votre indigne enfant; ne l'abandonnez jamais. Faites-vous connaître à moi tous les jours et à tous les instants de ma vie; je vous en conjure, plaidez sans cesse pour moi auprès de votre divin fils. Ah!

Marie, que je vous doive mon salut! Que la sainte Trinité, et surtout Jésus et Marie, règnent seuls dans mon cœur et le consument dans le temps et dans l'éternité. »

Ce dernier vœu fut bientôt accompli. Le Seigneur fit prendre à cette âme un essor si rapide qu'en peu de jours elle mérita la couronne éternelle. Sa dernière maladie s'annonça par une indisposition qui fit constater une inflammation au pilore. Elle eût ardemment désiré se dévouer au soin des cholériques et mourir victime de charité. « Que je serais heureuse, disait-elle, de faire une pareille fin! Mourir martyre de la charité, quel honneur! Maintenant, ajoutait-elle, je n'ai plus rien à désirer sur la terre. J'ai obtenu la conversion de N..., pour qui j'ai offert un premier sacrifice; celui de ma vie acquittera la dette de reconnaissance que j'ai contractée envers Dieu pour cette grâce. »

Une fervente retraite, pendant laquelle elle fit une confession générale de toute sa vie, la remplit de paix et de consolation, et son amour pour Dieu devenait plus sensible au milieu de ses souffrances.

Un jour, comme ses sœurs cherchaient quelque moyen de se préparer à la fête du Sacré-Cœur qui approchait : « Je crois, dit sœur Marie de la Conception, que nous devrions offrir à Notre Seigneur nos cœurs pour être autant d'autels où nous nous consumerions d'amour pour son amour, dans le désir de réparer sans cesse les outrages qu'il reçoit. » Elle regardait comme une insigne faveur sa consécration spéciale aux Cœurs de Jésus et de Marie, et ne commençait aucune action sans l'avoir dédiée à la gloire de ces divins Cœurs. Leur image, dessinée par elle sur son pupitre, était entourée de ces devises : *C'est mon tout. — Mes yeux et mon cœur y demeureront constamment attachés. — Donnez-moi à boire de cette eau afin que je n'aie plus soif.*

Quelle n'était pas sa dévotion pour le sacrement d'amour ! Elle ne se croyait jamais assez pure pour en approcher. Un soir qu'elle avait sanctifié sa récréation par un entretien avec ses sœurs sur l'ineffable bonté de Dieu dans ce mystère, elle envoya à l'une d'elles le billet suivant : « Le maître vous fait dire : *Préparez-moi une salle bien ornée, parce que je ferai la Pâque chez vous.* Point de trouble ni d'anxiété ; mais avec paix et calme implorez le secours du grand maître d'hôtel, le Saint-Esprit, et de la grande maîtresse, la sainte Vierge, et faites toutes vos actions en la présence de Dieu. »

Après avoir renoncé à toutes les attaches terrestres, elle s'interdit jusqu'à la pensée de ceux qu'elle avait aimés dans le monde, et renferma ses plus légitimes affections dans la charité. « Ne faisons à nous toutes qu'un cœur, écrivait-elle, il sera plus grand et Dieu s'y trouvera plus à l'aise. » Elle usait de mille industries pour suppléer aux pénitences que lui refusaient ses supérieures à raison de sa grande faiblesse : ainsi, dans un ouvrage commun, ce qu'il y avait de plus long et de plus désagréable était toujours ce qui lui convenait le mieux. A la chapelle, où sa tenue religieuse était remarquable, jamais elle ne s'appuyait, choisissant partout les places les plus incommodes. Dans la froide saison, elle ne s'approchait point du feu, malgré l'extrême sensibilité de sa constitution méridionale.

Depuis quelque temps, elle ne pouvait contenir son désir du ciel, et cette exclamation : *Mourir pour aimer*, s'échappait à chaque instant de sa bouche. Le 7 juillet, sa santé délicate l'ayant fait rappeler à Paris, elle adressa ses adieux à plusieurs de ses compagnes en leur disant : « Priez bien pour moi et ne me laissez pas trop longtemps en purgatoire. Je vais à Paris, j'y serai atteinte du choléra et je mourrai, mais je n'en ai pas peur. » A son arrivée, le médecin consulté rassura pleinement sa supérieure, et cependant sœur Marie de la Conception n'avait plus que huit jours à passer sur la terre. Rien n'interrompait son recueillement, et, comme elle avait chaque matin le bonheur de recevoir la communion, elle ne vivait qu'avec le bon maître qui ne devait pas tarder à éterniser son union avec cette âme.

Dès les premières crises du choléra, le mal fit de tels progrès que, sur les instances de la malade, on fut obligé de la prévenir du danger. A cette annonce, elle fit éclater sa joie : « Pouvais-je penser qu'une si grande grâce me fût réservée : mourir ! oh ! quel bonheur de mourir ! que je suis heureuse ! » Telles furent ses exclamations. Comme on lui parla de confession : « Je me confesserai volontiers, dit-elle, mais je ne sais trop ce que je dirai, je devais communier ce matin. » Ses vomissements l'empêchèrent d'avoir cette dernière consolation.

Cependant, après s'être confessée, elle reçut l'extrême-onction, répondant à toutes les prières ; puis, elle fit entendre cet élan : « Il ne manque plus rien à mon bonheur ! » Minuit sonnait la première heure du 15 juillet, lorsqu'elle dit d'une voix mourante : « Notre Père, qui êtes aux cieux » ; puis, sans cesser son oraison, elle commença le beau jour de la béatitude éternelle et entra dans le Cœur du Dieu qu'elle allait aimer sans mesure et sans fin. Ses restes furent déposés au calvaire, près de ceux de ses mères et sœurs. Au pied de la croix qui surmontait sa modeste tombe, un ami de sa famille fit graver cette inscription : *Propter Jesum suscepi hanc crucem*.

Le père spirituel de la sœur Marie de la Conception, après sa sainte mort, écrivait à ses sœurs la lettre de consolation, ou plutôt de félicitation, que nous allons citer :

« Que Dieu est bon ! mes enfants, ah ! qu'il est bon ! Réjouissez-vous en lui ; une partie de vous-mêmes est avec lui, votre chère sœur Marie de la Conception a échangé la terre pour le ciel. Elle y est allée prendre sa place et préparer la vôtre ; méritez-la en marchant sur ses traces. Nulle réserve dans le sacrifice, nulle borne dans la récompense. Bienheureux les morts qui meurent dans le Seigneur ! Elle était déjà morte avant de mourir, afin d'être au nombre de ces bienheureux morts. Ayant rompu tous les liens qui l'attachaient au monde et à elle-même, elle avait pleinement sacrifié à Dieu ses affections les plus tendres et les plus légitimes. Marchant sur son cœur pour gagner le Cœur de Jésus, elle avait quitté sa mère en s'arrachant généreusement de ses bras ; elle lui avait résisté en soutenant avec courage et constance les assauts de sa tendresse, dans une circonstance où il semblait impossible d'en triompher. Elle avait vaincu cette mère chérie contre toute espérance, et elle finit même par la sacrifier au Dieu jaloux qui voulait ce cœur tout entier. Renonçant à une consolation trop sensible dans ses communications avec sa pieuse mère, elle brûlait ses lettres après une rapide lecture. Content de cette délicatesse et de la crainte de blesser son amour, le Cœur de Jésus triomphait dans le cœur de son épouse. Après avoir achevé de purifier cette belle âme dans le creuset de la souffrance et de l'amour, l'aimable Jésus rompit le dernier lien qui la retenait sur cette terre d'exil, pour l'emmener avec lui et l'enivrer des joies de la patrie céleste. Elle ne nous oubliera pas dans cet heureux séjour. Ce cœur si tendre, si sensible, si aimant, si reconnaissant, que ne sera-t-il pas pour nous uni au Cœur de Jésus et au cœur de Marie dans le royaume de la parfaite charité! Réjouissez-vous donc, mes chères enfants, que vos larmes soient des larmes d'une sainte jalousie de partager le bonheur de votre sainte sœur, après avoir imité ses vertus. Lorsque vos provisions de force, de courage, de confiance s'épuiseront, allez les renouveler dans le Cœur de Jésus, la source, le centre, la plénitude de tous les vrais biens; recourez-y par la médiation du cœur immaculé de Marie. C'était le secret de sœur Marie de la Conception, et la pratique qui la soutînt constamment dans ses combats et la conduisit si promptement au sommet de la perfection. C'est, en effet, aller à Dieu par le chemin le plus court, par la voie la plus douce et la plus sûre. Et, comment penser aux Cœurs Sacrés du meilleur des pères et de la plus tendre des mères sans les aimer? Comment leur plaire sans s'appliquer à imiter leurs vertus? On peut réduire toute la perfection à une intime union, une conformité parfaite avec le Cœur de Jésus. Le cœur de Marie nous l'obtiendra si nous la lui demandons avec persévérance. Uni à ce cœur, on ne sent ni la peine, ni le travail; son amour rend tout aussi facile que méritoire.

« Je ne m'ennuie pas, mes enfants, de converser avec vous sur un sujet si digne et si cher à nos cœurs; mais il faut finir de parler pour commencer à agir. Que Dieu vous en fasse la grâce; qu'il imprime en vous tous les sentiments et les vertus de son Cœur adorable, afin que, mortes à tout et à vous-mêmes, vous viviez tout à lui, de lui, en lui, comme lui et pour lui, de cette vie du pur amour qui commence ici-bas la félicité du ciel... *Fiat, fiat.* »

Une autre compagne de la sœur Saint-Jérôme, la sœur Hyacinthe, nous fut de même enlevée au matin de sa vie religieuse. Cueillie comme l'humble violette, son emblème véritable, elle n'avait que seize mois de profession lorsque Dieu la trouva digne d'aller rejoindre sœur Marie de la Conception.

Charlotte naquit de parents protestants et resta orpheline dès l'enfance. Son tuteur, bon et zélé catholique, la fit rentrer dans le sein de l'Eglise aussitôt qu'il en eut la possibilité. A dix ans, lorsqu'elle reçut solennellement le saint baptême, cette grâce produisit un tel effet dans son âme, que depuis elle n'avait pas de termes pour exprimer sa joyeuse reconnaissance de ce bienfait signalé. Des fonts sacrés, elle fut amenée dans l'asile de la religion, où Notre Seigneur voulut bien encore lui ménager la faveur singulière de la vocation religieuse. N'étant pas de ces enfants naturellement vertueuses, il lui fallait de constants efforts pour être fidèle et triompher de ses passions. Ardente dans ses désirs et ambitieuse de succès, elle apportait à l'étude cette application infatigable et persévérante qui a pour effet infaillible de l'emporter sur les autres. Toujours elle visait à la première place, et lorsque, par hasard, elle prévoyait n'atteindre qu'à la seconde, Charlotte se retirait et n'entrait point en lice. Il n'était pas facile alors de la ramener dans la ligne du devoir, car elle tenait peu de compte des observations et n'acceptait qu'avec beaucoup de peine la moindre réprimande.

Qui donc aida cette élève à faire germer dans son âme la vertu si opposée à ses dispositions? La sainte Vierge, pour qui elle avait la plus grande dévotion. Non-seulement Charlotte se plaisait à dire qu'elle devait à Marie le bienfait de la foi, mais elle se montrait scrupuleusement exacte aux moindres exercices de piété en son honneur : chapelet, visites, etc. Son zèle redoublait pendant le mois consacré à la reine des vierges. Pratiques gênantes, victoires sur elle-même, rien ne lui coûtait; Charlotte n'était plus Charlotte pendant le mois de Marie. Son amour filial pour la sainte Vierge la transformait tellement que ses compagnes lui disaient en plaisantant : « Que si ce mois durait toujours, il y aurait bientôt dans le pensionnat une sainte à canoniser. »

Marie se montra si libérale envers son enfant qu'elle lui donna la force de dominer son naturel et lui fit mériter le beau titre de congréganiste. A dater de cette époque cette fidèle enfant de Marie put être proposée pour modèle d'humilité, d'affabilité, de douceur : « Vaincre mon orgueil, calme dans mes études, plaire uniquement à Dieu ; obéissance, douceur, charité. » Voilà l'exposé de ses résolutions, qu'elle termina par cette devise : *Dieu seul en vue, Jésus-Christ en pratique, Marie toujours en aide, et moi toujours en sacrifice.*

Ayant terminé ses études avec honneur et succès, elle comprit le vide de ces triomphes éphémères qu'elle désirait autrefois avec tant d'ardeur ! Ce fut sous les auspices de la sainte Vierge, le 15 août qui suivit la révolution de juillet 1830, qu'elle obtint son entrée au noviciat. Assurer son salut, renoncer à elle-même, mourir tous les jours, dédommager Notre Seigneur de l'abandon général, telles étaient les raisons qui la déterminèrent à se donner à Dieu. Dans la solitude de Corbeil, elle se distinguait par son humilité, son attrait pour la vie cachée et laborieuse, lorsque le démon vint troubler sa paix par un stratagème dont il se sert quelquefois pour abuser certaines âmes religieuses. Il l'attaqua par de fatigantes inquiétudes, lui suggérant la crainte de n'être pas dans la volonté de Dieu. Ses appréhensions redoublaient pendant ses exercices de piété, qu'elle ne remplissait plus qu'avec une extrême agitation. Pressée de découvrir son état intérieur, elle écrivit à sa supérieure : « Je suis dans un grand trouble par la pensée que, pour me sauver, je dois faire de grands sacrifices, et le plus grand sacrifice serait pour moi d'aller à N.... Ce qui m'incline vers cette maison, c'est que le chant monotone, la multiplicité des exercices et tout ce que j'y ai vu me déplaît souverainement, tandis qu'ici, par la récitation de l'office canonial, je m'unis à l'Eglise ; que je suis heureuse d'instruire, de servir les enfants, et surtout les pauvres, ce dont je serais privée là. Et l'idée que je serais plus agréable à Notre Seigneur dans un ordre où tout me déplairait me tient dans une continuelle perplexité. »

Il n'était pas difficile de tranquilliser la docile novice, dont la soumission déconcerta les ruses de l'ennemi. Désormais, elle ne rechercha plus la perfection que dans le renoncement à l'amour-propre, dans l'acquiescement généreux à son abjection. « Je me réjouirai, écrivait-elle, de ce que Dieu ne veut pas m'élever à une haute sainteté ; j'en suis indigne ; l'orgueil m'aurait perdue. Donc, être contente de ma bassesse, bénir et remercier Dieu des progrès de mes sœurs, mourir à tout, m'effacer de l'esprit des hommes, voilà ma voie. Jésus, la sagesse infinie, demeura ignoré pendant trente ans ; quel puissant aiguillon pour me faire avancer dans cette route ! »

De la réflexion, la sœur Hyacinthe en venait aux œuvres, et s'attachait aux fonctions les plus humbles, aux actions les moins apparentes ; elle aidait à la cuisine et s'employait aux menus soins domestiques, tout en s'accusant de lâcheté, parce que sa faible santé la mettait dans l'impuissance de se livrer à de plus forts travaux.

Il serait trop long de rapporter tous les moyens que sa dévotion lui fournissait pour honorer la Reine du Ciel. Toujours, dans les récréations, elle savait parler de la sainte Vierge. « Que j'aime, disait-elle, ces *trois Ave Maria* que nous chantons chaque jour à la chapelle ! A ce triple salut adressé à Marie, je la félicite : 1º de sa Conception immaculée; 2º de sa Maternité divine ; 3º de sa glorieuse Assomption. »

Cette âme si humble et si fervente ne fut jamais complètement délivrée de la pénible crainte d'être dans la disgrâce de Dieu. Pendant les moments d'épreuve, son recours était l'obéissance et la prière. « Le cœur de Jésus, disait-elle, est alors mon refuge, là tout se dissipe. »

Au mois d'août 1833, un violent crachement de sang lui donna les premières annonces de la fin de son exil. Après cet accident, elle ne quitta plus l'infirmerie, où l'on fut à même d'admirer plus que jamais son courage et son humilité. Elle se confondait en remercîments pour les soins qu'il était si doux et si facile de lui donner. Trois jours avant sa mort, elle put encore se traîner à la chapelle pour entendre la messe et y chercher la suprême consolation. Elle en avait besoin, car Jésus lui fit part de cette incompréhensible agonie qu'il avait ressentie à la vue des tourments et de la mort. En pensant à sa fin prochaine, dont l'image, avec tout ce qu'elle a de sombre, se retraçait à son esprit, la sœur Hyacinthe disait sans cesse le *oui* de la résignation. « Mon Dieu, que votre volonté soit faite, et non la mienne », répétait-elle à tout instant. Pourtant, consolée et fortifiée par la réception des derniers sacrements, elle recouvra ce calme et cette paix qui sont l'avant-goût des joies célestes ; puis, dans le pieux délire d'une très-pénible nuit, elle ne formula que prières, oraisons jaculatoires, et rendit paisiblement son âme à Dieu, à sept heures du matin, pendant que l'on offrait pour elle le saint sacrifice, au moment où Jésus descendait sur l'autel, à la parole du prêtre.

Dans notre intime conviction de leur bonheur, nous

osons prier ces deux anges précurseurs de nous protéger, afin que nous suivions la route qu'elles nous ont ouverte :

Salut, fleurs des Vierges, *Salvete flores Virginum*, agréables prémices offertes à l'agneau de Dieu ! En vous cueillant si fraîches et si pures, la main divine répandit ses plus douces bénédictions sur le sol qui vous avait produites, et fit porter à cette terre sanctifiée des fruits abondants.

Beaucoup de celles qui liront ces lignes se souviendront particulièrement de la Mère de la Nativité et de la Mère Madelaine, longtemps associées, en des genres différents, aux travaux de la Mère Saint-Jérôme, qu'elles ont devancée dans la sainte patrie.

La première, Rosine ***, eut pour mère une sainte d'un grand sens, d'un esprit cultivé et d'un cœur délicat et sensible. Visiblement conduite par la voie des croix, Mme *** fut introduite dans la route du calvaire par la perte de deux enfants chéris et d'un mari dont la mort prématurée la laissa veuve à trente-sept ans, et lui ravit tout espoir de bonheur ici-bas. A l'atteinte d'un coup si cruel, cette pieuse femme promit formellement de se consacrer à Dieu dès que serait fixé l'avenir des deux enfants qui lui restaient. Sa fille, admise dans notre pensionnat, s'y fit constamment remarquer par une conduite exemplaire et de brillantes études. Toutefois, son enfance n'avait pas été exempte de défauts, et souvent elle nous parla des sollicitudes et des craintes de sa mère à son sujet. Une seule image fut retrouvée dans le peu d'objets à son usage ; c'était un imparfait emblème, représentant un cœur crucifié, appuyé contre un rameau d'épines et surmonté d'une couronne de roses, et portant cette légende : *Toujours l'épine avant la rose.* Au revers, la Mère de la Nativité avait écrit de sa main : « *Février 1823. Monsieur Magnin* (1) *donna cette image à maman dans une occasion où, la voyant profondément peinée de ma conduite et de mon caractère difficile, il voulait lui redonner courage. Ma mère me la remit le 4 mai 1848, en m'exprimant le désir de me la voir garder.* » — Tel est le seul autographe que notre chère mère n'avait pas détruit avant sa mort.

Lors de la prise d'habit de la Mère Saint-Jérôme, Rosine était encore sur les bancs, et déjà elle ressentait un ardent désir d'imiter Pauline dans sa généreuse démarche. Au premier coup d'œil, son esprit vif et perçant avait découvert les hautes régions de la sainteté auxquelles sa devancière pouvait atteindre. Elle aussi veut, le plus tôt possible, embrasser la vie religieuse. Pourtant, avant de quitter le monde, elle désire visiter la ville éternelle et recevoir la bénédiction du Saint-Père Pie VIII, et, sans différer, elle fait ses préparatifs de départ. Cependant, à la veille de se mettre en route, elle entend le canon de juillet 1830. Soudain, elle change de résolution, renonce à ses plans de voyage ; puis, à l'exemple de deux élèves, ses compagnes, et du consentement de sa mère, au lieu d'aller à Rome, elle entre au noviciat le 8 septembre 1830.

(1) Curé de Saint-Germain-l'Auxerrois et dernier confesseur de la reine Marie-Antoinette.

On sait comment elle se distingua par son esprit de mortification et de pénitence, dans ce noviciat de Corbeil, où les actes héroïques étaient habituels. Copie fidèle des meilleurs types en ce genre, jamais sa féconde imagination n'était à bout de ressources pour seconder sa ferveur et celle de ses sœurs, et la grande âme (c'était son surnom), semblait compter pour rien les sacrifices dans une voie toujours trop large à son gré.

Après que la sœur de la Nativité eût pris rang parmi les professes, elle acquit une influence presque générale dans la communauté, non qu'elle s'imposât en rien à personne, mais par un ascendant dû, non-seulement à sa vertu, mais aussi à son intelligence, à ses aptitudes variées, nous osons même dire à une sorte de génie d'autant plus à l'aise dans sa hardiesse, qu'il n'était jamais entravé par mille difficultés inévitables qu'elle savait toujours tourner fort habilement. Elle devint bientôt comme nécessaire à chacune. Sa promptitude à saisir et à répondre à toutes les questions donnait confiance en ses lumières, d'autant plus que rien ne lui était complètement étranger, et l'on s'adressait, sans hésitation, à sa complaisance toujours infatigable pour tirer d'affaire ceux qui recouraient à elle dans leurs embarras. Ayant recueilli chez son père des principes de droit, elle démêlait très-facilement les questions embrouillées, et, grâce à cette organisation de légiste, elle fut, toute jeune encore, chargée des affaires de la maison, fonction dont elle s'acquitta dès lors avec succès. Lorsque, en plaisantant, on la louait de son talent pour la *chicane* : « Je n'aime pas la chicane, disait-elle; mais je cherche et je veux la justice. »

La sœur de la Nativité n'avait que vingt-quatre ans lorsqu'elle fut l'objet d'une grâce signalée, qui rendit miraculeuse la petite statue de la sainte Vierge vénérée à la chapelle de nos congréganistes. Nous ne raconterons pas ici le détail de cette faveur (1) obtenue par la foi et les prières du pensionnat. Tous les remèdes avaient été employés sans succès, lorsque, à la suite de cette grâce extraordinaire, la sœur de la Nativité, à laquelle les médecins n'assignaient plus que quinze jours de vie, nous fut rendue pour vingt-quatre ans encore.

Enfant de Marie de la fondation, cette chère sœur sut bien profiter du temps qui lui restait à vivre pour édifier la communauté par ses vertus, et continuer à lui rendre service par des travaux nombreux auxquels, malgré la délicatesse de sa santé, elle se prêtait de la manière la plus obligeante. On ne tarda pas à lui confier plusieurs emplois pour lesquels on connaissait ses aptitudes. Approuvée par une supérieure aux vues larges et élevées, et éclairée par d'intelligents conseils, la Mère de la Nativité contribua à faire prendre à notre bibliothèque une extension qui permit aux maîtresses d'y trouver des ressources utiles et variées pour l'instruction des élèves. L'art du dessin lui était en outre si familier, qu'elle avait

---

(1) Cette guérison miraculeuse du mal de genou le plus grave est rapportée, avec toutes ses circonstances, dans le premier volume du *Mémorial des Enfants de Marie*, ouvrage qui est entre les mains d'un grand nombre de nos anciennes élèves.

le talent non-seulement de copier, mais, plus encore, d'imaginer toutes sortes de petites compositions pour servir de modèles aux essais des jeunes artistes qui s'exerçaient à illustrer leurs devoirs. Longtemps elle accompagna les élèves aux jours de réception, et c'était là qu'elle faisait servir ses moyens et ses qualités agréables à la conquête des âmes. Le souvenir que les amis de la maison et les parents des enfants ont gardé de cette estimable religieuse, prouve qu'ils avaient reçu les meilleures impressions de celle qui, dans ses rapports extérieurs, ne chercha jamais que la plus grande gloire de Dieu, se faisant tout à tous, sans pour cela être moins à Dieu. « A vrai dire. écrivait-elle après sa guérison, il me semble que la seule chose que j'aime ici-bas, ce qui me paraît le souverain bien, c'est la croix. J'ai compris de plus en plus, dans ma maladie, le néant de toutes choses, même bonnes, même saintes. L'*abandon*, et rien de plus ; mon cœur ne trouve ailleurs que trouble, que vide : sortir de là, c'est sortir de la paix, Dieu me fait sentir si vivement le besoin d'être à lui, et tout à lui ; que les jouissances les plus légitimes me seraient insupportables si je ne les considérais dans l'ordre de la volonté de Dieu. »

Le démon ne pouvait manquer de faire jouer les ressorts de sa malice contre cette belle âme, dont il devait être si jaloux ! Il s'y prit de la manière la plus insidieuse, en lui suggérant le désir d'une perfection que Dieu ne lui demandait pas. — « Je vous dois la vérité toute entière, ma chère enfant, lui écrit le Père Ronsin, à qui elle avait communiqué cette spécieuse idée. **La pensée de changer** votre position contre une plus parfaite à vos yeux me paraît évidemment une illusion. J'ai été frappé par rapport à vous (et ce n'est pas d'aujourd'hui) de ces paroles du saint auteur de l'imitation : *Imaginatio locorum multos fefellit.* L'idée qu'on se fait des lieux, des positions, états, circonstances où l'on n'est pas, a trompé bien du monde, paroles que j'ai très-souvent vérifiées de la manière la plus frappante. Le grand remède à ce mal, comme le plus sûr préservatif, c'est l'obéissance de la volonté et surtout du jugement. Vous pouvez, dans votre état, arriver à une haute perfection et au degré de sainteté où Dieu vous veut, en remplissant vos devoirs avec une exacte fidélité, dans l'esprit d'une sincère humilité et d'un total abandon à Dieu, en la personne de vos supérieurs, et surtout de votre excellente supérieure, que Dieu bénit si sensiblement en elle-même, dans ses filles et dans ses œuvres. Je ne puis que vous recommander à son égard une obéissance simple, aveugle, toute enfantine. Si le ciel s'ouvrait à vos yeux, mon enfant, combien n'y verriez-vous pas d'âmes sorties de votre sainte famille, et placées bien haut ! Je ne vous citerai, pour abréger, que sœur Cœur de Jésus, Mère Julie, Mère Saint-Jean de la Croix (1). Animées par l'esprit de Dieu et sous la conduite et l'influence de ce divin esprit, elles ont trouvé dans la communauté dont vous avez le bonheur d'être membre, des moyens et des secours abondants pour rem-

---

(1) Que de noms pourraient s'ajouter aujourd'hui à ceux-là et se joindre à celui de notre vénérée Mère Sophie. Les Mères Marie-Anne, Saint-Jérôme, Marie de la Nativité elle-même, etc.

plir toute l'étendue de ses desseins sur elles. Dieu regarde le cœur, ma chère enfant, et je crois qu'il voit avec complaisance tous ces cœurs qui appartiennent à la bienheureuse Vierge, et désirent l'aimer toujours davantage, le lui prouver en se dévouant sans s'écouter, sans s'épargner, avec un zèle actif et efficace, à lui gagner des âmes, à lui attirer et lui attacher de jeunes cœurs, plus susceptibles des impressions de sa grâce et de son amour. Eh! quoi de plus beau, de plus grand, de plus digne de lui, de plus divin! Ecoutez Notre Seigneur : *Simon, fils de Jean, m'aimez-vous? — Oui, Seigneur. — Paissez mes agneaux, paissez mes brebis.* Voilà la preuve que j'attends de votre amour pour moi. Rendez aussi à notre bon maître ce que vous en avez reçu autant que vous le pourrez au milieu de cette bonne famille des Oiseaux, où je consens et demande à être placé *in æternum*, dans ce centre où repose déjà mon pauvre cœur, en l'union des sacrés cœurs de Jésus et de Marie, à condition qu'elle conservera toujours son esprit de simplicité et de dévouement. »

Dieu ne permit pas que le tentateur triomphât de la droiture, de la bonne foi et de l'excès des pieux désirs d'une âme si généreuse ! « Au bout de quelques mois, dit-elle, Dieu me tira de peine, et fit cesser cette tempête. » En effet, la divine lumière dissipa le mirage et les sommets imaginaires de cette fausse perfection disparurent aux yeux de la Mère de la Nativité. Nous citerons encore à ce sujet la réponse du Père Ronsin à sa fille spirituelle, aussitôt qu'il la sut rentrée dans le calme intérieur. Toute cette lettre, qui peut servir d'instruction aux âmes, respire la tendresse paternelle la plus sensible et la plus touchante :

« Gloire, amour, actions de grâces et dévouement sans fin, sans bornes, aux Sacrés Cœurs de Jésus et de Marie!

» Oui, ma chère enfant, je suis plus que jamais votre père en Notre Seigneur; il me l'a fait sentir à la lecture de votre consolante lettre. Qu'il soit béni, ce Dieu de toute bonté, de toute grâce, de toute miséricorde, et vous bénisse d'une bénédiction pleine, permanente, éternelle!.. L'illusion est dissipée, vous voilà rentrée dans la voie de Dieu, dans votre voie, dans la sienne, qu'il vous a ouverte et tracée lui-même (je n'en ai jamais douté), pour vous conduire et vous unir à lui. Je le prie avec confiance, et, si j'ose le dire, avec ferveur, d'achever en vous son ouvrage : *Confirma hoc, Deus, quod operatus es in nobis à sancto templo tuo.* J'allais pleurer de joie et d'attendrissement en lisant votre lettre, si on n'était venu m'interrompre, et j'aspirais au moment où l'on me rendrait ma liberté pour vous répondre par le courrier de ce jour. Courage, mon enfant, confiance, paix et abandon. Aspirez, j'y consens, au plus parfait, travaillez sans relâche à l'atteindre; je le désire de tout mon cœur, mais ne le cherchez plus ailleurs que là où vous êtes. J'ose vous proposer pour modèle notre chère défunte sœur B..., qui, depuis l'âge de quatorze ans, a mené une vie toute d'abnégation, si intérieure, si mortifiée! Elle ne soupirait qu'après les austérités et la vie cachée de la Trappe ou du Carmel, et a sacrifié à l'obéissance, tant intérieure qu'extérieure, son attrait et ses goûts spirituels, sans y rien perdre ni pour le temps ni pour l'éternité. Oubli, mépris d'elle-même, voilà ce qui l'a caractérisée et élevée si haut devant Dieu ! Priez pour moi toujours le même pour vous, ma chère enfant, dans les saints cœurs de Jésus et de Marie. »

Délivrée de cette peine d'esprit, cette âme forte fut mise à de nouvelles épreuves. Quoique presque toujours alitée par suite de ses souffrances physiques, elle fut désignée, en 1858, pour relever une de nos maisons qui demandait une supérieure. Elle accepta cette croix, la prit avec joie, partit par obéissance et fit si bien qu'en deux ans elle mit notre maison de Strasbourg en voie de prospérité. La nouvelle supérieure usa de son autorité pour multiplier ses travaux au delà de ses forces, doubler pour elle les observances de la règle et se livrer à de très-rigoureuses austérités, employant les nuits partie au travail et à sa correspondance, et partie en adorations et exercices de pénitence. Devançant toutes les religieuses le matin à l'église, l'oraison et la communion quotidienne la dédommageaient des sacrifices qu'elle s'imposait, sans qu'on s'expliquât comment elle pouvait les accomplir.

En peu de temps elle eut gagné tous les cœurs, et cette maison était transformée. Cependant la supérieure dépérissait sensiblement : elle n'avoua son mal que lorsqu'il fut impossible d'y remédier. Aussitôt rappelée à Paris, elle y arriva dans un état tellement alarmant, que nous n'osions espérer de la conserver une quinzaine de jours. En embrassant, avec une effusion respectueuse, notre révérende Mère Sophie, elle lui demanda humblement pardon d'avoir abusé de ses forces, et ruiné sa santé, par d'imprudentes rigueurs envers elle-même. S'adressant ensuite à l'infirmière, elle lui dit : « Me voici entre vos mains, vous ferez de moi tout ce que vous voudrez ; je suis plus heureuse d'obéir ici que de commander à Strasbourg. » Pendant quelques jours, un mieux apparent se manifesta, et, ranimé par une sorte d'espoir, on multiplia de tous côtés les prières et les pèlerinages pour obtenir une guérison si désirée ; mais la chère Mère avait assez travaillé, assez souffert ; Dieu l'appelait à la récompense. Les supplications eurent du moins pour effet de retomber en pluie de grâce sur la malade. Dans son paisible abandon, elle ne demandait ni la vie ni la mort, et répétait souvent avec résignation : « Mon Dieu, si vous voulez, vous pouvez me guérir. »

Parmi tant d'édifiantes malades qui ont reçu les soins des infirmières, aucune ne montra plus d'oubli d'elle-même ; ne témoignant jamais ni répugnances, ni désirs, ni préférences, et ne laissant, pas même par signe, soupçonner combien elle devait souffrir. Par esprit religieux, elle n'acceptait que les remèdes dont elle ne pouvait se passer, et remerciait avec reconnaissance pour les moindres bons offices.

Un mois avant sa mort, la Mère de la Nativité avait reçu les derniers sacrements dans la plus entière possession d'elle-même, et, depuis son administration, elle eut le bonheur de communier deux fois la semaine. La nuit de Noël lui fut très-pénible ; pourtant, pénétrée du mystère qui réjouissait l'Eglise, notre chère Mère s'unit à la messe et se fit lire les trois évangiles de la fête. « Oh ! dit-elle, les mystères, les grandes vérités de la foi, il n'y a que cela de vrai, de beau, de bon! Que sont nos vaines joies comparées aux grandes joies catholiques? Les crises qui se succédèrent depuis sa communion du matin jusqu'à cinq heures du soir firent craindre que ce jour fût le dernier de sa vie. Pour elle, malgré les violents accès du mal, elle se montra plus aimable que jamais, ayant une parole, un geste, un sourire affectueux pour chacune de ses sœurs qui l'entouraient assidûment. Elle avait prié que, sur son lit de mort, on lui répétât souvent ce verset du psaume : *Seigneur, n'entrez point en jugement avec votre servante...* « Partir à Noël, ce serait bien choisir, dit-elle à quelqu'un qui lui rappelait la fête du jour. » Deux fois pendant les prières de l'agonie, comme on s'arrêtait à ces paroles : sors de ce monde, âme chrétienne, elle nous dit en souriant : « Mais, dites-moi donc de partir. » A toutes les visites de notre révérende Mère Sophie, elle lui demandait sa bénédiction, son pardon de tout ce qui avait pu l'affliger dans sa vie, et lui donnait les marques les plus touchantes d'un respect filial et affectueux. — Craignez-vous le purgatoire? lui demanda une de ses sœurs. — « Oh! répondit-elle, j'espère bien que le bon Dieu me fera la grâce d'y aller... Là, au moins, plus d'offense, plus de désespoir. » — Son abandon s'étendait jusqu'à ce lieu d'expiation. Dominée par le sentiment de la confiance et du pardon de ses péchés, elle voulait qu'on lui rappelât sans cesse les mérites de Notre Seigneur et les miséricordes de Dieu; quand on oubliait d'y ajouter *infinies*, elle reprenait elle-même, *infinies, infinies*. Elle demandait qu'on lui suggérât les prières de l'Eglise, des oraisons jaculatoires qu'elle achevait dès qu'elle les entendait commencer, redisant souvent : « Je crois, j'espère, j'aime. » Comme on lui lisait ces paroles : Vous savez, Seigneur, qu'elle a cru en vous.. « *Oui, oui,* dit-elle vivement.— Qu'elle a espéré en vous. — *En vous seul.* — Qu'elle vous a aimé. — *Si je n'ai pas aimé Dieu comme il le mérite, du moins c'est toujours lui que j'ai voulu aimer.* » Puis, formant de grands signes de croix, elle s'unissait à toutes celles qui priaient près de son lit de douleur. Le 27 décembre, on la trouva si mal que, dans la soirée, on voulut la fortifier encore en lui apportant une dernière fois la sainte communion. En effet, après une nuit assez calme et une très-courte agonie, elle rendit son âme à Dieu, à deux heures et demie du matin, le jour de la fête des saints Innocents. A cette heure-là même, plusieurs personnes de la maison furent éveillées avec la pensée intime que la Mère de la Nativité venait de quitter l'exil. Cette belle âme emporta tous nos regrets et nous laissa consolées d'une mort si humble, si confiante, si résolue et si propre à ranimer notre courage.

Voici ce que nous trouvons dans les notes de la Mère Saint-Jérôme, à la date du lendemain de ce décès, 29 décembre 1860 :

« Il me faut apprendre à être morte par avance. Je me veux renfermer résolûment dans la tombe avec Jésus, avec Mère de la Nativité. La Mère de la Nativité, on ne la consulte plus, on ne la mêle plus au mouvement des affaires, aux décisions, aux fêtes dont elle était l'âme. Tout s'agite et se conclut sans elle ; on ne dirait point qu'elle manque... et elle est morte. Ainsi, moi..., avec l'ardeur qui m'entraîne, l'affection que je porte à tout ce qui m'entoure, c'est l'heure de vous prouver mon amour, ô Seigneur, de traiter avec vous seul de tous ces intérêts, en dehors desquels je ne saurais me mettre complètement. Si je pouvais devenir plus aimante; si je me jetais dans les grands intérêts de votre gloire, par le rien, l'abjection, la continuelle prière! Voilà de quoi alimenter la faim et la soif de bien qui me tourmentent, malgré mes infidélités. Toucher à tout sans être vue; remuer le ciel et la terre par l'immolation et le gémissement du cœur, voilà de quoi me suffire. Demeurons donc joyeusement invisible... »

Vive la mort qui fait naître dans l'âme de tels sentiments !

Avant de retracer la physionomie de la quatrième élève, compagne en religion de la mère Saint-Jérôme, disons que le noviciat de Corbeil fut une sorte d'*Introuvable*, composé de membres choisis, qui, tous unis dans le but de tendre à la perfection, contribuèrent efficacement au bien de la communauté, au salut des âmes et à la gloire de Dieu.

Le nom de la Mère Madeleine rappelle une vie entière de dévouement, une suite continuelle d'actes de renoncement, d'oubli de soi-même et de sacrifices de toutes sortes au bénéfice du prochain.

Entrée comme élève au pensionnat, elle s'y fit remarquer parmi les plus sages, obtint le cordon d'honneur, des charges de confiance, fut une des sept élues qui, sur cent quarante, composèrent le noyau primitif des Enfants de Marie, et obtint, très-jeune encore, son admission dans la communauté.

Une taille élevée, un extérieur agréable, faisaient ressortir en elle des qualités bien autrement essentielles et attrayantes : un caractère obligeant, un cœur sensible et affectueux, enfin une charité au profit de laquelle elle se dépensa tout entière. Soutien de la psalmodie au chœur, elle était presque toujours d'office pour le plain-chant, sans compter les services qu'elle rendait à la tribune de notre chapelle. La gravité de son ténor, mêlée à la distinction de son organe, favorisait l'exécution musicale des morceaux solennels, et, lorsqu'on avait entendu cette belle voix, on n'oubliait pas le solo de l'oratorio de Pâques : *Ego sum qui sum*, ni celui de la dédicace : *Ecce tabernaculum Dei cum hominibus*.

La santé de la Mère Madeleine, fortifiée par les exercices du corps, devint capable de résister aux veilles et aux travaux les plus fatigants. Se présentait-il quelque chose de pénible et même de rebutant, c'était constamment son lot. Prêter secours à toutes les obédiences, aider les infirmières, passer les nuits près des mourantes, ensevelir les défuntes, voilà autant d'actes qui lui étaient habituels. Une personne se trouvait-elle indisposée inopinément dans une réunion, à l'instant elle quittait sa place, et se tenait prête à transporter la malade, ce qu'elle faisait avec une dextérité et une douceur qui rendaient son secours extrêmement précieux.

Dans ses rapports multipliés avec les enfants, près desquelles il lui fut confié de nombreux emplois et d'importantes surveillances, elle alliait une bonté réellement maternelle à une active vigilance et à la plus calme fermeté. Elle savait par un seul mot, ou par le silence seulement, imposer à la masse et maintenir le pensionnat. La maîtresse générale se reposait sur elle pour les détails d'organisation, et l'ordre respirait partout sous son œil et sous sa main. Etait-il question de disposer une salle de réunion pour quelque réception prévue, la plupart du temps le rangement se trouvait fait à l'avance, et l'on savait par qui. Notre Mère Sophie avait elle-même toute confiance en son dévouement et n'en craignait que l'excès.

Au réfectoire, au dortoir des élèves, son attention se fixait sur chacune en particulier, aussi bien que sur toutes en général. Jamais cette bonne Mère n'épargnait sa peine afin de procurer aux nouvelles venues, dont elle prévenait sans cesse les besoins réels ou imaginaires, tout ce qui pouvait leur être agréable. Aux récréations, elle ne se lassait point d'inventer de nouveaux exercices dont la variété excitait l'animation et la gaîté.

Il n'était pas étonnant que les enfants, touchés de tant de sollicitude, s'attachassent particulièrement à la Mère Madeleine. Souvent son extrême sensibilité eut même à souffrir de ces témoignages affectueux qu'elle devait parfois écarter, et qu'elle n'accueillait, du reste, que très-religieusement en dirigeant vers Dieu tous ces petits cœurs qui se groupaient autour du sien.

Le Père Ronsin portait un intérêt spécial à cette âme affectueuse et maniable. Sa franchise, humble et sincère dans l'aveu des défauts qu'elle croyait avoir, permettait, en lui donnant des avis, d'aller directement au but, sans égard à l'amour-propre, et de la façonner librement et sans crainte de la blesser. Nous verrons, par la lettre suivante, que les vertus caractéristiques de cette chère Mère devaient être le fruit d'un combat perpétuel contre son naturel :

« Ne croyez pas que je vous oublie, mon enfant; je pense souvent à vous, parce que la bonne Providence de notre Dieu a établi entre vous et moi depuis longtemps des rapports particuliers, que votre confiance, votre ouverture de cœur, votre docilité m'ont mis à même d'utiliser, avec le secours de sa grâce, pour le bien et la consolation de votre âme. Je voudrais savoir de vous-même où vous en êtes pour les affaires du royaume intérieur. En avez-vous fermé l'entrée à deux petits animaux non sauvages, mais apprivoisés et domestiques, qui voudraient y faire le dégât? Ils sont frère et sœur, enfants d'une mère qui ne s'appelle pas l'abnégation de soi-même. Dans le cas où vous en auriez ressenti la morsure, avez-vous su vous en venger en les écrasant sur la plaie, comme le scorpion, dont saint François de Sales dit qu'on guérit ainsi la blessure. Faites chaque jour un, deux, trois pas, plus encore dans le chemin que Notre Seigneur vous a tracé par son sang, et qu'il saura bien vous aplanir par sa grâce. Si votre courage vient à chanceler, regardez le bon Maître marcher devant vous, vous tirant après lui par une chaîne d'amour qui part de son cœur. Voyez dans sa droite la couronne qu'il vous destine, et le terme où il vous attend pour vous la mettre sur la tête *in œternum*. J'en ai trop dit, et il n'en fallait pas tant à Madeleine : Imitez votre patronne, et priez pour moi. »

Pour ne pas laisser cette âme si sensible et si filiale se détourner de la pureté de ses intentions, notre Mère, sous la même inspiration, ne la ménageait en rien. Sûre de son obéissance comme de son affection, elle la reprenait de manière à paraître parfois rigoureuse à son égard. Alors la Mère Madeleine applaudissait à la sévérité apparente de sa supérieure. « J'aurais trop de bonheur à savoir que je satisfais, disait-elle. » Et rien n'était capable de refroidir son zèle. Une fois, son ardeur pour animer les récréations des enfants lui causa un accident qui suspendit tristement le jeu. Afin d'amuser les élèves restées pendant une sortie des premiers jours de l'an, la maîtresse les faisait courir dans une salle cirée : son pied glisse, elle tombe sur le côté et se démet l'épaule. Le bras demeura longtemps enfermé dans un appareil, et finit par se guérir ; mais, depuis, l'influence des saisons se fit toujours sentir à la Mère Madeleine, qui reprit cependant bientôt ses occupations ordinaires et sa vie de sacrifices. Annonçait-on une réunion de communauté, une séance intéressante : « Je garderai les enfants pendant ce temps, disait-elle ; il sera plus avantageux aux maîtresses qu'à moi d'y assister, et ce sera plus profitable aux élèves. »

L'existence de cette religieuse humble et dévouée s'écoula dans la pratique des salutaires leçons reçues au noviciat de Corbeil, comme à une école de renoncement et d'abnégation. Deux ans avant sa mort, sa bonne constitution s'altéra sensiblement ; sa mémoire s'affaiblit au point de l'empêcher de remplir ses charges auprès du pensionnat. Tout en s'affligeant de ce dépérissement, prélude semblable à celui d'une maladie qui lui avait enlevé sa sœur, elle acceptait paisiblement l'accomplissement de la volonté de Dieu. Malgré cette transition d'une vie extrêmement active à des emplois sédentaires, elle se trouvait encore heureuse de rendre quelques services en travaillant à l'aiguille, en aidant à la cuisine, etc. Elle ne demeura qu'une semaine à l'infirmerie. Dieu la trouva douce, patiente et résignée dans cette dernière épreuve, dont elle atteignit le terme avec calme, et ce fut sans de grandes souffrances qu'elle entra dans le repos du Seigneur, après sa laborieuse carrière.

CHAPITRE VI.

APOSTOLAT PRÈS DES ENFANTS.

Estime de la Mère Saint-Jérôme pour l'œuvre de l'éducation chrétienne. — La Mère Saint-Jérôme maîtresse de classe. — Témoignages de ses élèves. — A l'action elle joint la prière et la réclame pour les enfants qui composent sa classe. — Le fonds et le plan de ses instructions chrétiennes. — Soin de la première communion, de l'Association des Saints-Anges. — Direction des Enfants de Marie. — Compte-rendu de l'une d'entre elles sur le bien opéré par la Mère Saint-Jérôme et par le moyen des Congréganistes. — Jubilé de 1863.

Qui ad justitiam erudiunt multos,
quasi stellæ fulgebunt in perpetuas æternitates.
Ceux qui en auront instruit plusieurs, dans la voie de la justice, brilleront comme des étoiles pendant toute l'éternité.
Daniel, C. XII, ÿ 3.

Rien n'était plus haut placé dans l'estime de la Mère Saint-Jérôme que l'éducation chrétienne de la jeunesse. Notre saint fondateur en a fait pour nous l'objet d'un quatrième vœu, et nous ne pouvons être religieuses de la congrégation de Notre-Dame sans nous dévouer et nous sacrifier à son accomplissement, en faveur des petits comme des grands, et des pauvres plus encore que des riches.

« Nous devons embrasser le monde entier dans notre charité, écrivait notre chère Mère, mais spécialement les enfants ; nous l'avons promis à Dieu, et nous nous sommes vouées au bien de leurs âmes. Quel honneur d'avoir été jugées dignes de parler de Dieu à ces enfants, de le faire naître et vivre dans le cœur de celles dont nous sommes devenues les mères, et que le Seigneur nous a données pour partage en Israël. Notre mission, dans sa dignité, nous associe aux anges ; c'est une œuvre lente, patiente, sans doute, mais elle est sûre et impérissable. S'il ne nous est pas toujours donné d'en voir le fruit, nous le recueillerons plus tard avec usure. La semence chrétienne jetée dans le jeune âge peut être étouffée par les passions et par les épines du vice; toutefois, un incident inopiné, les épreuves de la vie, rappellent souvent une âme au Dieu qu'elle a connu et aimé dans l'enfance. Au contraire, pour celle qui ne peut faire revivre un seul de ces souvenirs, combien le retour est difficile, qu'il est rare ! L'éducation de la jeunesse, c'est l'espoir de la religion et du pays ; c'est le renouvellement du monde. Apportons-y donc tout le soin que demande l'importance du but, tout le respect que méritent les âmes héritières du Ciel. »

Pendant toute sa vie religieuse, la Mère Saint-Jérôme s'appliqua à elle-même ces considérations et ne cessa de les réduire en pratique. Suivons-la dans le cours de son importante mission, et commençons par rappeler le bien qu'elle fit aux élèves dans l'exercice de ses fonctions de maîtresse de classe et d'instruction chrétienne.

Dans notre maison, on a coutume d'initier à l'enseignement les jeunes religieuses qu'on y destine, en les associant aux maîtresses en chef comme aides ou comme remplaçantes temporaires. Dès le bas-âge, formée à notre méthode et très-capable de se passer de direction dans cette voie, la Mère Saint-Jérôme fut pourtant soumise à ce plan. Trop humble pour ne pas se trouver heureuse des leçons de l'expérience, elle débuta dans la carrière par un intérim de sept ou huit mois à la sixième division, et ce premier essai suffit pour faire apprécier la future maîtresse. Ses petites élèves étaient pétillantes de joie lorsqu'elle leur annonçait quelque devoir de valeur, tel qu'un extrait d'histoire pour le lendemain. C'était un travail, à la vérité, mais proportionné à leur âge et facilité par une préparation spéciale. Il ne fallait pas à ces enfants une lecture froide et sans explication : les faits se racontaient dans un langage simple qui captivait nos petites, et les plus développées reprenaient elles-mêmes des récits qui, dans leur bouche, intéressaient doublement leurs jeunes compagnes. Quant à la rédaction, la maîtresse, qui naturellement n'était pas exigeante, se montrait fort peu difficile, pourvu que l'exactitude se retrouvât à peu près sous la forme naïve, qu'elle préférait à toute autre. Il nous souvient d'une élève de huit à dix ans, Gabrielle ***, depuis grande et pieuse dame, et maintenant réunie à la Mère Saint-Jérôme : cette enfant sortait toujours radieuse de sa classe, parce qu'on avait su deviner ses petites aptitudes, et lui faire mettre ses talents naissants au service de ses compagnes. C'est bien là l'effet de ce tact qui saisit l'enfant par le côté qui donne le plus de prise, et s'applique au point saillant de quelque bonne disposition naturelle.

La Mère Saint-Jérôme, suivant donc notre filière accoutumée, remplit pendant quelques années l'emploi méritoire de n'être rien et d'être tout, de ne paraître nulle part et d'être partout. Souvent à la classe, plus souvent encore à l'instruction chrétienne, toujours aux surveillances de récréations, de dortoir, etc. C'était le temps des petits profits et des premières semences dans le champ du Seigneur. Après avoir ainsi traversé les emplois qui façonnent les instruments du bon Dieu, elle eut en titre la charge de la seconde classe, où elle ne devait que passer, sa place étant marquée à la première. Ce fut là pendant vingt-cinq ans le champ le plus fructueux de son apostolat près des enfants.

Avec son caractère de simplicité, la Mère Saint-Jérôme avait une liberté d'esprit qui lui permettait de laisser sans inconvénient une grande latitude d'action à tout ce qui l'entourait. Cette qualité, jointe à ses connaissances, la plaçait mieux dans une classe supérieure que dans une section de moyennes, où la fermeté et l'active surveillance sont absolument nécessaires pour le maintien de l'ordre et de la discipline. Aussi, nous avons maintes fois entendu ses élèves rendre hommage au discernement de notre Mère Sophie dans le choix de leur maîtresse. Plusieurs de ces grandes jeunes filles, dans le mouvement d'une affection un peu présomptueuse, disaient quelquefois : « La Mère Saint-Jérôme est bien avec nous et ne peut être bien qu'avec nous. »

Transcrivons ici le témoignage particulier de quelques-unes d'entre elles :

« J'ai eu le bonheur, dit Aline, de la connaître et de l'apprécier comme maîtresse de classe et d'instruction : c'était une des religieuses les plus capables et les plus instruites de la communauté. A ses rares talents, elle joignait un abandon, une modestie, une simplicité qui la faisaient aimer de tous et de ses élèves en particulier.

Nous lui reconnaissions ces qualités aimables qui ont le privilége de gagner les cœurs. Pour l'extérieur, on pouvait lui appliquer ce que dit de saint François de Sales le plus naïf de ses historiens, le Père de la Rivière. « Elle avait le visage plein de bienveillance et d'affabilité, un regard merveilleusement attrayant, un parler le plus gracieux du monde, une manière de converser qui n'ennuyait personne, un abord facile et engageant, et, par une faveur spéciale de la Providence, les dons naturels qui étaient en elle se convertissaient en vertus. » Ajoutons que pour autre trait de ressemblance avec ce modèle de douceur, elle était naturellement impatiente, ce que ses élèves remarquaient à une petite contraction qui lui faisait serrer les lèvres lorsqu'elle voulait comprimer quelque mouvement intérieur de vivacité. Ah! se disaient alors quelques bons lutins : « Le séraphin pourrait bien donner du nez en terre. »

Ainsi, sa piété, je dirai même sa sainteté, n'avait rien ni d'austère ni de rude. On la voyait toujours gaie, souriante, enjouée, quoique possédant cette vertu rare et solide, ce dévouement incessant qui se cache parfois sous les dehors les plus ordinaires. Elle avait une affection tendre et profonde pour la jeunesse qui, de son côté, ne pouvait résister au charme de son esprit, à la séduction de sa parole. Le sentiment profond de la grandeur de sa mission la rendait ingénieuse, infatigable dans la pratique des moyens à l'aide desquels ce but important devait être atteint : « Nous étions, conclut l'élève déjà citée, heureuses et très-fières de posséder une telle maîtresse, qui avait le don de nous instruire en nous intéressant.

Les moindres choses dites par elle devenaient attrayantes, neuves et quelquefois même un peu originales. Nous pouvions la consulter sur tous les doutes, incertitudes ou objections qui s'offraient à notre esprit. Toujours nous avions une réponse claire et satisfaisante. »

Voici ce qu'écrivit Laure..., autre élève de la Mère Saint-Jérôme en apprenant la mort de cette chère Mère :

« Trente ans d'absence se sont fait vivement sentir à mon cœur; mais le temps n'a rien effacé de mes souvenirs du pensionnat, et je m'y reporte souvent avec amour et reconnaissance. Déjà je m'étais fortement attachée à cette bonne Mère lorsqu'elle nous préparait à la première communion. Le charme dont elle revêtait les enseignements les plus graves m'avait donné l'instinct de son grand mérite. Plus tard, je l'ai eue pendant deux ans pour maîtresse. Ayant affaire à des jeunes filles sérieuses et appliquées, peu nombreuses dans les hautes classes, toute jeune elle-même, elle se faisait notre sœur aînée. Avec elle, l'étude devenait pour nous un délassement et un plaisir. Nous n'avions qu'un désir : contenter notre petite Mère; ainsi la nommions-nous, à cause de sa taille, par une affection toute filiale et sans aucune atteinte au respect que nous lui portions. Combien de fois, pour lui être agréable par quelque travail de surplus, ne nous levions-nous pas à son insu à la cloche de quatre heures, et notre zèle ne nuisit jamais à notre santé. »

» Je n'ai jamais assisté, dit N..., à une classe où elle s'appliquât uniquement au développement de nos intelligences. Elle poursuivait sans cesse son but : la formation des cœurs; et quand malheureusement nous ne répondions pas à ses efforts, elle ne nous opposait qu'une patience inaltérable, à laquelle les caractères les plus difficiles ne pouvaient résister. »

Nous pourrions confirmer ces témoignages par un grand nombre d'autres, mais les précédents suffisent et n'ont nul besoin de contrôle : ils auront l'approbation de toutes ses anciennes élèves.

A l'action incessante, la Mère Saint-Jérôme ne se contentait pas de joindre ses seules prières, elle réclamait celles des âmes que leur vocation spéciale tient constamment aux pieds de Notre Seigneur.

« Il y a longtemps, dit-elle à l'une de ces favorites de Jésus, que j'ai compris la jalousie de Marthe contre Marie; en fût-elle morte, je l'aurais trouvé tout naturel, et le bon maître n'eût pas eu droit de s'en fâcher. Nous nous serrons bien fort contre vous, afin de ne pas trop oublier Marie pour Marthe, et que la première ne soit pas plus souvent tentée de se plaindre que la seconde. Le difficile est de faire vivre les deux sœurs en parfait accord ; il y en a toujours une qui devance l'autre. Dites au Seigneur de les accorder puisqu'il veut bien avoir besoin, ou plutôt se servir, de ce mauvais attelage. »

Elle recommandait également le succès de son œuvre à tous les amis de Dieu qu'elle croyait avoir le plus de crédit sur le Cœur de Jésus. La Mère Sophie de Saint-Elie, carmélite, était une de celles qui lui avaient inspiré le plus de confiance, et, dans son recours amical à sa sainte intervention, elle ne craignait pas de lui faire le tableau de sa petite famille, afin de l'intéresser à chacun de ses membres. « Puisque vous voulez bien m'aider dans ma régence par vos prières, lui écrivait-elle, vous allez faire pénitence pour nous ; et voilà toute ma classe qui veut que chacune de vous en prenne une d'elles sous sa protection, et moi, ravie, je suis déchargée d'autant. Je vais donc, comme vous me demandez, vous chapitrer mon petit monde : *Léonie P...* est une grande Belge, deux fois ma taille ; notre médaillon de sagesse, un modèle de vertu, de bon ton ; famille chrétienne. Une autre *Léonie*, petit lutin du Midi, assez facétieuse, qui, l'année dernière, nous a donné beaucoup de tablature, mais qui commence à s'amender. *Valentine du D...*, sa sœur, simple, candide, pleine de foi et de cœur ; tête un peu vive, mais point entêtée. *Marie R...*, la bonne volonté et la vertu même, cordon d'honneur. *Léontine H...*, toujours gracieuse et de même humeur, conduite très-régulière. *Louise de C...*, remplie d'esprit et de moyens, mais gâtée, pour l'avoir trop entendu dire ; ici, depuis huit mois seulement. *Marie de C...*, un petit ange de piété qui bataille avec la grâce, et qui craint que Dieu lui en demande trop. *Joséphine O...*, bonne, ronde, simple, sensée, avec tout un entourage qui aurait dû lui faire aimer le monde. *Victorine L...*, qui fait peu de bruit. *Félicie G...*, une excellente nature, où tout ce qui est de foi pénètre facilement, tout étonnée de voir le bon Dieu si bon, un peu à la manière de ceux auxquels on prêche l'Evangile pour la première fois : elle avait été jusqu'ici dans des pensions séculières et trouve le régime monastique fort à son goût. *Armantine de F...*, petite créole, parente à notre bienheureux Père, remplie de moyens, excellent cœur, pas assez dévote. *Emilie,* le meilleur cœur et la plus mauvaise tête. *Alix de M...,* parente du bienveillant ami des Carmélites, Monseigneur de Quélen; douce, pieuse, élevée ici depuis l'âge de quatre ans. *Pauline F...,* charmant petit naturel, content de tout. *Alix de B...,* régulière, pieuse, laborieuse, famille de saints. *Mathilde E...,* une bretonne ardente, enjouée, aimable, ma meilleure élève comme études : les traditions de piété ont passé là de père en fils. *Marie D...* a deux sœurs, autrefois élèves, puis religieuses parmi nous : une charmante enfant dont le père et la mère ont fait la mort des saints, analogue à leur vie. *Trois Maries,* dont la première aurait besoin d'un grain de sel; la deuxième est bonne, mais trop timide, et, la troisième, grave Bretonne, très-pieuse, à laquelle sa sœur, *Delphine,* devrait emprunter un peu de ses richesses spirituelles. *Cornélie de K...,* jeune belge, fort gentille, et une petite *Adèle,* bonne enfant. Ces deux-ci ont besoin de soutien et de s'appuyer sur vos meilleures prières. Reste *Adèle H...,* compatriote de votre Mère Sainte-Thérèse; petite personne très-bien de tous points, pieuse, studieuse, sauvée avec sa demi-sœur, *Cornélie B...,* ainsi que les trois jeunes hommes dans la fournaise; c'est-à-dire qu'on ne s'explique pas comment ces intéressantes enfants se sont conservées si pures, si simples, dans un milieu où tout était entraînement pour le luxe, le plaisir, etc. Les voies par lesquelles elles sont venues ici sont étranges. Pour compléter la liste, sœur Marie, saint Jérôme, un petit composé de grâces de Dieu et d'infidélités, qui de part et d'autre vont toujours croissant, et qui ne sait comment cela aurait fini, si de bonnes carmélites ne l'avaient prise sous leur protection. Finissons par maman Sophie, la copie du bon Maître et le modèle de l'abnégation la plus complète que je connaisse. Voilà toutes vos protégées, gardez-les bien; Dieu vous en demandera compte. »

Une autre fois, elle écrivit à la même religieuse : « Il faut que je vous recommande mes trente brebis de cette année. Je les place sous votre patronage : faites-les moi bonnes, trois fois bonnes. Je compte sur vous ; elles vous prient de vous mettre à l'œuvre, de moitié avec moi. Elles sont fort présomptueuses et prétendent être l'exemple du pensionnat, Dieu et vous aidant. La meilleure récréation qu'on puisse leur offrir, c'est un quart d'heure de causerie pieuse. Ce sont d'excellentes petites filles que nos oisillons. Et, ce vilain monde qui viendra flétrir ces âmes si pures ! Oh ! je lui en veux. Priez toujours pour ces pauvres enfants : elles ne se doutent guère de ce qui les attend. Heureusement qu'elles sont presque toutes fidèles à nous revenir après leur départ, et que l'on peut les conforter et les refaire ; nous les suivons de pensées, de prières et par lettres. Ce n'est pas la moindre partie de notre besogne, et c'est, je crois, la plus fructueuse. »

Ne négligeant rien de ce qui pouvait servir de complément à l'instruction, la maîtresse usait, avec discernement, des ressources de notre bibliothèque : littérature, poésie, beaux-arts, et son choix judicieux initiait ses élèves, dans la mesure convenable, aux connaissances qu'exige l'éducation de notre siècle.

Les instructions chrétiennes de la Mère Saint-Jérôme, au moins tout aussi goûtées que son enseignement classique, se composaient d'une sorte de tissu de l'Ecriture sainte, des Pères et Docteurs de l'Eglise, que la catéchiste extrayait sans cesse et qu'elle préférait à tous les auteurs. Les nombreux passages qu'elle tirait de ces admirables sources étaient toujours accompagnés de traits historiques propres à réveiller l'attention des enfants, et à fixer la légèreté de leur mémoire. Une étude consciencieuse, d'une demi-heure au moins, précédait chaque jour l'instruction. « Je ne voudrais pas l'omettre, disait-elle, non-seulement pour ne pas manquer à mon devoir, mais afin que les âmes du purgatoire m'aident à bien m'acquitter de cet exercice et qu'elles-mêmes reçoivent un peu de soulagement par l'application du petit gain spirituel que peut m'apporter la demi-heure de préparation. »

Se conformant au plan généralement adopté, elle divisait son cours en trois parties : *le dogme, la morale, le culte*, et chacune de ces divisions était parcourue avec une méthode, un enchaînement d'idées tout à fait propre à fixer la mémoire si volage des enfants. « Sachant, dit une de ses élèves, que nous oubliions vite ce que nous avions entendu, si on ne nous le répétait sous toutes les formes, elle nous rappelait souvent le point de départ du sujet traité, et ne se lassait pas de revenir sur les développements. Une année, ce texte si court : *Qui a créé le ciel et la terre*, fournit une ample matière, pendant un mois, à des instructions que nous écoutions avec une avidité, un intérêt toujours croissants. Remonter à Dieu par la vue des merveilles de la nature, admirer l'harmonie, le bel ordre de l'univers, entrer avec nous dans la considération des titres de gloire de l'Eternel plaisait à son imagination brillante et gracieuse. Tour à tour apparut devant nous la terre avec les végétaux qui l'embellissent, les animaux qui l'habitent, les astres du firmament, puis enfin l'homme, qui, tel qu'un roi, vient prendre possession d'un palais prêt pour le recevoir. La Mère Saint-Jérôme paraissait se complaire elle-même dans son sujet, tant il lui fournissait de descriptions, de comparaisons et d'autres beautés littéraires. Parfois elle nous apportait des extraits de la somme de saint Thomas (1) et nous lisait certains passages les plus compréhensibles de cet inimitable livre. Alors nous étions radieuses et toutes fières de recueillir, grâce à notre maîtresse, quelques atômes de la science sublime de l'ange de l'Ecole. »

(1) D'après cette citation, on pourrait supposer que la Mère Saint-Jérôme n'apportait point assez de réserve à parler d'une science à laquelle les femmes ne doivent ni prétendre, ni, pour ainsi dire, toucher. Qu'on se détrompe ; nous en appelons à toutes les personnes qui ont connu notre modeste petite Sœur. A la vérité, elle avait fait de la religion une étude tellement sérieuse, qu'à tout propos il se présentait sur ses lèvres, comme dans ses écrits, quelque texte de la sainte Ecriture ou des docteurs de l'Eglise ; mais elle faisait si peu de cas de son érudition pratique, que dans son estime elle plaçait au moins à l'égal de son enseignement le plus simple exercice des travaux manuels. Cette parole d'une petite orpheline, employée au ménage, lui ayant été rapportée : « Je crains que la Mère Saint-Jérôme n'ait de l'orgueil de sa science, » — « Ah ! dit-elle, cette enfant et moi nous faisons absolument la même chose ; Dieu sait qui a le plus de mérite de nous deux ; c'était bien ce que pensait le P. F..., ajoutait-elle. » Le P. F..., apôtre des Anglais, travaillait avec grand succès à leur conversion, lorsqu'il fut tout-à-coup rappelé en Italie. Il part sans différer, en disant : C'est peut-être pour me donner en aide au cuisinier que mon Supérieur me fait quitter ma mission ; mais qu'est-ce que cela fait ? Convertir les Anglais à Londres ou peler des pommes de terre à Naples, c'est tout-à-fait la même chose, puisque c'est également pratiquer la sainte obéissance et faire la volonté de Dieu.

L'émulation extraordinaire des élèves de ce cours se montrait principalement à l'approche des compositions. Des heures d'anxiété précédaient ce travail : prières, sacrifices, mortifications, tout était mis en œuvre par les concurrentes pour emporter la croix de première; aussi le succès se balançait-il tellement que très-souvent, afin d'observer toute justice, on fut obligé de doubler les récompenses et les prix de doctrine chrétienne.

Ce fut un véritable chagrin pour la Mère Saint-Jérôme lorsque l'altération de sa santé, provenant d'une affection au larynx, obligea de la décharger, pour un temps, d'un emploi qu'elle exerçait avec tant de bonheur, et c'est dans les termes suivants qu'elle parle à Notre Seigneur de sa peine à ce sujet : « Vous vous êtes servi d'une trop courte épreuve pour donner à d'autres les fonctions de zèle que vous avez daigné inspirer à mes supérieures de me confier, dans un temps où, unie à vous, je mettais moins d'obstacles aux grâces que vous vouliez répandre sur vos enfants : *Justus es, Domine et rectum judicium tuum.* Que ferai-je? Je prierai pour celles que vous avez choisies à ma place, je me réjouirai de ce qu'elles font mieux que moi, je demanderai le salut de ces chères âmes que je me suis rendue indigne de servir, j'obéirai, je remplirai avec soin les fonctions qui n'ont qu'un rapport éloigné avec votre service. Et, quand vous voudrez, vous saurez bien me donner quelque petit coin de votre vigne à cultiver à côté de vous. Si cependant telle n'est pas votre volonté, je me dirai : *Vere mereor*, et puis, j'aurai toujours l'humilité et l'amour à cultiver dans mon cœur stérile. »

D'autres instructions de toutes sortes se donnaient en particulier par la Mère Saint-Jérôme. Ainsi, pendant les intervalles des classes, elle recevait de temps en temps, dans sa chambre de travail, appelée par abus *cellule*, quelques-unes de ses élèves, qui se plaisaient à l'entourer, à lui servir de copistes, à ranger ou plutôt à déranger ses livres, à disposer à leur gré son petit mobilier ; elle leur abandonnait tout, et s'occupait, du reste, si peu de ce qui lui était personnel, qu'on était obligé de veiller à ce qu'elle ne manquât de rien. Les relations si familières de ces enfants avec leur bonne Mère étaient pour elles un sujet continuel d'édification, par la douceur de ses procédés, son aimable gaîté, son égalité d'humeur et son recueillement, plus profond, surtout à certains moments où elle l'accompagnait de prières. Le vendredi à trois heures, par exemple, elle ne manquait pas d'adorer le Sauveur mourant. « Mes enfants, disait-elle, c'est l'heure de la mort de Notre Seigneur, pensons-y. »

Son activité lui permettait de conduire de front les occupations les plus multipliées, telles que l'enseignement, la correspondance, les compositions d'ouvrages sérieux, les devoirs de tous genres. Jamais l'entourage de ses jeunes élèves ne l'obligeait à interrompre ses travaux. Dans son intimité, rien ne la gênait, et toujours elle se montrait accessible, ayant du temps et une bonne parole pour chacun indistinctement.

Avec le soin des enfants de la première communion, pour lesquelles elle avait une affection toute particulière, a Mère Saint-Jérôme eut encore pendant quelques années la direction de l'association des Saints-Anges, et nous ne pouvons résister au désir de citer deux fragments des lettres qu'elle écrivit à Corbeil aux jeunes congréganistes en vacances :

« Mes bons petits anges, auriez-vous cru, par hasard, que je laisserais passer en silence la fête de saint Michel ? Oh ! non ! bien que j'aie l'intime assurance que vous-mêmes y avez pensé, que vous vous y êtes préparées. J'ai là une lettre de notre bonne Marie de L... (1) justement sur ce sujet, et des vacances dernières. Elle me disait aussi que tous les anges de Corbeil étaient admirables en ferveur, en zèle, en activité au jeu, comme au travail ; n'est-ce pas bien le compte-rendu des anges de cette année ! Je le crois, et s'il y a quelque différence, ce doit être en mieux, et pour cause. Mercredi, je m'unirai à vous de tout cœur ; la communion vous appartient. Mettez-vous bien dans les bonnes grâces de saint Michel, et mettez-y un peu, par charité, votre pauvre Mère Saint-Jérôme, car vous savez que c'est cet archange qui présente nos âmes à Dieu au sortir de cette vie ; Marie de L... avait pour lui, et à ce titre, une dévotion singulière : elle m'en a encore parlé dans sa maladie, aussi en aura-t-elle été bien secourue. De plus, c'est l'ange protecteur de la France ! Je suis fidèle aux deux rendez-vous, j'espère que je vous y trouve, j'agis tout comme, et quelquefois même l'illusion va jusqu'à suivre la conversation avec celle-ci et celle-là. Dieu me le pardonne sans acte de contrition. Vous n'oublierez pas l'office mercredi, et, huit jours après, nous nous reverrons ; oh ! le bon mercredi que celui-là ! Je voudrais

---

(1) Présidente des Saints-Anges, morte dans l'année.

nommer ici tous les anges par rang de dignité, mais si j'en oubliais quelques-uns, on me jetterait la pierre ; je vous embrasse donc tous en bloc, mes chers petits anges. M. Saint-Jérôme. »

Voici la seconde de ces lettres, dont le style convenait si bien à ces enfants :

« Gloire et amour aux SS. CC. de Jésus et de Marie, et, après eux, aux SS. Anges !

» Vous savez que c'était la devise de votre patronne, de votre modèle, Marie de L... Oh ! mes chers petits anges, s'il y avait parmi vous encore quelques Maries, quand ce ne serait que deux ou trois, quelle joie pour vos mères, pour le Ciel, quelle rage pour l'enfer, quel bien pour tout le pensionnat ! N'est-ce pas, l'année prochaine, nous verrons en vous des Maries ? Vous lisez avec admiration les vies des grands hommes de l'histoire ancienne, de l'histoire romaine ; vous ne serez pas étonnées, parce que vous avez de la foi, si je vous dis qu'une seule victoire de Marie sur son cœur, sur son imagination, sur sa vivacité, fut plus admirable mille fois et plus applaudie de toute la cour céleste que ces grands efforts de la sagesse humaine. Et vous aussi, ne pouvez-vous pas vous vaincre comme elle ? Vous le faites, j'en suis sûre. Je sais que plusieurs d'entre vous se distinguent par leur zèle, par leur bonne volonté, par leur exactitude aux exercices de la congrégation, car je m'informe de tout ce qui vous touche, et, de loin comme de près, mon cœur est au milieu de vous. Si j'avais des oreilles de certaine dimension, la communauté rirait de les voir se dresser dès qu'on prononce le nom d'un de nos chers anges. A propos, vous n'oublierez pas, le 29, notre bon saint Michel, le patron de la France et le conducteur des âmes au Ciel, que Marie aimait tant, qu'elle appelait son ange de prédilection ! Qui peut si bien vous secourir contre d'autres anges que vous connaissez, lui qui les terrasse par ce seul mot : *Qui est comme Dieu ?* Dites aussi dans l'occasion : Ma vanité, ma paresse, mon orgueil, ma satisfaction, dois-je les préférer à Dieu, les mettre dans la balance avec mon Dieu et mon salut ? Et puis, vous connaissez celle qui est plus puissante que personne pour les terrasser : criez, *Marie*, et tous fuiront. Adieu, je me recommande à vos prières. »

Lorsque, en 1856, notre vénérée Mère Marie-Anne eût été nommée supérieure à Issy, ce fut à la Mère Saint-Jérôme que l'on confia la direction des enfants de Marie. Elle reçut cette charge dans la joie de son cœur, et voici ce qu'elle écrit à une pieuse amie à la date de sa nomination : « Les besognes de la Mère Marie-Anne m'ont été en partie adjugées, ce dont je ne me plains nullement, ce dont je suis fort aise et fort honorée, vu que ce sont fonctions de parler de Jésus et de Marie, et de les faire connaître et aimer. L'instruction religieuse et la congrégation des Enfants de Marie. Je viens donc réclamer vos prières en faveur de mes nouvelles enseignées qui ont perdu une sainte qui agissait beaucoup plus qu'elle ne parlait, et qui ont trouvé un je ne sais quoi, qui s'en tire encore peut-être lorsqu'il s'agit de parler, mais qui, dans l'action, reste toujours à mille lieues en arrière de ce qu'elle enseigne. Ceci est vrai, hélas ! et si vrai, sans humilité, que si quelqu'un des miens venait me dire cette vérité, que je m'avoue parfaitement entre Dieu, ma bonne amie et moi, je regimberais très-probablement. » — Tels étaient les sentiments de bonheur et d'humilité de notre chère Mère en acceptant ces emplois dans l'exercice desquels elle fit tant de bien !

Comme la Congrégation de la sainte Vierge fut un champ béni où elle travailla avec une ardeur toute filiale à la récolte des âmes pour le service de Marie, nous allons donner quelques détails sur ses rapports avec les congréganistes.

« Celles qui, parmi nous, ont été sous sa douce, sage et ferme direction, dit une d'entre elles, n'oublieront jamais que c'est à son zèle qu'elles sont redevables du développement de ce germe précieux, la dévotion à Marie, que Dieu lui-même dépose dans le cœur de ceux qu'il veut sauver. » Bien que la présidente possédât assez sa confiance pour la remplacer au besoin, l'infatigable mère directrice trouvait le temps de s'occuper par elle-même des moindres intérêts spirituels des congréganistes, et se faisait rendre compte des efforts, des progrès, de la piété de chacune en particulier. »

Une fois enrôlée sous la bannière de Marie, on devait se montrer digne du beau titre que l'on portait, et la Mère Saint-Jérôme, naturellement indulgente, savait bien être ferme et même sévère quand le devoir l'exigeait et qu'une enfant de Marie s'était gravement oubliée. Chaque jour, sous la conduite de la présidente, on allait en corps à la petite chapelle renouveler, pendant une visite quotidienne, l'acte de consécration à la sainte Vierge. La

Mère Saint-Jérôme tenait essentiellement à l'exactitude pour cet exercice. Si, par négligence, il avait été omis deux fois dans la même semaine, on était privé d'assister à la réunion suivante, et nulle bonne enfant de Marie n'aurait voulu s'exposer à cette privation. « Si vous êtes fidèle dans les petites choses, disait la Mère Saint-Jérôme à ces jeunes filles, vous le serez aussi dans les grandes, » et, d'après ce principe, elle ne pardonnait que difficilement les négligences légères.

« Nos réunions de chaque dimanche, dit l'élève dont nous consultons les notes, consistaient en édifiants entretiens dont la contrainte était bannie. La Mère Saint-Jérôme causait avec nous dans l'abandon le plus entier, et nous lui parlions en toute liberté. Souvent, s'adressant à quelqu'une, elle demandait : Quelle est la pensée qui vous a le plus frappée dans l'évangile de ce jour ? Provoquant la réponse de toutes par ces questions personnelles, elle nous habituait à nous unir aux prières de l'Eglise et à nourrir notre foi de l'aliment le plus substantiel. Elle-même abritait ordinairement sa parole derrière le texte sacré, que sa mémoire possédait dans une mesure surprenante.

» Pendant ces réunions de famille, il nous était permis à nous-mêmes de faire des questions dans le but d'éclairer notre intelligence, et j'avoue que, pour mon compte, je trouvais que la Mère Saint-Jérôme avait le don d'éclaircir merveilleusement les obscurités de mon esprit, ce que plusieurs ont dû éprouver aussi bien que moi. »

» Un autre avantage pratique des assemblées hebdomadaires des congréganistes était celui d'apprendre à se connaître soi-même. On nous y parlait ouvertement de nos défauts. Notre chère Mère nous autorisait de temps en temps à ériger parmi nous une sorte de petit tribunal, où chacune avait, en toute amitié et charité, le droit de publier ses remarques particulières, et, comme on dit communément, nous avions toutes *voix au chapitre*. La présidente, telle que l'avocat général ou le petit procureur de la sainte Vierge, devait parler pour le bien général de la Congrégation ; ses observations produisaient toujours un effet très-salutaire, et l'on ne saurait croire combien les liens des Enfants de Marie se resserraient dans ces pieuses et gaies séances, qui contribuaient puissamment à maintenir la ferveur dans l'association. La famille de sœurs se séparait chaque fois avec un nouveau sentiment de sa devise : *Cor unum et anima una*. Union de prières, d'affection, de dévouement, de sacrifices pour notre divine Reine. »

On pourrait supposer que l'entrée de la Congrégation, de tout temps sollicitée par les bonnes élèves, était facile sous l'administration d'une religieuse si jalouse d'augmenter le nombre des enfants de Marie. Qu'on se détrompe ; la Mère Saint-Jérôme exigeait de sérieuses épreuves avant l'admission d'une élève. Elle s'informait de son caractère, de sa régularité, de sa piété, de son application à ses devoirs ; « en sorte, dit une enfant de Marie, que la porte de la Congrégation était basse et étroite comme celle du Ciel, et qu'il fallait se faire violence pour y passer, car la Mère Saint-Jérôme, à l'imitation de la Mère Marie-Anne, tenait plus à la qualité qu'à la quantité. »

Lorsque, après une lutte persévérante, on voyait luire le jour de la réception, quelle joie et quels transports ! Est-il une enfant de Marie qui, en cet heureux moment, ait entendu sans attendrissement le beau cantique : *Trop heureux enfants de Marie !* et quels souvenirs ne rappellent pas au cœur cette touchante cérémonie, ces exhortations si pratiques, ce baiser fraternel, etc.

La Mère Saint-Jérôme voulait que ses chères congréganistes fussent le modèle et les apôtres du pensionnat. « Soyez, leur disait-elle, comme cette semence féconde qui germe et rapporte cent pour un. Votre influence peut être immense si vous savez bien l'employer. La sainte Vierge vous envoie au milieu de vos compagnes pour les encourager, les stimuler, les affermir par votre exemple et vos bons procédés. Une attention, une marque d'affection, un mot dit à propos, feront plus d'effet que de longs discours. Observez les égards et cette politesse, vernis de la charité, que l'on peut comparer à cette ouate légère qui préserve du froid et du choc les objets qu'elle revêt. »

« Il me souvient, dit encore l'enfant de Marie citée plus haut, que l'une d'entre nous, un peu trop ardente dans son zèle, voulant à tout prix exercer son apostolat, avait entrepris, de gré ou de force, la conversion d'un lutin de sa classe. Elle reprenait, exhortait, sermonait incessamment l'élève en question, lorsque, un jour, lassée de son peu de succès, elle entre dans une sainte colère contre l'indocile disciple, qui se croyant en droit de répliquer, le faisait assez vivement, quand la Mère Saint-Jérôme vient à passer, et devine à l'air du visage et aux gestes animés, que les deux élèves étaient aux prises.

Aussitôt, elle s'approche, et, d'un air aimable et enjoué, elle s'adresse à l'enfant de Marie : « Celui, dit-elle, qui préviendra son prochain par des bénédictions de douceur sera le plus fidèle imitateur de Notre Seigneur. » La petite leçon fut comprise et le zèle trop bouillant rentra dans les bornes de la modération. »

Mais la mission de l'enfant de Marie, ne s'arrêtant pas au seuil du couvent, l'œuvre commencée doit se continuer dans le monde sur une plus grande échelle. Pour cela, il faut des âmes énergiques et fortement trempées dans l'amour de la sainte Vierge (1). Tous les enseigne-

---

(1) Nous trouvons une preuve touchante de la pieuse énergie des Congréganistes de la Sainte-Vierge dans la lettre suivante, dont nous citons la partie principale. C'est l'adieu d'une jeune mère, enlevée prématurément à ses quatre petits enfants, la vicomtesse d'O..., fille d'une très-ancienne amie, dont l'indissoluble lien avec notre Maison avait été formé par la main de cet apôtre qui savait unir dans le Cœur de Jésus toutes les âmes propres à seconder son zèle.

On verra par cette citation quel sang chrétien coule dans les veines de cette noble famille.

Septembre 1857.

C'est pour vous, mes enfants, que je demande à Dieu encore bien des années de vie : j'ai souvent présent combien est malheureux le départ trop prompt d'une mère. Mais les desseins de Dieu sont impénétrables à notre faible intelligence, nous ne pouvons ici-bas qu'apprendre à nous soumettre. Si sa volonté est que je vous quitte bientôt, mes bien-aimés, votre père, si profondément chrétien, saura être à la fois et votre père et votre mère. Dieu n'a-t-il pas promis son secours à ceux qui mettent en lui toute leur confiance?

C'est aussi à votre bonne et sainte grand'mère que je vous lègue, vous, mes plus précieux trésors; mais j'espère que Dieu lui épargnera de longtemps de nouveaux brisements de cœur. Elle a été si éprouvée déjà! Dieu lui réserve, je l'espère, de douces consolations, et permettra que ses enfants soient pour elle tout ce qu'elle-même a été pour ses parents.

Marie, ma sœur, ma plus tendre amie, lorsque j'avais trois enfants, je

ments de la Mère Saint-Jérôme tendaient à faire de ses congréganistes des femmes sérieuses, amies du devoir et ennemies de la mollesse et des vanités, surtout dans leur mise. C'était au point de vue chrétien et charitable, aussi bien que de la modestie, qu'elle leur recommandait de

me plaisais à dire qu'il y en avait un à chacune de nous, toi, Léontine et moi. Que je meure ou que je vive, vous continuerez, je le sais, à être les secondes mères de mes chers enfants.

Celle que je t'avais spécialement confiée te protège maintenant, cher Henri, et tu reporteras sur ses frères cette tendresse que tu m'as toujours témoignée, sur laquelle je m'appuie avec confiance. Mon cher Paul, Gabriel, vous connaissez toute mon affection pour vous.

Ma petite Amélie, je veux aussi te nommer, toi dont le cœur sait nous aimer tous. Nous te le rendons bien tendrement. Que te dirai-je? Sinon la première parole que tu m'as inspirée, ce dernier vendredi d'août, dont chaque heure est un souvenir ineffaçable au fond de mon cœur : qu'un jour tu seras un ange au ciel aussi pure que celle qui vient d'y monter.

L..., c'est à vous que je confie la distribution des petits objets qui feront plaisir à ceux qui veulent bien m'aimer..... Je veux épargner à ma bien-aimée maman, des détails pénibles ; ce sera aussi la pensée de votre cœur, qui s'unit si bien à ma tendresse pour elle !

Quel brisement pour ton cœur, mon bien cher Élie, si Dieu nous sépare avant le temps!... Je le comprends par la douleur que me fait éprouver la seule pensée de te voir partir avant moi. Dieu, je l'espère, ne nous imposera encore ni à l'un ni à l'autre ce cruel sacrifice. — Mes enfants, je désire vivre pour vous dire tous les jours : AIMEZ DIEU. C'est pour graver ces deux mots dans vos cœurs, lorsque je ne serai plus auprès de vous, que j'écris ces pages. Ils renferment toute science et tout bonheur pour cette vie et pour l'autre ; pour parvenir à cette science, il ne faut que *vouloir*. Lorsqu'on veut une chose, on la demande à qui peut l'accorder. Non, la mort ne rompt pas la famille. Si Dieu, dans sa bonté, m'appelle à lui comme il a appelé ma bien-aimée petite Hélène, sans aucun mérite de sa part, il me permettra, je l'espère bien, de toujours veiller sur vous et de le prier pour vous. L'union dans la prière continue les doux liens que la mort semble seulement briser. Ma protection, quelque faible qu'elle puisse être, vous l'aurez toujours, je vous l'ai déjà dit ; et votre devoir, mes enfants, sera de prier chaque jour de votre vie pour le repos

bannir la recherche, et le luxe, fléau de notre époque, et de ne jamais s'écarter de cette aimable simplicité qui s'allie si bien avec la distinction et le bon goût, et qui est la plus belle parure d'une enfant de Marie. Nous dirons dans la suite avec quel empressement filial fut accueilli le bref du Saint-Père sur ce sujet.

Lorsque, en 1854, fut promulgué le dogme de l'Immaculée-Conception de la sainte Vierge, la Mère Marie-Anne dirigeait encore les enfants de Marie. Ce fut un jour de triomphe pour toute la maison, et la Mère Saint-Jérôme en parle au long dans le mémorial qu'elle rédigeait. Une fois à la tête de la Congrégation, elle ne sut qu'imaginer pour donner plus de magnificence à cette fête patronale et environner de nouvelles splendeurs la statue chérie de Marie immaculée, déjà entourée des emblèmes de tant de cœurs ! Elle se montrait prodigue de décorations, recherchant partout des ornements pour embellir sa petite chapelle, où elle ne manquait jamais de faire relire la définition du dogme au jour anniversaire de sa proclamation.

En 1863, à l'annonce du jubilé accordé aux congréga-

---

de mon âme. Si votre confesseur l'approuve, je vous demande d'appliquer à cette intention votre première communion. Ce sera de tous les jours celui où vous aurez le mieux pensé à moi.

Priez tous les jours, mes enfants, la Très-Sainte Vierge, la Mère de tous les enfants de Dieu, de ceux surtout qui ne voient plus près d'eux la mère que Dieu leur avait donnée.

Je me recommande, pour les messes et pour les communions, à tous ceux qui ont pour moi quelque affection, à Elie, en première ligne. Il continuera, je le sais, comme il le fait maintenant, ses bonnes œuvres en notre nom à tous deux, et il enseignera à nos enfants à les pratiquer, à les aimer.

Vi^{cesse} d'O.....

tions affiliées à Rome pour le trois centième anniversaire de la congrégation *prima primaria*, le cœur de la Mère Saint-Jérôme bondit de joie. Avis fut donné à tous les membres qui pouvaient venir parmi nous profiter de l'inestimable faveur. Un grand nombre d'anciennes élèves, dont plusieurs n'avaient pu nous revoir depuis dix ou quinze ans, ne craignirent pas de faire cinquante, soixante et quatre-vingts lieues pour venir gagner leur jubilé dans la patrie de leur enfance.

Nous ne rendrons compte ici ni de la retraite qui précéda la solennité, ni des excellentes conférences données pendant ces trois jours de recueillement ; ce que nous rappellerons, c'est la pompe avec laquelle fut célébrée cette fête, objet de tant de préparations et de prières ! La Mère Saint-Jérôme s'était demandé ce qu'elle ferait de nouveau en témoignage de l'allégresse commune, et comment elle pourrait féliciter, remercier, réjouir et toucher notre Reine immaculée ! Ce que désirent Marie et Jésus, se dit-elle, ce sont des âmes.... Essayons de leur rendre le monde entier que satan s'efforce de leur enlever. Elle propose donc aux classes du pensionnat de se partager le globe, et de se charger chacune d'en convertir une partie ; puis, elle fait dresser, pour chaque élève, une petite carte désignant la subdivision de contrée qui lui est attribuée par le sort, comme lot particulier dans un tirage général. « Tout, dit-elle, sera offert et souffert pour le cher pays, pour le Saint-Père et pour l'Eglise ; » et cette mission passive donna lieu, de la part des nouveaux missionnaires, à une multitude d'actes courageux. Le souvenir de ce jujubilé fut placé en *ex voto* au pied de notre chère statue de Marie comme une prière permanente : c'était un petit globe en argent doré, portant inscrites autour de l'équateur ces paroles d'une encyclique de Pie IX : *contemplant l'univers catholique, ne cessons point de prier et de conjurer*. — Nous renonçons à décrire cette journée de pieuse allégresse, et nous en appelons à la mémoire de celles qui en furent témoins. Nos deux chapelles étincelaient de lumières. Des guirlandes de feuillage en festons décoraient les parois de celle des enfants de Marie, où le cantique : *Oui, je le crois, elle est immaculée*, se répétait avec un indicible élan.

Tous les cœurs étaient dans la joie ; mais celui de la Mère Saint-Jérôme était dans le ravissement.

Le nombre toujours croissant des enfants de Marie, et plus encore le désir de procurer la gloire de la sainte Vierge, avait depuis quelques années fait naître au cœur de la Mère Saint-Jérôme la pensée de solliciter la construction d'une chapelle plus grande et plus commode, pour les cérémonies de la congrégation. Lorsque, en 1867, sa longue maladie s'aggrava jusqu'à lui laisser à elle-même peu d'espoir de guérison, elle témoigna plus d'empressement que jamais pour hâter l'entreprise projetée dès longtemps. On ignorait qu'il n'était pas dans les desseins de Dieu d'en permettre l'exécution. Aussi, notre Mère supérieure, pour répondre au vœu de notre chère malade, déjà si souffrante, ne tarda pas à faire dresser un plan qui lui plut extrêmement, et elle nous quitta avec la douce illusion que le nouveau sanctuaire allait commencer à s'élever.

En effet, le 14 mai, pendant une matinée radieuse de

soleil et ravissante de piété, s'exécuta dans le plus bel ordre la pose de la première pierre de cette future chapelle. Les fondations étaient à peine creusées quand éclata la triste guerre qui devait suspendre tant de travaux, et donner lieu à tant de calamités! Nous avions parallèlement construit un bâtiment très-salubre et très-agréable pour notre externat gratuit, et cette portion chérie de notre petit troupeau put, du moins, tirer profit du projet de la Mère Saint-Jérôme. Du haut du Ciel elle voit maintenant, au lieu d'une chapelle, un monument qui réunit le double objet de ses pieuses affections : la sainte Vierge et le Sacré Cœur de Jésus. L'érection d'une statue à *Notre-Dame du Sacré-Cœur* (1) fut notre ex-voto

---

(1) La dévotion à la sainte Vierge, honorée sous le titre de *Notre-Dame du Sacré Cœur*, est une fleur épanouie au soleil radieux de la belle fête de l'Immaculée Conception, en 1854, le jour même où Pie IX proclamait le dogme du glorieux privilège de Marie.

Voici l'extrait de ce que nous a raconté un missionnaire du Sacré-Cœur sur l'établissement de leur Société, qui n'a semblé prendre naissance à Issoudun que parce que la sainte Mère de Dieu voulait y être honorée sous le titre spécial de Notre-Dame du Sacré-Cœur :

La Reine du ciel choisit pour faire éclater sa puissance le lieu et l'heure où tout semblait humainement désespéré. Le pieux et fervent curé de cette ville gémissait depuis longtemps du peu de fruits de son zèle, de l'éloignement presque général des sacrements et de la désertion du lieu saint pendant la semaine, désertion tellement complète qu'une fois, ayant trouvé une dame chrétienne en adoration au pied de l'autel, il s'en étonna et lui demanda si elle appartenait à sa paroisse. Sur sa réponse négative, le bon prêtre reprit avec tristesse : « J'avais lieu d'être surpris, car depuis seize ans que j'ai le soin de cette paroisse, je n'ai jamais vu personne dans l'église aux jours ordinaires: Notre-Seigneur reste toujours seul. » Les gémissements de ce pasteur pour ses ouailles ne furent pas stériles. Il ne put voir la transformation de sa paroisse ; mais ce sont sans doute ses prières qui l'ont obtenue. A sa mort, on nomma pour vicaires à Issoudun deux jeunes prêtres pleins de ferveur et dévorés de

de salut pendant la guerre et la révolution. Au bas de cette statue, et sur le dé qui supporte son piédestal, sont

zèle pour la gloire de la maison du Seigneur. Après avoir vainement essayé par tous les moyens d'allumer dans les âmes l'incendie qui dévorait la leur, ils s'aperçurent que ce foyer, complètement éteint, ne cachait même pas une étincelle sous la cendre. Le courage cependant ne les abandonna pas; l'un de ces deux apôtres, l'abbé C..., expose à son compagnon une idée venue du ciel. C'était en 1854 : les catholiques attendaient la révélation de la plus grande gloire de Marie par la définition du dogme de l'Immaculée Conception. « En ce jour, où des flots de grâces descendront d'en haut, nous obtiendrons tout de Marie, se dirent les deux apôtres; demandons donc à la sainte Vierge de prendre en pitié une population qui ignore son nom et sa puissance. » Par un contrat signé, tous deux s'engagent à faire leurs efforts pour fonder une congrégation de prêtres dévoués au Sacré Cœur de Jésus et à faire honorer Marie d'une manière spéciale, si le 8 décembre elle daignait leur donner un signe qui leur fît connaître que leur projet lui était agréable.

En effet, le jour même de la fête, l'abbé C... reçut une lettre qui, sans venir du ciel, était certainement inspirée par la sainte Vierge. Une âme généreuse y manifestait le désir de fonder une œuvre pour augmenter le nombre des missionnaires. La résidence d'Issoudun choisie, l'on offre à la Société naissante une petite habitation, à la condition d'y exposer solennellement l'image du Sacré Cœur de Jésus. Nos apôtres ravis, ne doutant plus de la volonté de Dieu, transforment la petite maison en chapelle. Pour la décorer des saintes images, ils deviennent artistes; les habitants sont attirés par la nouveauté, le nombre des visiteurs augmente de jour en jour, et tous se retirent en emportant les salutaires impressions du Cœur miséricordieux qui blessait les leurs des épines de la contrition; de sorte que cette population, la veille si indifférente, le lendemain n'était plus reconnaissable.

Cependant le démon ne voulut pas quitter la place sans chercher à anéantir les commencements de l'œuvre : il secoua les murs de la petite chapelle, qui s'écroula sous les efforts de sa rage. Un peu déconcerté, l'abbé C... en réfère à son évêque, qui l'autorise, en lui donnant sa bénédiction, non à relever la chapelle, comme il le demandait, mais à construire une basilique. Le nouveau sanctuaire s'élève rapidement, et la Congrégation des prêtres du Sacré Cœur prend naissance et se développe avec une égale rapidité. L'église était presqu'achevée; on y avait représenté les principales manifestations de l'amour du Cœur de Jésus pour les

fixés trois obus, en souvenir des trente-cinq mille qui, soutenus par la main des anges, volèrent sur nos toits pendant ces jours d'épouvante.

hommes, pardonnant aux pécheurs, soulageant leurs misères, etc. La nef droite était consacrée à cette pieuse représentation ; au centre se voyaient les tableaux de la vie souffrante de Jésus, puis ceux des communications de son amour aux saintes et aux saints dévoués à son Cœur ; enfin, tout semblait inviter à la joie les fondateurs d'une œuvre qui prenait si tôt un tel développement. Pourtant, leur cœur n'était pas pleinement satisfait. Ils avaient promis de faire quelque chose de spécial pour l'honneur de Marie, et rien de nouveau n'était venu à la pensée des deux ouvriers évangéliques. Cependant, au moment de placer dans le sanctuaire la statue de la Reine du ciel, on se demanda sous quel titre on devait l'honorer dans ce lieu où chaque pierre racontait les gloires et les bienfaits du Cœur de Jésus. Tout-à-coup surgit une inspiration bien en rapport avec le vœu des missionnaires : « Comme Marie a tout pouvoir sur le Cœur de son divin Fils, elle sera appelée *Notre-Dame du Sacré Cœur*, titre sous lequel la Reine du ciel n'a point encore été invoquée. » On ne tarda point à comprendre toute la signification de ce vocable : Marie exerce un souverain empire sur le Cœur de Jésus, qui ne peut rien refuser à sa Mère.

Dès ce moment, la dévotion à N.-D. du Sacré-Cœur s'accrut d'une manière prodigieuse, et elle s'étend aujourd'hui jusqu'à l'Océanie. Près de cent mille lettres adressées à Issoudun de toutes les parties du monde sont venues attester la prédilection de Marie pour ceux qui la font honorer sous ce nouveau titre. Plus de six cents églises se sont élevées sous ce vocable, et Pie IX, en approuvant et en bénissant cette œuvre, a attaché cent jours d'indulgence à l'invocation : Notre-Dame du Sacré Cœur, priez pour nous. Grand nombre d'évêques français ont mis leur diocèse sous sa protection. Lors de l'invasion prussienne, sept fois les ennemis se mirent en marche pour occuper Issoudun, et sept fois ils furent repoussés par une main invisible. La dernière tentative d'occupation fut contremandée par une dépêche qui passa pour une énigme : on ne put savoir au quartier général par qui ce contre-ordre avait été expédié.

Quant à l'œuvre de la Mission, elle a pour but l'éducation d'un choix d'enfants dont la vocation probable est d'aller évangéliser les sauvages du nouveau monde et d'y porter la connaissance du saint nom de Dieu, et le grand mobile du dévouement des missionnaires d'Issoudun est l'amour du Cœur de Jésus et de Notre-Dame.

Ah! chère Mère Saint-Jérôme, quelles n'eussent pas été vos émotions, vos frayeurs pendant ces heures dont vous furent épargnées les douloureuses épreuves! Vous qui, dans des circonstances moins terribles, ne pouviez dissimuler ni taire vos souffrances. « Ne m'annoncez pas de catastrophe, en punition de nos méfaits, écrivait-elle à une amie : Cette perspective m'abat complètement, c'est plus fort que moi. Je ne suis point brave contre les fléaux de Dieu lorsqu'ils se traduisent en anarchie. Le petit échantillon que j'ai vu me désole quand je viens seulement à y songer. » Aussi, notre Reine du Ciel exauça une prière dont le cri fut arraché aux douleurs de sa cruelle maladie. « Mon Dieu, disait-elle, si je suis encore utile à vos enfants, je ne refuse pas le travail ; mais s'il doit y avoir un bouleversement, prenez-moi. » La sainte Vierge avait entendu sa dévouée fille. Elle lui montra l'horizon terrestre gros de nuages, et lui tendit, en même temps, sa main divine, pour l'élever dans les régions inaccessibles aux orages d'ici-bas.

CHAPITRE VII.

DÉVOTION AU SACRÉ CŒUR DE JÉSUS.

Comment cette dévotion fut inspirée à la Mère Saint-Jérôme. — Vœu et acte d'abandon au Sacré Cœur. — Etablissement du mois du Sacré Cœur, origine et fruits de ces exercices. — Jugement sur ce petit ouvrage et sur plusieurs compositions analogues. — Zèle des Enfants de Marie pour répandre la pratique du mois. — Joie qu'en éprouve la Mère Saint-Jérôme ; ses espérances. — Vues d'une grande âme. — Première église consacrée au Sacré Cœur de Jésus. — Médaille trouvée dans les fouilles faites pour cette construction. — Consécration des Maisons de notre Ordre au Sacré Cœur en 1872.

> *Beati qui habitant in* CORDE TUO, *Domine!*
> Heureux ceux qui habitent dans votre cœur, ô Seigneur!
> *Ps. LXXXIII,* ⅴ 6.

Dans sa vie écrite par elle-même, sainte Thérèse dit : « Qu'il faut bien se garder de certaines fausses humilités, telle qu'est celle de s'imaginer qu'il y aurait de la vanité à reconnaître les grâces que l'on a reçues de Dieu. »

Une personne d'autorité, approuvant la doctrine de cette sainte, exhortait un jour la Mère Saint-Jérôme à rendre grâce à Notre Seigneur de s'être servi d'elle pour l'accroissement de la dévotion à son divin cœur. « Vous devez, lui disait-on, souvent remercier Dieu d'avoir pu contribuer à le faire aimer et à répandre sa connaissance et l'amour du Sacré-Cœur de Jésus. » — « Je n'avais point eu, reprit-elle, une dévotion particulière au Sacré-Cœur, avant de l'avoir pour ainsi dire demandée moi-même par obéissance. Longtemps le Père Ronsin fit d'inutiles efforts pour me l'inspirer. Je lui répondais que j'avais de la dévotion à la Sainte-Eucharistie et que cela me semblait le meilleur. C'était, en effet, à cette source de vie que je puisais l'aliment de mon âme. Le charitable apôtre du Cœur de Jésus revenait de temps en temps à la charge sans obtenir ce qu'il désirait, lorsqu'un prêtre distingué, depuis revêtu de l'épiscopat et de la pourpre, nous fut envoyé par la Providence pour nous prêter, en temps opportun, le secours de son ministère. Il me donna pour pénitence de faire chaque jour, sans me servir d'aucune formule imprimée ou écrite, une consécration au Cœur de Jésus. Je le fis et ne tardai pas à ressentir un doux attrait pour la dévotion au Sacré-Cœur, sans rien perdre de celui que j'avais pour Notre Seigneur dans le Saint-Sacrement. Je rendis compte de cette nouvelle disposition à mon directeur, et il me félicita en disant : M. M... est bien heureux d'avoir réussi. »

On peut comprendre à ces simples paroles ce qu'attendaient de la Mère Saint-Jérôme les zélateurs du Cœur de Jésus, et quelles espérances ils avaient fondées sur une âme si bien faite pour réaliser leurs desseins favorables à ce saint culte. La petite semence, jetée dans un cœur préparé avec tant de sollicitude, devint ce grand arbre sur lequel les oiseaux de tout climat se reposèrent depuis, si nombreux ! Toutefois, avant d'étendre au loin ses branches productives, la plante choisie fut elle-même alimentée par la sève divine qu'elle devait faire passer dans les âmes pour les vivifier. Déjà la Mère Saint-Jérôme s'était consacrée par un vœu particulier aux Sacrés Cœurs, lorsque, à une date très-rapprochée, elle voulut mettre le sceau à son offrande, et formula l'acte d'abandon suivant, qu'elle renouvela plusieurs fois au retour béni du mois de juin :

« Mon Seigneur Jésus-Christ, je me livre à jamais et m'abandonne toute entière à votre Sacré-Cœur. Je vous abandonne mon corps, pour que vous lui donniez la vie ou la mort, dès maintenant, ou quand il vous plaira ; pour que vous lui donniez la santé ou la maladie, l'usage ou la privation des sens, selon votre bon plaisir. Je vous abandonne mon cœur, afin que vous le noyiez dans l'amertume ou dans les délices ; mon esprit, pour que vous l'éclairiez de vos lumières ou que vous le plongiez dans les ténèbres. Je me livre tout à vous, pour être le jouet et la victime de votre amour, de la même manière, en quelque façon, que vous l'avez été de mon amour pendant votre vie et dans votre passion. Je vous abandonne l'affaire de mon salut ; je la tiens pour assurée entre vos mains, et je me fie tellement en la fidélité de vos promesses que je me méfie beaucoup moins de moi-même ; car, Seigneur, vous m'aimez plus que je ne vous aime, et plus que je ne saurais m'aimer moi-même. Je ne demande rien, je ne refuse rien ; je ne veux de grâce et de gloire que ce que vous m'en destinez. Je m'offre à travailler sans relâche à votre gloire, dans le mépris ou dans l'honneur, dans la réussite ou la non réussite de mes efforts. Enfin, Seigneur, je me livre à vous pour chaque instant, pour tous les événements de la vie, je ne crains plus rien, ni le démon, ni l'enfer, ni la mort, ni moi, ni vous, Seigneur, permettez-moi de le dire. Livrez-vous à moi, vous me l'avez promis dans la sainte communion, et vous avez consenti à l'échange..... Oh! quel échange! Apprenez-moi à vous enchaîner, je me redemanderais que je vous supplie de ne me rendre jamais à moi-même ; c'est à perpétuité que je m'abandonne à vous. Je sais quel est celui en qui j'ai mis ma confiance, et je suis certaine qu'il recevra et conservera mon dépôt. Et, afin de rendre, ô mon Dieu! cet abandon plus total, je renonce même pour maintenant et pour toujours à la consolation qui pourrait m'être une assurance secrète que mon sacrifice vous agrée. »

Est-il possible de trouver dans les expressions mêmes des saints plus d'abandon de soi-même, de générosité et d'amour de Dieu?

En inspirant à notre chère Mère ces sentiments sublimes, Notre Seigneur la disposait à répondre à ses vues pour servir de canal à la dévotion répandue aujourd'hui dans le monde entier. La source principale de ce fleuve de bénédictions, dont le courant traversa si rapidement les mers, fut l'établissement du *Mois du Sacré-Cœur*. La sainte Vierge elle-même suggéra la pensée de ce moyen très-efficace à une enfant de notre pensionnat nommée Angèle de Sainte-C..., qui voulait faire violence au cœur de notre céleste Mère pour obtenir son entrée dans sa congrégation. Depuis longtemps, cette enfant ne passait aucun jour sans faire la consécration au Sacré-Cœur, dont la formule se trouve dans le recueil de cantiques à l'usage du pensionnat, et, sans doute, par une impulsion de la grâce, elle n'avait demandé autre chose à la sainte Vierge pendant le mois de mai qu'une grande dévotion au Sacré-

Cœur de Jésus. « Honorez le Cœur de Jésus, lui avait dit la Mère Saint-Jérôme, c'est le meilleur moyen de plaire au cœur de Marie, et d'obtenir le succès de vos vœux. Un matin, plus occupée que jamais de ce qu'elle ferait pour suivre le conseil de la Mère Saint-Jérôme, Angèle s'approcha de la sainte table, et, comme elle exposait ses bons désirs à Notre Seigneur pendant l'action de grâces, une pensée lui vint tout à coup à l'esprit : Pourquoi, se demanda-t-elle, n'y aurait-il pas un *Mois du Sacré-Cœur*, comme il y a un mois de Marie? Puis, au lieu de couvrir de timidité ce trait de lumière, elle va soudain trouver la Mère Saint-Jérôme, et, d'après ce que Notre Seigneur lui avait inspiré, elle lui fait des confidences que la bonne Mère accueille avec la joie naturelle à une âme zélée.

Cependant il fallait une autorisation, et presque une approbation épiscopale, pour introduire, même dans notre chapelle, ce nouveau mode d'honorer le Cœur de Jésus. Le bon maître disposa tout si bien que la supérieure permit à l'enfant de conduire elle-même son entreprise et d'en faire la proposition directe à Monseigneur l'archevêque, qui devait venir le 29 mai célébrer le divin sacrifice à notre chapelle des enfants de Marie. Il vint, en effet, et, quelques heures après la sainte messe, le bon pasteur était entouré de toute la famille, lorsque Angèle, encouragée par un signe, s'avance respectueusement vers Monseigneur, et lui expose avec simplicité le grave sujet de sa requête.

Cette demande aurait pu sembler une témérité et être rejetée, comme une sorte de tentative d'innovation. Au contraire, ce projet, si conforme aux inclinations du prélat, fut accueilli au-delà des espérances. Il était digne du pieux archevêque qui avait fait ajouter aux litanies de la sainte Vierge ce glorieux titre : *Regina sine labe concepta,* si doux au cœur immaculé de Marie, de donner la première autorisation pour consacrer un mois particulier au Sacré-Cœur de Jésus. Non-seulement il loua le zèle qui en avait fait naître l'idée, mais il voulut bien indiquer les moyens à employer pour rendre les cœurs fidèles et dévoués très-agréables au Cœur de Jésus, et attirer sur tous ses infinies miséricordes. « Nous ferons ce mois, avait-il répondu, pour *la conversion des pécheurs et pour le salut de la France,* et nous suivrons la coutume d'honorer par trente-trois jours de prières les trente-trois années de la vie de Notre-Seigneur. Un numéro, tiré au sort, assignera à chacun un jour spécial pour être sanctifié par toutes sortes de bonnes œuvres : communions, prières, mortifications, pratiques de vertu, etc.; enfin, tous les vendredis de ce mois, je vous permets le salut du Saint-Sacrement. Tenons-nous en là pour cette année, ajouta-t-il, car, plus tard, qui sait ? » — Cette dernière parole n'était-elle pas prophétique ? On peut le croire à ce qui se passe de nos jours.

Telle fut l'origine de cette salutaire pratique de dévotion. « Cette œuvre de zèle était, dit la mère Saint-Jérôme, l'ouvrage de la vertueuse enfant qui se chargea presque seule de l'organiser. » Et nous, pourtant, nous pourrions mettre sur le compte de l'humble religieuse cette expression : presque seule.

Afin de donner une forme à ce nouveau mois, elle commença par extraire provisoirement des meilleurs ouvrages sur la dévotion au Sacré-Cœur un sujet de lecture, une consécration, une pratique avec oraison jaculatoire pour chaque jour; en sorte que ce petit manuscrit se trouva primitivement calqué sur le modèle et sur le plan des anciens mois de Marie.

Dès que la publication en eût été faite, l'auteur se hâta de l'envoyer au Carmel, à la Mère S.... « Il me faut toute ma modestie et le fonds que je fais sur votre amitié, lui écrivait-elle, pour oser vous adresser mon livret. Ayez la patience de le lire, et prenez garde cependant. S'il s'y trouvait des hérésies, cela fâcherait votre séraphique Mère, et, certes, j'en aurais trop de regret. Ainsi, précaution; car je n'ai pu encore obtenir l'approbation ecclésiastique; mais cela viendra. En attendant, je suis toute prête à rétracter mes erreurs, si j'en ai avancé.» L'approbation ne se fit pas attendre, et Dieu donna une telle bénédiction à ce petit livre qu'il se répandit rapidement avec la plus incroyable profusion. Nous avons entendu dire à un saint personnage que, proportion gardée, il ne connaissait pas, après l'Imitation de Jésus-Christ, d'ouvrage de piété dont l'usage se fût plus promptement généralisé. « C'est, ajouta-t-il, le fruit d'une grâce particulière accordée à son auteur. »

A peine mis au jour, le nouveau *Mois du Sacré-Cœur* fut l'objet des comptes-rendus les plus favorables. Nous en extrayons seulement le passage suivant : « Ce livre occupe une des premières places, à tous égards, parmi les écrits qui traitent de cette incomparable dévotion. On le sent à la lecture, l'auteur écrit d'expérience et de souvenir, à l'exemple du disciple bien-aimé qui reposa, à la dernière cène, sur le cœur du maître et qui puisa tout à cette source ineffable... *Quod audivimus, oculis nostris quod perspeximus, et manus nostræ contrectaverunt, de verbo vitæ..... annuntiamus vobis...* » Ce petit livre n'a pas d'autre origine que la passion de faire aimer Notre-Seigneur, »

L'âme qui aime ardemment cherche, en effet, les moyens de communiquer la flamme qui la consume. Ainsi s'explique le grand nombre des écrits de notre chère Mère, sur le Sacré-Cœur. Il semblait qu'elle reçût continuellement à ce sujet de nouvelles inspirations de l'Esprit d'amour et que cette divine langue de feu ne cessât pas de dicter à sa plume.

A son *Mois du Sacré-Cœur*, elle voulut joindre, comme complément ou seconde partie, une composition intitulée : *Pratique de l'amour envers le Sacré-Cœur de Jésus.*

Dans ce charmant petit ouvrage, l'auteur cherche à réduire en pratique toute la dévotion au Sacré-Cœur et la ramène à ces deux textes : *Christus dilexit me*, Jésus-Christ m'a aimé. — *Ama et fac quod vis*, aimez et faites ce que vous voudrez.

« Méditer l'amour de Jésus-Christ pour nous dans toute sa vie, nous approcher de lui pressés par tant d'amour, ne vivre plus pour nous, mais pour Celui qui nous a aimés et s'est livré pour nous, tel est le but de la dévotion au Sacré-Cœur, tel est celui de ce petit livre. » Ces quelques paroles, tirées de sa courte préface, sont suivies de celles-ci, plus marquées encore au cachet de l'amour divin.

» *Viendra un jour*, et il est déjà venu, où *il sera donné à l'homme d'approcher du cœur sublime de son Dieu,* d'entrer jusque dans ce cœur, dont Jésus avait réservé longtemps les secrets pour ses plus chers serviteurs ; d'en connaître la générosité, la grandeur, les mouvements, d'y puiser l'amour à sa source avec une facilité, avec des délices jusque-là inconnues. *Accedet homo ad cor altum.* Ces jours seront des jours de grâce et de salut, des jours de rémission, de pardon et d'oubli, où la justice semblera avoir fait place à la miséricorde. Les prévaricateurs qui avaient résisté à toutes les avances de la grâce, se rendront enfin à ce cœur ; ils ne pourront plus résister à ses invitations, à son incompréhensible charité. Tout ce qu'il y aura de cœurs chrétiens se consacrera, se dévouera à ce cœur. *Amour et réparation* seront le besoin de tous ; et Dieu le Père, dont la justice sera désarmée, ne verra plus sur la terre que le cœur de son Fils, et sera plus exalté, plus glorifié qu'il ne l'a jamais été. *Et exaltabitur Deus.* Ce triomphe viendra, mais Dieu veut que tous ceux qui l'aiment en hâtent l'accomplissement par leurs sacrifices, par leurs ardentes prières, par leur zèle à répandre partout la dévotion qui doit nous sauver tous. »

Dans *les trente-trois considérations sur le Sacré-Cœur de Jésus*, autre trésor de cette précieuse collection, l'esprit méditatif de notre cher auteur approfondit, par de pieuses réflexions, les avantages de sa dévotion chérie. Il la présente sous les aspects les plus aimables, afin d'attirer les cœurs à celui de Jésus. Ce troisième livre est, dirait-on, un petit traité philosophique de l'amour divin. Avec la science et l'érudition, on y retrouve la logique du sentiment, encore plus que celle du raisonnement. L'ouvrage est, du reste, remarquable par la précision, la nouveauté de quelques aperçus et le choix judicieux des passages empruntés.

La brochure *Neuvaine et triduum* et d'autres opuscules de notre chère Mère ont déjà produit et produiront encore, comme les précédents, mille fruits de bénédictions.

Quant au mois du Sacré-Cœur, il serait impossible de donner même un aperçu du grand bien qui se fit par la diffusion de ce seul petit imprimé, dont il s'est déjà écoulé vingt-huit éditions de plus de vingt mille exemplaires chacune, malgré le grand nombre de compositions analogues dont il fit naître l'idée. La Mère Saint-Jérôme usait largement de la permission de le propager ; elle en multipliait l'envoi non-seulement dans les provinces de France et dans les contrées de l'Europe, mais dans les parties du monde les plus éloignées.

Nous renonçons à citer les lettres nombreuses où il est question d'érection d'autels, de chapelles et surtout des nouveaux exercices du mois dans tant de localités où l'on n'avait jamais rendu aucun hommage particulier au Cœur de Jésus, et où son culte était jusqu'alors tout à fait inconnu. Généralement, Dieu se servit de nos enfants de Marie pour l'établissement d'une dévotion dont elles emportaient, en nous quittant, le germe dans leur âme.

« Je suis mille fois heureuse ! écrivait l'une d'elles à la Mère Saint-Jérôme. Malgré les difficultés et les désagréments, l'érection de notre autel en l'honneur du Sacré-Cœur est décidée d'une manière irrévocable. Le Cœur de Jésus fournit lui-même les ressources matérielles pour cette œuvre et les dons promis par les personnes généreuses se sont spontanément réalisés. Cette œuvre est la vôtre aussi, ma bonne Mère, je dirai même, c'est d'abord la vôtre, puisque vous en avez été l'heureuse inspiratrice; veuillez donc ne jamais nous oublier auprès de ce divin cœur, afin qu'il répande de plus sur nous ses douces influences. »

« Quand j'ai lu dans le *Mémorial,* écrivait une autre, que mes compagnes étaient parvenues à établir le mois du Sacré-Cœur, il faut, me suis-je dit, que j'en fasse autant cette année. J'en parlai à qui de droit; toutes les permissions obtenues, nous l'avons fait, en solennisant magnifiquement la fête du vendredi après l'Octave du Saint-Sacrement. Oh! le Sacré-Cœur! je ne saurais vous dire tous les bienfaits dont je lui suis redevable. Aussi, ne sachant que faire pour les reconnaître, je lui dis et redis cent fois le jour : Si vous voulez une victime, prenez-moi, je vous offre ma vie. Pourvu que vous soyez aimé et glorifié, c'est tout ce que je veux. Depuis que je fais cet acte, je vis dans un bonheur que je ne saurais exprimer.... »

La suite de la lettre révèle des dispositions tellement généreuses dans cette âme, qu'elle même défend de faire connaître les sentiments que l'amour de Jésus lui communique.

Encore quelques citations :

« Une nouvelle qui réjouira votre âme si dévouée au sacré cœur de Notre-Seigneur, c'est qu'il a daigné se servir de moi pour propager ici la dévotion et le mois du Sacré-Cœur. Je ne puis vous dire combien je suis heureuse que Dieu m'ait choisie pour son instrument. »

Une ancienne élève, créole de la Jamaïque, établit

jusque dans son île la dévotion au Cœur divin ouvert à tous les hommes. Résidant à quarante kilomètres de toute église, elle trouva moyen, chaque année, de faire faire à toute sa maison le mois de Marie et celui du Sacré-Cœur.

Le mémorial des enfants de Marie rapporte comme il suit le récit de deux d'entre elles :

« Vous désirez que je vous donne quelques détails sur l'établissement du mois du Sacré-Cœur à N... et sur l'heureux résultat qui nous a tant réjouies ! Je le fais de grand cœur, espérant que votre zèle infatigable en tirera peut-être, pour la gloire de Notre-Seigneur, quelque encouragement utile à de jeunes âmes de bonne volonté. La pratique du mois, en atteignant un plus grand nombre de personnes, nous semblait la meilleure voie pour répandre dans le diocèse une dévotion peu connue. Le petit livre se prêtait merveilleusement à ce but. La distribution faite dans les communautés, les pensions, etc., il fallait, pour exercer une action générale, obtenir un exercice public dans une église. Après avoir beaucoup prié, il fut résolu de tenter une démarche auprès de Monseigneur, dont les fréquentes exhortations et les encouragements semblaient nous donner un accès facile à l'évêché. Un matin donc, conduites par Mme de ***, nous nous présentons devant Sa Grandeur et lui déclarons, tout émues, l'objet de notre requête : « Vouloir bien autoriser les exercices du mois du Sacré-Cœur à la cathédrale, et nous permettre de faire remettre en honneur la chapelle du Sacré-Cœur, abandonnée depuis longtemps. » — A ces mots, l'évêque devient grave ; il s'étonne, dit-il, de la présomption de deux jeunes filles ; il n'a jamais entendu parler de cette pratique, à laquelle il trouve mille inconvénients ; enfin, il conclut que cela n'était pas possible. Après avoir repris inutilement nos supplications, nous nous retirâmes, emportant, avec le regret d'avoir si mal plaidé une si bonne cause, jusqu'au refus de faire imprimer une petite prière en l'honneur du Sacré-Cœur. « Ne faites pas imprimer cela, nous dit-on, vous trouverez quelque chose de mieux. »

» Toutefois, en nous congédiant, notre bon évêque nous bénit avec affection. « Pourquoi êtes-vous tristes, mes chères enfants ? nous dit-il. Ayez confiance, vous méritez d'être exaucées ; continuez à prier, surtout pour votre évêque. »

» Ces dernières paroles nous rendirent un peu d'espoir. Nous nous efforcions cependant de faire violence au Cœur de Jésus, lorsque, le 27 mai, notre joie et notre étonnement furent au comble en entendant sa Grandeur, à l'exercice du mois de Marie, parler admirablement en chaire de la dévotion au Sacré Cœur de Jésus. Il dit les grâces de choix qu'elle attire, son utilité, son extension dans ces derniers temps. Il indique les pratiques usitées dans l'Eglise pour honorer ce divin Cœur, et celle du mois de juin en particulier. — Nous étions ravies, et nous n'avions jamais ressenti un plus ardent désir de glorifier Dieu.

» Pour comble de bonheur, le 28 au matin, le secrétaire de l'évêché nous remet une lettre de Monseigneur, qui nous envoyait, disait-il, une effusion de son cœur : c'était une prière qui en exprimait toutes les ardeurs. Quarante jours d'indulgence étaient accordés à sa récitation. »

Est-il besoin d'ajouter que la requête eut un plein succès et de conclure ce récit par une réflexion? Quelle force a la faiblesse revêtue de l'amour de Notre-Seigneur!

Les progrès si consolants de la dévotion au Sacré-Cœur par l'établissement des exercices du mois dans tant de lieux différents réjouissaient grandement notre chère Mère; aussi s'en épanchait-elle dans l'intimité avec ses amies, soit en conversation, soit dans sa correspondance, et les effusions de son cœur dans les âmes y produisaient toujours de salutaires effets.

« Je vois avec bonheur, écrivait-elle, que la dévotion au Sacré-Cœur fait de jour en jour plus de progrès. La dévotion au Sacré-Cœur, c'est la révélation de cette parole si douce sortie de l'âme si grande de l'apôtre des nations : *Dieu m'a aimé*. Elle nous fait voir l'amour de Notre-Seigneur pendant toute sa vie, dans ses actions, dans ses paroles, ses souffrances, sa mort. Si l'on avait compris qu'on est aimé d'un Dieu, qu'y aurait-il d'impossible? C'est l'ignorance de cette consolante vérité qui est la vraie cause de notre indifférence. Reposons-nous sur le cœur de notre bon maître, c'est le vrai Thabor où il est bon de demeurer; il ne fait bon que là..... Faites-vous une petite cellule dans le Cœur de Jésus; j'espère que vous m'y trouverez toutes les fois que vous y entrerez; du moins, c'est mon désir et ma résolution ; demandez que je l'accomplisse. Entrez dans le Cœur de Jésus, fixez-y votre demeure tous les jours de votre vie, de votre retraite; priez, agissez, souffrez, tout ira bien.

Vous y trouverez la solution de tous vos doutes, la force dans toutes vos faiblesses, la consolation dans toutes vos peines. Pour mériter d'y pénétrer tous les jours plus avant, fidélité ponctuelle à tous vos exercices de piété, surveillance douce, exacte... Si vous êtes froide, la dévotion au Sacré-Cœur vous enflammera; tiède, elle vous réchauffera. Vous connaissez le cœur de notre Dieu : croyez qu'il vous aime malgré vos offenses, vos froideurs, vos ingratitudes. Ah! c'est en lui qu'il prend la raison de son amour; nous ne pouvons donc craindre la présomption quand, pour reprendre courage, nous nous disons : pauvre créature inepte, je suis à charge aux autres et à moi-même; cependant il est une vérité consolante, c'est que, quels que soient mes défauts, mes fautes, Dieu m'aime, et son Cœur, si grand, si généreux, se tient pour payé de tout ce qu'il a fait pour moi, si je lui donne moi-même mon cœur. »

Elle continue ainsi : « Demandez tous les jours la dévotion au Sacré-Cœur, je ne connais pas de moyen plus doux, plus efficace pour comprendre, aimer pratiquer la religion avec toute l'onction qu'elle fait goûter à ceux qui l'entendent comme elle doit être entendue... Et puis, les promesses de Notre-Seigneur sont telles, que je m'étonne que tous n'embrassent pas cette dévotion avec une ardeur qu'on soit plutôt obligé de modérer que d'exciter... Je ne crois pas que nous ayons besoin d'autre chose que d'une attention habituelle ou d'un retour continuel vers le Cœur si tendre de Jésus. C'est, me semble-t-il, le commencement, le milieu, la fin pour les parfaits, comme pour les imparfaits, dans la confrérie desquels, hélas! il faut bien humblement me ranger. — Le vœu de Louis XVI s'accomplira, dit-elle ailleurs. Ce doit être l'objet de nos prières et de notre zèle. Que ne pourrions-nous pas si nous étions un peu plus à Dieu et pas tant à nous-mêmes! »

A ces sentiments que la Mère Saint-Jérôme exprimait dans ses lettres, rattachons ce qu'une grande âme lui communiquait de ses vues sur la dévotion au S. Cœur de Jésus.

« Toutes les angoisses que nous souffrons maintenant nous sont envoyées pour raviver la foi. Dieu nous a donné la dévotion au Sacré-Cœur à cette même fin. Aussi voudrais-je que tous s'unissent dans la confiance d'un prochain triomphe du très-aimable Cœur de Jésus, et s'efforçassent d'inspirer aux autres la même assurance. Espérer au milieu de la bonne fortune, il n'y a rien là de bien méritoire ; mais se tenir certain de vaincre au milieu des défaites, voilà ce qui émeut le Seigneur, ce qui le contraint à faire des miracles. L'héroïque foi du Saint-Père hâtera certainement le jour des divines miséricordes. Mais je voudrais que tous l'imitassent, que tous se tinssent, comme lui, certains du triomphe, pour coopérer par la foi au même but. Ce que je voudrais encore, c'est que cette grâce fût demandée, que l'on espérât tout du très-saint Cœur de Jésus, qui aime tant son épouse, la sainte Eglise, et qui a promis d'accorder toutes les grâces qui lui seraient demandées par ce Sacré Cœur. Je ne doute pas que le moment du triomphe ne soit proche, et c'est précisément pour cela que je voudrais crier par tout le monde : Confiance, confiance dans la bonté du Sacré

Cœur de Jésus ! Peut-être quelqu'un dira-t-il : Mais quand donc s'est-il vu que la dévotion au Sacré Cœur de Jésus ait eu pour effet propre de ranimer la foi dans le monde ? Tel est déjà son effet particulier en tant d'âmes où cette transformation arrive chaque jour. Et précisément parce qu'elle ne s'est pas encore vue généralement, je voudrais que la dévotion au Sacré-Cœur fût le moyen employé, plus que jamais. pour faire cesser cet état de vacillation dans la foi qui est ce qui attire les fléaux de Dieu. En somme, j'ai confiance, j'espère, je tiens la grâce pour assurée ; mais elle sortira toute du Cœur très-miséricordieux de Jésus. Le reste, à tout prendre, quel qu'il soit, n'est qu'accessoire ; le Cœur de Jésus étant le vrai centre de tous les centres.... Oh ! plaise à Dieu qu'il se forme des phalanges d'âmes et de cœurs détachés de tout le reste et identifiés avec le Cœur de Jésus, alors les choses iront autrement. »

« Les Cœurs de Jésus et de Marie, nous disait la Mère Saint-Jérôme, c'est bien l'héritage qui nous a été laissé, ainsi qu'aux enfants élevées dans notre maison. Il ne nous sera jamais permis de douter de la prédilection de Notre-Seigneur pour le lieu qu'il a choisi lui-même comme l'habitation de son cœur : *Cor meum ibi cunctis diebus.* » En effet, Dieu se plût à marquer d'un sceau divin la terre où nous devions construire la première église consacrée au Sacré Cœur de Jésus, nous estimant trop heureuses de prendre en cela l'initiative, comme nous l'avions fait pour l'exercice du mois. Par cette marque divine, nous voulons désigner la médaille des SS. CC. de Jésus et de Marie, trouvée sur l'emplacement où se faisaient les fouilles pour les fondations de notre église. Un mot de ce fait nous donne lieu de rappeler le joyeux empressement avec lequel la Mère Saint-Jérôme en recueillit les détails. Elle les rédigea en forme de procès-verbal, afin d'attester au public et de transmettre à la postérité un évènement regardé comme une preuve sensible que le Cœur de Jésus agréait nos hommages, et qu'il se plairait dans la demeure que nous avions dessein de lui préparer..

Il y avait à peine un mois que l'on avait commencé à remuer le terrain destiné à recevoir les fondations de l'église, lorsqu'un ouvrier trouva, entre un et deux mètres de profondeur, une petite médaille en forme de cœur, portant, d'un côté, l'effigie du Sacré Cœur de Jésus, et, de l'autre, celle du cœur immaculé de Marie. Sur le Cœur de Jésus étaient gravées ces paroles : *Dieu en moi*, et sur le cœur de Marie, ces autres : *Moi en Dieu*. Cette médaille avait de cent à deux cents ans d'ancienneté. Elle fut soigneusement gardée, bronzée et enchâssée au bas de la porte du tabernacle de notre maître-autel, où l'on peut encore la voir. Une double effigie de la même médaille, sculptée dans un écusson de pierre soutenu par un ange, fut attachée au point d'intersection des arceaux de la voûte, et fut respecté par l'obus prussien qui brisa la poutre voisine.

Aux yeux des personnes de foi, l'invention de la médaille fut regardée, sinon comme un évènement miraculeux, tout au moins comme un fait extraordinaire. On fit frapper grand nombre de ces médailles d'après le type de l'ancienne, et ce fut une jouissance pour nous d'en offrir à tous nos amis.

Ingénieuse à rechercher tous les moyens de gagner les

cœurs à celui de Jésus et de les unir en lui et par lui, la Mère Saint-Jérôme avait imaginé d'envoyer une image des SS. CC. à chacune des maisons de notre ordre. Que de bénédictions Dieu attacha à cette petite industrie de son zèle, et combien en fut resserré, malgré la distance, le nœud de notre mutuelle et religieuse affection, c'est ce qu'il n'est pas possible de dire ! Aussi, de plus en plus, notre dévotion devenait un cachet de famille. Quelle ne dût donc pas être l'allégresse de la Mère Saint-Jérôme et de notre communauté du ciel lors de la consécration générale de notre ordre au Sacré Cœur, le vendredi 3 mai 1872, quand chacune de nos maisons, s'unissant à nous dans un acte solennel, s'enchaînait au Cœur de Jésus par un indissoluble lien.

Terminons ce chapitre par un passage de lettre d'une ancienne élève au souvenir de la Mère Saint-Jérôme : « Impossible, dit-elle, d'ouvrir un des livres de piété où le cœur de notre sainte mère s'était répandu si éloquemment sans qu'aussitôt la certitude de son bonheur là-haut ne vienne s'imposer à mon esprit. Pour qui seraient les promesses du Sacré-Cœur, sinon pour celle qui, peut-être plus que personne, a contribué à le faire connaître et honorer dans le siècle où nous vivons ? Aussi, il me semble que Notre-Seigneur devait être impatient de se manifester à sa fidèle et dévouée servante, et de lui montrer sans ombres ce qu'elle avait déjà compris par la pénétration de l'amour. Elle sera la protectrice de la maison des Oiseaux, et étendra son souvenir, je l'espère, à toutes celles qui ont eu le bonheur d'y vivre avec elle et d'y écouter ses conseils. »

Maintenant ne semblons-nous pas entrer dans l'ère de l'accomplissement des promesses annoncées pour la fin des temps? Si la Mère Saint-Jérôme avait quelque chose à regretter sur la terre, ce serait de ne pas être témoin des merveilles opérées de nos jours par le Sacré-Cœur : les pèlerinages, l'érection de ce temple qui doit dominer la capitale, et sous les coupoles duquel le vœu national consacrera la France entière au Cœur de Jésus.... Mais le Ciel, où les élus sont consommés dans l'essence divine, *consummati in unum*, est le temple incomparable de la gloire éternelle, où triomphera sans fin le Cœur adorable, dans l'amour de ses saints, dont il fait les délices et qu'il transforme en lui.

NOTICE ABRÉGÉE

SUR LE

P. Pierre RONSIN,

Guide spirituel de la Mère Saint-Jérôme depuis 1823 jusqu'à 1844.

Nous placerons ici une courte notice biographique sur le P. Pierre Ronsin, qui, pendant plus de vingt ans, conduisit la Mère Saint-Jérôme dans le chemin de la sanctification et de la perfection. Il s'intéressa aussi d'une manière spéciale à toute notre maison, dont il fut, selon l'expression de notre Mère Sophie, le décorateur spirituel, au moyen surtout de la solide et tendre dévotion qu'il sut inspirer à notre communauté envers les sacrés Cœurs de Jésus et de Marie.

Le P. Pierre Ronsin, né en 1771, à Soissons, appartenait à une famille chrétienne et fut, dès son enfance, un modèle de piété et de régularité. Il faisait ses études avec succès dans sa ville natale, quand la révolution vint en interrompre le cours. Dieu lui fit dès-lors la grâce de l'attirer à son amour, et toutes ses pensées et ses affections se tournèrent vers celui seul qu'il désirait servir. « Dès ce moment, dit-il lui-même, je reçus de son infinie bonté des faveurs singulières, qui me firent trouver sur la terre une espèce de paradis anticipé, au milieu des tribulations et des dangers de ce temps désastreux. »

Sans des obstacles insurmontables, il se fût retiré en Suisse pour entrer à la Trappe et embrasser la pénitence, après laquelle il soupirait. La paix rendue à l'Eglise, le jeune Ronsin reçut les ordres sacrés, et, dans un écrit intitulé : *Mon testament spirituel*, c'est ainsi qu'il s'exprime :

« Ici commença pour moi une carrière toute nouvelle. Je pris, dès lors, sous l'inspiration de la grâce, la ferme résolution de consacrer ma vie à la gloire de Dieu, au salut des âmes, et, avant tout, à ma propre sanctification ; résolution que je ne rétractai jamais depuis, et qui me soutint dans toutes les épreuves de la vie. Mon attrait constant, depuis l'époque de ma conversion, avait été la confiance en Dieu et l'abandon à sa Providence paternelle. Mais la consécration au Sacré Cœur de Jésus, par l'admission dans la confrérie de ce divin Cœur, affermit et perfectionna en moi cette disposition, au point que le saint abandon fit comme le fond de ma vie, l'objet exclusif de ma pensée, de mes désirs, de mes entretiens avec le prochain, dans son intérêt spirituel avec la mesure convenable à chacun. Je fus initié et instruit dans la connaissance de cette touchante et salutaire dévotion au Sacré-Cœur de Jésus par un saint prêtre, chanoine de la cathédrale de Soissons, parfait modèle d'humilité et de charité, auquel je dois autant qu'à celui qui me disposa à ma première communion. Le second père de mon âme était, à bon droit, singulièrement affectionné en Jésus-Christ aux religieuses Minimes, qui avaient un couvent à Soissons, et dans l'église desquelles la confrérie du Sacré-Cœur de Jésus était établie ; ce que je remarque à dessein, comme le commencement des grâces sans nombre et sans mesure de ce divin Cœur, qui devint dès lors comme mon berceau dans la vie intérieure à laquelle j'aspirais, et où j'entrai sérieusement par la pratique de l'oraison mentale, selon le conseil de mon saint directeur, depuis insigne confesseur de la foi. Dès ce moment, je ne pensai plus qu'à faire connaître, aimer et glorifier le Sacré-Cœur de Jésus, par tous les moyens qui étaient en mon pouvoir. Ce zèle, que Dieu m'inspirait dans son infinie bonté, devint et plus ardent et plus efficace par une consécration spéciale et par un vœu au Sacré-Cœur de Jésus et de Marie lors de mon entrée chez les Pères de la foi, en 1803, dont la société, dans le principe, avait pris le nom de société du Sacré-Cœur, nom auquel elle n'a jamais renoncé que pour prendre canoniquement celui de Compagnie de Jésus, toute dévouée, comme l'on sait, à son divin Cœur. »

Pendant le cours même de son noviciat, le Père Ronsin fut

chargé de diriger la congrégation des hommes, fondée par le P. Delpuits. Cette association fit le plus grand bien aux jeunes gens des écoles. Pendant treize ans, le nouveau directeur réunit par ce moyen l'élite de la jeunesse parisienne et les hommes les plus distingués de la capitale, afin de les former à la pratique des bonnes œuvres et de toutes les vertus. Bientôt il eut la confiance entière des associés. Son humilité, son zèle pour la gloire de Dieu et pour le culte du Sacré-Cœur de Jésus opérèrent tant de fruits merveilleux que tout l'enfer en frémit. Bientôt la rage infernale inspira les plus absurdes calomnies contre cette institution, qui n'avait pour but que la sanctification de ses membres et le bien des classes souffrantes de la société. Le saint directeur était le premier objet des sarcasmes ridicules et même des satires anti-religieuses publiées contre cette œuvre de sanctification. Citons-en un seul trait, qui fut un coup de la miséricorde divine :

Un jeune homme, d'une tournure assez élégante, le fit un jour appeler au parloir de sa communauté ; le Père s'y rend. Le jeune homme, du ton le plus arrogant, lui demande si c'est bien lui qui se nomme Ronsin ? « Oui, répond le Père avec ce calme qui ne l'abandonnait jamais ; » et, sur cette réponse, le visiteur se met à l'accabler de toutes les injures, de toutes les calomnies qui circulaient alors contre les jésuites et spécialement contre le bon Père. L'humble religieux demeura impassible, et laissa passer, sans en paraître ému, ce torrent d'invectives. L'interlocuteur, ayant épuisé son vocabulaire, lui demanda pourquoi il ne répondait pas. « Mais, reprend le Père, il me semble que vous m'avez fait venir pour vous entendre, j'écoute. » Cette patience invincible, cette angélique douceur, étonne le fougueux jeune homme, qui se retire interdit et assez mécontent.

Pour le Père, il chercha l'occasion d'une chrétienne et noble vengeance, et ne tarda pas à la trouver. Ayant su que son visiteur était un débutant dans la carrière militaire, il sollicite une audience du ministre, et, s'adressant à Son Excellence : « J'ai eu lui dit-il, l'occasion de voir un officier qui pourra devenir un homme de mérite : je vous serais très-obligé, Monsieur le Ministre, de lui donner de l'avancement. »

Peu de temps après, le sous-lieutenant monte en grade et cherche à découvrir l'appui recommandable auquel il doit cette faveur.

Quelle n'est pas sa stupéfaction quand on lui nomme ce P. Ronsin qu'il avait si gratuitement insulté. Pénétré de reconnaissance et complètement désabusé par cet acte généreux, l'officier va promptement exprimer son regret et sa vive gratitude au bon Père. Une conversation sérieuse termine la visite, qui fut suivie de la confession du jeune homme. Non-seulement il revint à la pratique de la religion, mais il entra dans l'ordre des jésuites, où il parcourut et termina saintement sa carrière.

Toutefois, le déchaînement d'aveugles passions soulevées par d'hypocrites terreurs alla si loin, que le P. Ronsin, cédant à l'orage, cessa, en 1828, de diriger la congrégation. Chassé ensuite de Paris par la révolution de 1830, il n'y rentra que pour quelques années, après lesquelles l'obéissance rompit tout à coup les liens qui l'attachaient à tant d'âmes qu'il avait fait naître à la vie de la grâce et dont il était l'appui. Il se montra sublime dans un sacrifice qu'il accomplit sans retard, et sur lequel jamais il ne fit aucun retour, abandonnant, sans faire la moindre observation, toutes ses œuvres et ses entreprises pour l'extension du culte envers le Sacré-Cœur de Jésus, etc.

Il faudrait un volume pour écrire ce qui se rattache à la vie et aux vertus de ce saint religieux.

Aussi avare de son temps que prodigue de ses soins et de ses fatigues, le P. Ronsin trouvait moyen, à lui seul, de travailler autant que plusieurs ouvriers actifs. On le voyait partout : à la maison, rue de Sèvres, dans les églises les plus éloignées, à Saint-Thomas de Villeneuve, dans les couvents; il paraissait avoir inventé l'art de doubler son temps et de rapprocher les distances. Ce ministère, si actif au dehors, ne l'empêchait pas de se montrer toujours exact observateur de la vie commune, lors même que, supérieur de la maison de Paris de 1822 à 1825, il était accablé d'affaires. Sitôt que la cloche donnait le signal pour les principaux exercices de communauté, il quittait le confessionnal afin de s'y rendre. Dès qu'il était libre, il revenait en toute hâte auprès de ses nombreux pénitents, parmi lesquels se trouvaient des personnes distinguées et beaucoup de jeunes gens. Ceux-ci, loin de se plaindre ou de s'offenser de cette exactitude religieuse, en étaient fort édifiés.

Le P. Ronsin confessait régulièrement la plus grande partie de la journée, et le don par excellence de ce digne ministre du sacrement de pénitence était la direction. Avec peu de mots, puisés dans la sainte Ecriture, ou plutôt dans le Cœur de Jésus, il savait satisfaire les âmes, et ce qu'il leur disait se trouvait toujours en harmonie avec leurs besoins. Animé d'un zèle véritable et de l'amour le plus ardent pour Dieu, il ne se lassait jamais de poursuivre ces âmes, de les faire avancer; et, sans vouloir les conduire par la même route, il attendait pour chacune le moment de la grâce. Sa méthode était d'inspirer en général le désir de plaire à Dieu, puis de laisser à l'impulsion divine et au mouvement de la volonté la détermination des pratiques et du degré particulier de perfection. Plutôt que de prendre l'initiative, il aurait attendu des années entières afin de laisser une âme agir d'elle-même sous l'inspiration de l'Esprit-Saint, et se livrer à Dieu entièrement et sans réserve.

Nous aurions voulu citer les lettres de ce saint directeur à la Mère Saint-Jérôme; mais nous n'avons pu en retrouver une seule qui lui fût particulière : elle les détruisit toutes par esprit de détachement, comme il sera rapporté dans sa vie. Au défaut de cette correspondance, qu'il eût été si intéressant et si utile de connaître, nous insérons ici deux ou trois lettres écrites dans le but de guider une âme éprouvée et privilégiée. Elles suffiront pour donner une idée de ce qu'il y avait de douceur et de force dans une direction qui inspirait tant de confiance.

PREMIÈRE LETTRE. — 1838.

Gloire, amour, dévouement et abandon total aux SS. CC. de Jésus et de Marie.

Dieu soit béni, ma chère fille, de votre retraite, comme il vous y a bénie! Non, non, vous n'y avez pas perdu votre temps; jamais peut-être temps de votre vie n'a été mieux employé, puisqu'il vous a fait voir clairement, sentir vivement, aimer sincèrement votre double néant, de l'être personnel et du péché, vous laissant d'ailleurs dans une paix profonde, qui, pour être un peu sèche et amère, n'en porte que mieux le caractère de sa divine opération. Chérir sa propre abjection et s'immoler sans réserve comme sans retour à sa volonté sainte et à son bon plaisir, dans un esprit d'amour, c'est sans contredit la plus heureuse disposition, et c'est la vôtre, M. C. F. La fin de votre lettre, où vous parlez de l'abondance du cœur, et d'un cœur intimement uni au Cœur tout aimable et tout adorable de Jésus crucifié, ne laisse aucun lieu d'en douter. Courage donc et confiance!

continuez à faire cause commune avec ce divin Cœur, source de toutes les grâces et de toutes les vraies consolations, sanctuaire de toutes les vertus, fournaise où se consume tout ce qui n'est pas de Dieu et pour Dieu, où s'allume, s'entretient et s'enflamme le feu sacré, dont nous devons brûler éternellement. Priez, agissez, souffrez, jouissez, reposez-vous dans le Cœur de Jésus; aimez selon le Cœur et par le Cœur de Jésus tout ce qu'il vous est ordonné ou permis d'aimer. Enfin, vivez dans le Cœur de Jésus, de sa vie de sacrifice et d'amour, pour mériter d'y mourir, puis, enfin, d'y être à jamais consommée dans cet heureux séjour, où la claire vision de Dieu succèdera à la foi, la jouissance à l'espérance, et où la charité parfaite règnera dans tous les cœurs. Amen.

DEUXIÈME LETTRE.

M. C. F, Vous me demandez pardon de la longueur de votre dernière lettre; mais vous devez savoir que je vous lis toujours avec intérêt et plaisir, parce que vous ne me parlez jamais que des affaires du dedans et des choses d'en haut. J'ai admiré et béni la divine Providence dans sa conduite à votre égard et dans les divers états par lesquels sa sagesse et sa miséricordieuse bonté vous ont fait passer. Vous avez pu apprendre de là ce qu'est Dieu, et ce que vous êtes, et c'est la science que les saints ambitionnent le plus; témoin saint Augustin : *Que je me connaisse, Seigneur, et que je vous connaisse!* L'humilité et la charité, fondements de l'édifice du salut, reposent sur cette double connaissance. Non, ma fille, il n'y a point abandon de Dieu, soit de son côté, soit du vôtre, dans les ténèbres, les sécheresses, l'impuissance à tout bien, la pente à tout mal, que vous avez éprouvés, pas même dans les effets extérieurs que vous croyez s'en être suivis. Il n'y a pas même d'illusion dans les faveurs extraordinaires et toutes gratuites qui ont succédé, pour un temps, à ce triste état. Dieu, qui se joue dans l'univers, comme le dit la sainte Ecriture, a voulu aussi se jouer en vous et de vous, faire de vous son jouet, il en a bien le droit; et, d'ailleurs, il y va autant de votre intérêt que de sa gloire que vous sachiez par expérience ce que vous êtes sans lui : néant, double néant, néant de l'être et du péché, et ce que vous pouvez en lui, avec lui et par lui, ou plutôt ce qu'il peut faire en vous et par vous. *A lui seul la gloire et à nous la confusion de notre visage*. Il nous suffit de savoir que, sans se faire voir, ni sentir, il peut être au fond de notre cœur, y opérant pour sa gloire et notre bien ; et l'acquiescement parfait de notre volonté à la sienne, dans toutes les situations où l'âme peut se trouver, par les dispositions de sa Providence, nous donne cette consolante assurance ; en sorte que tout va bien, très-bien, le mieux possible, tant que nous disons en tout et toujours : *Ita Pater, quoniam sic placitum est ante te.* Oui, mon Père, pleinement et irrévocablement. Pourvu que je ne vous offense pas, mon Dieu, et que je vous aime, même sans le savoir, c'est tout ce que je désire, tout ce que je demande et ce que j'espère fermement obtenir de votre bonté, de votre charité, de votre miséricorde. Oui, disons-le donc douloureusement dans le temps, pour le dire joyeusement dans l'éternité. Que votre devise, jusqu'à la fin de la carrière, M. C. F., soit :

> La croix de mon Jésus est mon lit de repos ;
> Vivre et mourir en croix c'est mon ferme propos.

TROISIÈME LETTRE.

Gloire, amour et dévouement aux SS. CC. de Jésus et de Marie !

Vous croyez peut-être, M. C. F., que je vous ai oubliée ; point du tout, mon silence forcé vous rappelait très-souvent à ma pensée, et votre dernière lettre, ouverte depuis longtemps sur mon bureau, provoquait une réponse que mes occupations ont retardée jusqu'ici, bien malgré moi. Je vous connais, je suis sûr de mon pardon et même de la persévérance de votre bon souvenir devant Dieu, que je réclame néanmoins avec de nouvelles instances.

Comptez aussi sur ma promesse de présenter tous les jours à Notre-Seigneur, au saint autel, vos besoins, vos désirs, votre cœur enfin. Je le prie de le rendre toujours plus conforme à son Cœur adorable, et j'ai la confiance d'en être exaucé, puisque l'amour de sa croix ne vous a pas quittée, malgré vos ténèbres, vos sécheresses, vos langueurs, votre désolante impuissance tant physique que morale, pour le bien (tel que vous le concevez); car, au vrai, tout est bien et très-bien lorsque dans cet état on sait dire : *Amen, fiat, Deo gratias, ita Pater,* comme le divin maître vous l'enseigne et vous l'inspire. Eh ! qu'est-ce que l'abandon, le parfait abandon dans la pratique, sinon ce *fiat* dans l'agonie de la nature? — Courage donc, M. C. F., et plus que jamais courage et confiance ! Non, vous ne reculez pas ; continuez à dire avec le roi prophète : *Seigneur, tout mon désir est devant vous, et le gémissement de mon cœur ne vous est point caché.*

A Dieu, M. C. F., à Dieu ; il ne manque jamais à qui le cherche, et lui seul suffit. Priez-le pour moi.

On le voit, le P. Ronsin était en rapports intimes avec plusieurs saintes âmes qu'il guidait dans les voies de la spiritualité. Nous pourrions parler de ses consolantes communications avec la Mère Marie de Jésus, dont il fut le principal directeur. Mais il en est question dans la notice de cette vénérée Mère, objet des faveurs spéciales du Sacré-Cœur. Cette notice se trouve à la suite de la vie de la R. Mère Marie-Anne par la Mère Saint-Jérôme, et contient le récit des révélations faites à cette sainte âme et des grâces extraordinaires qu'elle reçut de Notre-Seigneur et de la Sainte-Vierge. Ces faveurs, accordées à la Mère Marie de Jésus, sont attestées par le P. Ronsin dans une relation écrite de sa main, et dont nous avons l'autographe.

En 1825, le P. Ronsin eut la consolation de recevoir l'abjuration de M. Albert de Haza-Radlitz et de contribuer efficacement à celle du prince Frédéric-Ferdinand, duc régnant d'Anhalt-Cœthen et de la duchesse Julie, son épouse. Voici quelques-unes des circonstances qui se rattachent à ces conversions remarquables auxquelles le Père eut tant de part! Elles eurent lieu pendant un voyage de santé que firent à Paris le duc et la duchesse.

M. de Haza-Radlitz, dont la conversion précéda celle du duc et de la duchesse, était né de parents protestants dans le grand-duché de Posen, et il n'était âgé que de vingt-sept ans lorsqu'il rentra dans le sein de la véritable Eglise. Son beau-père, M. Adam de Müller, célèbre écrivain allemand, converti à la foi catholique, remplissait les fonctions de consul général d'Autriche et en même temps celles de chargé d'affaires de l'empereur auprès du duc d'Anhalt. Par l'entremise de son beau-père, M. de Haza fut mis en relation avec le duc, qui exprima même le désir de le voir occuper à sa cour le poste de chambellan et d'administrateur des affaires. Ce projet fut mis à exécution précisément au moment où les médecins avaient conseillé à la duchesse le voyage de Paris. Disons ici qu'avant l'époque dont nous parlons, et lorsque M. de Haza entra dans la maison de M. de Muller à Leipsik pour fréquenter les cours de l'université, il était imbu de tous les préjugés qu'on inculque aux protestants contre l'Eglise romaine. Il regardait les catholiques comme des ignorants, comme des hommes livrés à toutes sortes de superstitions. Alors, cependant, il connut de plus près la vraie religion, que sa mère avait embrassée, et il s'était trouvé en rapport avec plusieurs catholiques éminents. « Or, écrit M. de Haza, que nous allons laisser lui-même raconter l'histoire de son retour à la vérité, la première chose qui me frappa après quelque temps, c'est que je voyais en la personne de mon beau-père justement le contraire de tout ce dont m'avaient prévenu les protestants. Il était instruit, éclairé, savant; et je commençai à me dire : comment est-il possible qu'un homme de ce mérite ait pu embrasser la foi romaine? Peu à peu, je fis la connaissance d'autres catholiques distingués, renommés surtout par leurs écrits. Je complétai alors ma phrase, en ajoutant : Si de tels hommes se sont faits catholiques, il faut pourtant que la religion qu'ils professent ne soit pas telle qu'on me l'a représentée. Enfin, je lus la fameuse *Restauration de la science politique*, par M. de Haller (1), et je la goûtais avec tout l'enthousiasme d'un jeune homme, lorsque tout à coup j'appris la conversion de M. de Haller. Cette nouvelle me fit une vive impression, et, sur-le-champ, je me dis : Si tous ceux que tu estimes, ou sont catholiques, ou le deviennent, il faut qu'il y ait dans cette religion quelque chose que tu ignores; il faut donc l'étudier; et, la grâce de Dieu aidant, j'ajoutai : Si tu la trouves préférable à la religion protestante et si tu y découvres la vérité, rien au monde ne doit t'empêcher de l'embrasser. Je me mis donc à lire des ouvrages propres à m'éclairer. Cette étude dura plusieurs années, jusqu'à ce que ma résolution fut suffisamment mûrie. J'écrivis même alors la réfutation d'un livre anti-catholique, composé par un surintendant de Leipsick. Cette circonstance m'obligea de pénétrer plus profondément dans les doctrines de l'Eglise romaine, et je demeurai de plus en plus convaincu de leur vérité et de la nécessité de les embrasser. Enfin, Dieu m'inspira la salutaire résolution d'abjurer l'erreur dès qu'une occasion favorable se présenterait, car j'habitais une ville entièrement protestante, où j'occupais un poste dans la magistrature. C'est alors

---

(1) Louis de Haller, qui se fit un renom comme publiciste par cet ouvrage, et dont la conversion au catholicisme eut un grand retentissement.

que le Duc, qui avait lu mon petit ouvrage, m'admit dans sa maison, et que je reçus l'ordre de le suivre à Paris. Je me mis donc en route, bien déterminé à profiter de mon séjour dans cette ville pour faire mon abjuration. J'eus occasion, pendant mon voyage, de connaître, chez M. le comte de Stolberg, le comte Charles de Robiano, et je le priai de me donner l'adresse, à Paris, d'un prêtre entre les mains duquel je pusse faire mon abjuration. Il me donna un mot pour le P. Ronsin, et voilà comme la Providence m'a conduit vers cet excellent père, dont le souvenir vivra dans mon cœur autant que je vivrai moi-même, et jusqu'à ce que, je l'espère de la grâce de Dieu, je le revoie, au moins de loin, dans la gloire. »

« Comme toutes les conversions étaient un objet de critique de la part des protestants, et que le Duc et la Duchesse étaient entourés par ces hérétiques, je voulais éviter le bruit. Mais une fois parvenu au delà de la frontière d'Allemagne, je ne me regardai plus comme astreint à tant de ménagements, et je me conduisis à l'extérieur comme si j'avais été catholique. Je fis le signe de la croix, j'allai à la messe, je pris de l'eau bénite, etc. »

« Cependant, la grande difficulté était de faire connaître mes sentiments au Duc. La position que je devais occuper auprès de lui demandait une entière confiance de part et d'autre. Il était donc impossible de lui cacher le changement qui s'était opéré en moi. Je me résolus, en conséquence, de le lui découvrir dès notre première entrevue, bien déterminé à retourner en Allemagne et à renoncer à ma place s'il ne voulait pas de moi comme catholique. Mais Dieu avait déjà aplani les voies, et le Duc avait deviné mon projet. Arrivé à Paris, je me rendis auprès de mon nouveau maître. Il m'accueillit avec une bonté toute paternelle, et, avant même que je pusse lui communiquer mon dessein, quelle ne fut pas ma surprise de l'entendre m'adresser cette question : Etes-vous encore protestant ? — Oui, Monseigneur, lui dis-je. — Voulez-vous rester tel ? — Non, Monseigneur, repris-je, et c'est précisément ce que j'allais dire à Votre Altesse, en me présentant devant elle. — Arrangez donc cette affaire ici, à Paris, afin qu'elle ne fasse pas de bruit en Allemagne.— C'est justement ce que je me suis proposé, répondis-je. Et la chose fut finie. J'allai ensuite porter au P. Ronsin la lettre du comte de Robiano, et je lui dis que mon plus ardent désir était de faire sur-le-champ mon abjuration ; que j'étais parfaitement instruit dans la religion catholique, que je croyais tout ce qu'elle enseignait, et qu'il ne me manquait que de professer ma foi. Le bon Père, avec sa prudence ordinaire, crut devoir modérer mon empressement. Il me fit observer que j'allais trop vite, qu'il convenait d'attendre au moins quelques semaines, afin de me faire mieux connaître, et de m'instruire plus à fond de mes devoirs. Il fallut bien me résigner. Ce sage délai me procura l'avantage de m'exercer à la patience, d'étudier le côté pratique de la religion et de me faire contracter avec le bon Père une intime et toute filiale liaison. »

« Enfin, arriva l'heureux jour de mon abjuration. Le Père Ronsin fixa le 5 juillet pour cette cérémonie. Ce fut dans la chapelle du couvent des Oiseaux que j'eus le bonheur de rentrer dans le sein de l'Eglise catholique, en présence de la communauté, des pensionnaires et d'un petit nombre de personnes choisies, entre autres de M. de Haller et de son fils aîné. »

Cette conversion ne tarda pas à être suivie de celle du duc et de la duchesse d'Anhalt. Dès leur arrivée à Paris, ils se trouvaient l'un et l'autre, et comme à leur insu, favorablement disposés pour la religion catholique. La Duchesse avait été témoin, en Allemagne, d'un fait qui l'avait étrangement scandalisée. Se présentant un jour à la cène pour y participer avec les autres femmes, elle avait vu un jeune ministre jeter promptement par terre le vin qui restait dans le calice et en prendre d'autre pour l'offrir à Son Altesse. Ce procédé, qu'elle regardait comme une profanation, l'avait révoltée, et, dès lors, elle avait ressenti une sorte de répulsion pour la prétendue réforme. Le Duc, né en Silésie, dans la principauté de Hesse, pays entièrement catholique, qu'il possédait et où il résidait, ainsi que la Duchesse, avant de succéder au duché d'Anhalt, ne dissimulait pas son respect pour la vraie Eglise. La vue d'un peuple, d'une noblesse et de prêtres catholiques, un séjour de plusieurs années à Vienne en Autriche, avaient jeté d'heureuses semences dans leur cœur, et le Duc aimait à raconter qu'étant encore officier, il avait coutume, quand il rencontrait un prêtre catholique, de descendre de son cheval pour lui demander sa bénédiction. Pourtant, ce n'étaient encore là que des dispositions bien éloignées. Plus tard, lorsque le Duc hérita de la souveraineté du duché dont il portait le nom, M. de Müller, beau-père de M. de Haza, fut accrédité auprès de lui comme chargé d'affaires de l'empereur d'Autriche, ainsi que nous l'avons vu précédemment. A cette époque, les questions religieuses agitaient vivement les esprits en Allemagne, et le peu de foi qui existait, même parmi les protestants, commença à se produire plus hardiment contre le rationalisme. Ce n'était pas sans avantage pour l'Eglise catholique, qui ne redoute pas la lumière. Plusieurs conversions s'opérèrent, d'autres se préparaient. M. de Müller, catholique très-zélé, entretenait avec le Duc une correspondance fort active. Il venait de temps en temps à Cœthen ; dans la conversation, il aimait à traiter de sujets religieux. Le duc paraissait l'entendre avec intérêt, d'abord par une espèce de politique, comme lui-même l'avoua depuis, voulant par là se faire bien venir du représentant de l'Empereur. Mais Dieu se servit de cette faiblesse pour le conduire à ses fins. Comme M. de Müller avait un langage insinuant et un grand don de persuasion, la vérité pénétrait insensiblement dans le cœur du Duc, et la manière dont il reçut M. de Haza, à son arrivée à Paris, montre quel pas il avait déjà fait dans la voie du salut.

Aussi, pendant le temps qui précéda et qui suivit l'abjuration du chambellan, les conversations roulaient presque uniquement sur les questions religieuses : « C'était surtout la Duchesse, raconte celui-ci, qui, avec son esprit vif et pénétrant, me harcelait sans relâche; et les discussions étaient quelquefois bien vives. Cependant, je m'aperçus peu à peu que ces difficultés avaient pour objet moins la dispute que le désir de s'instruire, et je conçus quelque espoir. Quant au Duc, déjà la manière dont il avait accueilli ma déclaration montrait qu'au moins ses préjugés contre l'Eglise romaine étaient évanouis. J'eus encore d'autres preuves de l'action de la grâce sur le cœur de ce bon prince. Un dimanche, cherchant une place à l'église de l'Assomption, pour y entendre la grand'messe, je le vis priant dans un coin; mais je fis en sorte qu'il ne me reconnût pas. Un autre jour, je l'accompagnais dans une promenade au bois de Boulogne, et la religion fut encore le sujet de notre conversation. Tout à coup, il me dit à peu près ces paroles : « Je n'ai rien contre la religion catholique; il n'y a que deux points pourtant qui me rebutent : c'est le jeûne et la vie monastique. » Alors, lui dis-je, Votre Altesse est déjà catholique, car ce ne sont que des points de discipline. Si vous ne pouvez pas jeûner (le Duc était déjà très-avancé en âge), l'Eglise vous en dispense, et, quant à l'autre point, personne ne demande à Votre Altesse d'entrer au couvent; c'est une affaire de vocation. Cette réponse sembla le tranquilliser. Une autre fois, le Duc, revenant seul en voiture d'une excursion dans les environs de Paris, entra dans l'église Saint-Méry. Là, prosterné au pied de l'autel, dans une chapelle écartée, il pria longtemps avec une extrême ferveur, demandant à Dieu de lui donner le cœur de sa femme, c'est-à-dire de la décider à se faire instruire : sa prière ne tarda pas à être exaucée. »

« Vers ce temps-là, il y eut, au couvent des Oiseaux, une cérémonie pour la prise d'habit de deux religieuses. Le P. Ronsin devait y parler, et j'y fus invité. Comme je présumais qu'une cérémonie aussi sainte et aussi touchante ne pourrait manquer de faire une salutaire impression sur le cœur de la Duchesse, je désirais vivement qu'elle y assistât, et je le lui proposai, persuadé d'avance que, ne fût-ce que par curiosité, elle consentirait volontiers à y venir. Je ne m'étais pas trompé. Je demandai donc la permission de l'y conduire, et, le jour fixé, je l'accompagnai avec une de ses dames d'honneur. »

« Ce fut ce jour-là que la Duchesse fit la connaissance du P. Ronsin et de la Mère Sophie, supérieure du couvent. Toute cette pieuse cérémonie, le discours du prédicateur, l'intérieur du monastère, l'air de sainteté qu'on y respirait, l'aimable gaîté de ces personnes consacrées à Dieu, que les protestants se figurent mornes et tristes, tout cet ensemble fut pour la Duchesse une espèce de révélation inattendue et l'émut profondément. Elle devint plus pensive. Le discours de la prise d'habit fournit la matière de conversations utiles. Peu de jours après, la Duchesse exprima le désir de voir le P. Ronsin chez elle, et me demanda si on pouvait l'inviter à dîner. Le Duc ne s'y opposa pas, et je me chargeai de transmettre l'invitation. Le Père, ayant égard à ces circonstances tout à fait exceptionnelles, en obtint la permission de son provincial. Je peindrais difficilement les sentiments qui m'agitaient en voyant un jésuite s'asseoir à table avec nous. Pendant le dîner, le bon religieux se montra, comme à son ordinaire, plein d'amabilité et d'esprit. Le dîner terminé, la Duchesse nous congédia, mais elle pria le Père de rester. Pour moi, je courus à Saint-Roch, afin de prier le Seigneur de bénir cette entrevue d'une princesse souveraine allemande et protestante avec un jésuite français. La conversation fut grave et

sérieuse, au point que le P. Ronsin se leva subitement en disant :
« Madame, ce n'est pas ici le lieu de vous confesser ; si vous désirez
le faire, venez à Saint-Thomas-d'Aquin, où est mon confessionnal. »

« La duchesse cependant n'était pas entièrement décidée, et ses
hésitations amenèrent encore des discussions assez vives entre elle et
son mari, qui avait déjà pris son parti, mais qui ne voulait pas embrasser la foi catholique sans faire partager ce bonheur à son
épouse chérie. En attendant, la grâce faisait son œuvre, et les ferventes prières que le bon Duc et tant de personnes pieuses adressaient au ciel furent enfin exaucées. Tout à coup, à minuit, à la fin
d'une soirée pendant laquelle avaient eu lieu de nouvelles discussions, la duchesse déclare que maintenant sa détermination est
fixée et qu'elle est prête à faire son abjuration. On comprend la
consolation que ressentit le Duc en entendant ces paroles. Mais
certaines mesures de prudence devaient présider à l'exécution de
cette grâve résolution. »

« Le Duc, en qualité de prince souverain d'un pays entièrement
protestant, craignait non sans raison d'y retourner converti, avant
de s'être prémuni contre toutes les éventualités que pouvait faire
naître une position si délicate. Le P. Ronsin fut consulté, et,
d'après ses avis, on s'adressa au nonce apostolique à Paris,
Mgr Macchi, depuis cardinal, pour obtenir du Saint-Père, par son
entremise, l'autorisation de tenir la conversion secrète pendant
quelque temps, et prévenir ainsi autant que possible les persécutions que l'on prévoyait, et qui, en effet, ne manquèrent pas. »

Aussitôt la permission arrivée, on fixa le jour de l'abjuration.
Le 24 octobre, le duc et la duchesse sortirent de leur hôtel
de grand matin, accompagnés de M. de Haza, et se rendirent à
Conflans. Là, dans la chapelle des anciens archevêques de Paris,
en présence de quelques amis choisis, Mgr de Quélen reçut la profession de foi de ces illustres personnages, et les réconcilia avec
l'Eglise. Après la communion, le Duc, pénétré du sentiment des
grâces dont il venait d'être inondé, donna à tous les assistants un
touchant exemple de foi et d'humilité. En allant vers son prie-Dieu
ou en sortant de la chapelle, à la fin de la cérémonie, il aperçut,
sur une des pierres monumentales qui formaient le pavé de la chapelle, l'image de la croix, gravée en or. A la vue de ce signe glo-

rieux de la rédemption, oubliant son âge et sa taille qui était assez haute, il se prosterna pour baiser cette croix, et resta pendant quelque temps la face prosternée contre terre. Ce spetacle émut vivement tous ceux qui en furent les témoins. Mgr l'archevêque, partageant l'émotion générale, et, ne voulant pas troubler le néophyte dans cette manifestation de sa piété, fit arrêter le clergé dans le chœur, et l'on ne sortit que quand le duc fut relevé. La cérémonie terminée, les nouveaux catholiques retournèrent à Paris, bénissant Dieu, et jouissant délicieusement des faveurs dont il les avait comblés. La Duchesse surtout exprimait sa joie et son bonheur avec un épanouissement qui se produisait même dans son extérieur. Personne dans la maison, excepté M. de Haza, ne sut ce qui s'était passé.

Pendant le court espace de temps que dura encore leur séjour à Paris, les vertueux époux s'approchèrent plusieurs fois des sacrements, et leur conversion fut suivie de celle de plusieurs personnages distingués, parmi lesquels fut le ministre du roi de Saxe, qui rentra au sein du catholicisme et fut ramené à la vraie foi avec sa femme et sa fille par le P. Ronsin.

Ni le temps ni les distances n'altéraient la confiance des personnes en rapport avec ce saint religieux. Quand l'obéissance l'eut fait quitter Paris pour se rendre à Toulouse, un père de famille entreprit un long voyage et conduisit son jeune fils, âgé de sept ans, faire sa première confession à ce bon Père, afin, disait-il, que cet enfant ne perdît jamais le souvenir des conseils du guide de toute sa famille.

Le Midi fut un nouveau champ où il put implanter et cultiver la dévotion aux SS. CC., qu'il s'efforça de propager toujours et partout avec la même ardeur.

La consécration et le vœu spécial dont il parle lui-même l'avaient dès sa première jeunesse affectionné de cœur à cette dévotion, lorsque, en 1814, une circonstance extraordinaire, pour ne pas dire miraculeuse, qu'il aimait à raconter, augmenta encore, s'il était possible, son ardeur et son zèle. C'était lors du troisième siége de Soissons. « Une certaine nuit, écrit-il, que du dehors il pleuvait sur nous une grêle d'obus, plusieurs dames étaient enfermées avec Mme L..... dans sa chambre à coucher, où elles priaient avec encore plus de ferveur que de frayeur (et c'est beaucoup dire). Le gens de la maison étaient à la cave, où la bonne dame n'avait point voulu descendre, parce qu'elle s'était trouvée fort incommodée du séjour qu'elle y avait fait depuis quelques jours. Vers minuit (c'était la nuit du 24 au 25 mars), Rémi, son cuisinier, entra dans sa chambre et l'engagea à en sortir pour passer à la cuisine. On se rendit à son avis. Dix minutes après, un obus enflammé perce le toit du grenier, le mur de la cheminée, tombe, roule et éclate dans la chambre avec un fracas qui ne peut se comparer qu'au dégât qu'il y causa. Meubles, lit, fauteuils, volets, chambranle de marbre, jusqu'à la plaque de la cheminée et aux chenets, tout vole en éclats, à la réserve de deux beaux tableaux, suspendus à la cheminée, représentant les SS. CC. de Jésus et de Marie. Je puis attester, pour l'avoir vu de mes deux yeux, ainsi que nombre d'autres personnes, entre autres Monseigneur et M. le curé, que les deux tableaux demeurèrent parfaitement intacts au milieu de ce monceau de débris : pas la moindre égratignure, la moindre tache ou noircissure, pas même de poussière ; les verres entiers, tandis que toutes les vitres, je ne dis pas de la chambre, mais des appartements voisins, étaient en mille pièces. Maintenant, si vous vous rappelez que la bonne dame L..., par son zèle et ses largesses, a contribué plus que personne à la restauration du culte de ces SS. CC., qu'en conclurez-vous, sinon que ce culte est infiniment agréable à Dieu, puisqu'il l'a témoigné par un événement dont les circonstances, pour ne rien dire de trop, tiennent un peu du miracle. Publiez ceci à la gloire de l'adorable Cœur de Jésus et du tout aimable cœur de son immaculée Mère, et conservez ma lettre pour perpétuer le souvenir de ce prodige. »

Répandre la dévotion aux SS. CC. était l'affaire principale du P. Ronsin, son œuvre de tous les jours, de tous les moments ; l'objet de ses pensées, de ses paroles, de ses actions, de ses mortifications et de ses travaux. A Périgueux, à Metz, à Besançon, où il fut appelé à séjourner, il usa de toute son influence dans le même but, et l'on sait qu'il travailla avec ardeur pour hâter la consécration de la France à ce divin cœur. « Vraiment, disait-il, quand on a commencé cette noble et sainte entreprise, on ne peut plus s'arrêter ; on se sent poussé, attiré, entraîné, enchaîné à l'œuvre ; on éprouve l'effet de cette prière du cantique : *Attirez-moi après vous et nous courrons à l'odeur de vos parfums.* Et quel parfum que celui qu'exhalent le tout aimable Cœur de Jésus et le très-pur cœur de Marie ? » Il ajoutait que, pour lui, il se reconnaissait redevable de grâces sans nombre et sans mesure à cette touchante et salutaire dévotion.

Dans le but de la populariser, il avait depuis longtemps rédigé un petit livre intitulé : *Instruction abrégée sur la dévotion au Sacré Cœur de Jésus*. Il le répandit abondamment, ainsi qu'un nombre incalculable de livrets sur le même sujet, et ce bon père touchait presque à sa dernière heure qu'il s'occupait encore des moyens de multiplier ses pieuses publications.

Pour frapper les regards des fidèles qui s'adressaient à lui, il avait fait richement décorer l'autel du Sacré-Cœur, voisin du confessionnal qu'il ne quittait guère, surtout à la résidence de Toulouse. De plus, on n'avait pu ignorer que, dès longtemps, chaque fois qu'il imposait des prières à ses pénitents, il ne manquait jamais de terminer ainsi sa prescription sacramentelle : « Et vous y ajouterez l'invocation : *Divin Cœur de Jésus, ayez pitié de nous, cœur immaculé de Marie, priez pour nous.*

Il voulait qu'on eût continuellement recours à ces cœurs miséricordieux ; car, dans son intime conviction, le Cœur de Jésus devait être tôt ou tard le salut de la France.

Sentant ses forces s'épuiser par une maladie de langueur, ce saint vieillard ne songeait qu'à son entrée dans la vie éternelle. Il l'envisageait avec le sentiment de la paix et de la joie en se faisant l'application du psaume XXVI, qu'il paraphrasa comme il suit : *Unum petii a Domino, hanc requiram, ut inhabitem in corde Jesu, pro me ex amore crucifixi ; ut cum ipso vivam, cum ipso moriar, et tandem per ipsum cum ipso vivere merear, in sœcula sœculorum.* « Cette interprétation du verset du psaume toujours présente à mon esprit, dit-il, m'a singulièrement consolé. Elle a répandu dans mon âme une paix plus profonde, un plus vif désir et une plus ferme espérance du bonheur du ciel, espérance qui va presque jusqu'à la sécurité. — O tout aimable Cœur de Jésus ! vous avez été mon berceau au jour de ma naissance spirituelle, ma demeure habituelle jusqu'à ce jour. Puissiez-vous être, comme je l'espère de votre bonté miséricordieuse, mon tombeau à la mort et le lieu de mon repos dans le séjour de l'éternité bienheureuse. *Amen, amen, fiat, fiat.* »

Pendant une longue et cruelle agonie, il conserva une inaltérable patience et une sérénité angélique. Ne pouvant plus consacrer ses travaux à celui qu'il avait tant aimé, il ne cessait de lui offrir ses souffrances. « Oh! qu'il est bon, qu'il est doux, disait-il, de pouvoir transformer ses petites peines en mérites et ses maux en biens en les unissant et les offrant au Sacré Cœur de Jésus! Quand ses douleurs devenaient plus violentes, on le voyait sourire doucement et jeter les yeux sur un tableau de Notre-Seigneur montrant son cœur. Cette pensée du Sacré-Cœur, celle du salut des âmes, de la sainte communion ne le quittaient point. Dans un demi-délire, il essaya plusieurs fois de sortir de sa chambre pour aller à Rome rappeler au Souverain-Pontife que la dévotion au Sacré-Cœur sauverait le monde, si une nouvelle bulle et de nouvelles faveurs, émanées du Saint-Siége, fixaient plus particulièrement l'attention des fidèles sur les trésors de grâces renfermés dans ce divin Cœur. C'est dans ces pieux sentiments que ce bon Père rendit son âme à Dieu, le 4 novembre 1846, dans la soixante-seizième année de son âge.

« La Providence nous a envoyé pendant deux jours seulement l'excellent supérieur des Pères Jésuites de Toulouse, écrivait peu après la Mère Saint-Jérôme à une pieuse amie. Il nous a fait le récit édifiant des derniers moments du bon P. Ronsin, et nous a remis un précieux souvenir de lui: le crucifix sur lequel il a collé ses lèvres mourantes. Il ne fut occupé jusqu'à la fin que du Sacré-Cœur et du salut des âmes et s'est fait traîner chaque jour à la chapelle pour y recevoir la communion. C'est ainsi que vivent et meurent les saints; imitons-les. »

Nous finissons cette notice, extraite en grande partie des *Notices historiques du P. Achille Guidée*, par la citation d'un mot d'adieu que le bon Père adressa de Toulouse peu avant sa mort, à notre communauté, à laquelle il avait rendu de si grands services, spécialement en nous inculquant la pratique d'une dévotion qui eut pour nous d'inappréciables avantages.

Toulouse, 2 octobre 1846.

A jamais gloire, amour et dévouement aux SS. CC. de Jésus et de Marie!

Adieu, mes très-chères filles. Le Cœur de Jésus m'appelle aujourd'hui à lui : *Deo gratias*. Travaillez autant que possible à le faire connaître et glorifier, vous et toute notre famille bénie de Dieu, et le Cœur immaculé de Marie notre mère. *Merces magna nimis.*

En terminant, rapportons encore un passage d'une remarquable lettre de Mlle Maria de la Fruglaye, depuis Mère Marie-Anne, à la R. Mère Sophie. Deux jours après le décès du P. Ronsin, cette âme favorisée eut la joie de voir son vénérée guide entrer dans la céleste patrie.

16 novembre 1846.

Ma bonne Mère,

J'éprouve bien, comme vous, que jamais mon âme ne s'est trouvée plus unie à la vôtre que dans ce moment où notre douleur vient sans cesse rapprocher nos pensées, confondre nos regrets et nos consolations aux pieds de Notre-Seigneur. C'est Marie, ma digne Mère, qui a voulu m'annoncer la fin de son serviteur...., le 6, à sept heures et demie du soir. Mon esprit fut frappé à la vue de la Sainte-Vierge debout devant moi, et tendant la main à cette chère âme pour l'introduire au ciel.

Nous en avons donc la ferme espérance, c'est dans cet heureux séjour que, réuni à tant d'élus, qu'il a envoyés devant lui, ce saint apôtre des SS. CC. loue et bénit dans la gloire ces Cœurs divins dont il fut ici-bas le très-ardent zélateur.

CHAPITRE VII.

AMOUR FILIAL POUR LE SOUVERAIN PONTIFE, POUR L'ÉGLISE ET POUR LA FRANCE.

Sympathie religieuse pour toutes les épreuves et les combats de la catholicité. — Confiance en la protection des martyrs, défenseurs de l'Eglise. — Lettre de la comtesse de L... à la Mère Saint-Jérôme. — Réponse. — Encyclique de Pie IX, adresse et supplique des Enfants de Marie. — Attachement pour le Saint-Siège. — Paraphrase sur le *Quem dicunt homines esse filium hominis?* — Estime de la Mère Saint-Jérôme pour les Ordres anciens, pour l'Office. — Résumé d'une instruction pastorale où l'office est proposé comme prière quotidienne aux simples fidèles. — Patriotisme chrétien. — Souffrances de cœur, consolations et divines espérances.

> *Si oblitus fuero tui, Jerusalem, oblivioni detur dextera mea ; adhæreat lingua mea faucibus meis.*
>
> Si je t'oublie ô Jérusalem (ô sainte Eglise, ma Mère), que ma droite se sèche, que ma langue s'attache à mon palais.
>
> *Psal. CXXXVII.*

Quand le Souverain Pontife Pie IX, exilé à Gaëte, fut ramené à Rome par les Français, sa rentrée dans sa capitale fut accompagnée de toute la pompe extérieure d'un triomphe. Toutefois, au milieu de ces ovations plus apparentes que réelles, le Saint-Père, attristé par de sombres prévisions, avait laissé entendre ces paroles : « C'est mon Dimanche des Rameaux; à bientôt le Vendredi-Saint. » Un dignitaire qui approchait son auguste personne, essayait de donner à sa Sainteté quelque espoir pour l'avenir, ... « Non, lui dit le Saint-Père. Viendra le jour où je serai pèlerin ou mendiant ; mais si je mendie, je bénirai.. »

Sous l'impression de préoccupations analogues, la Mère Saint-Jérôme écrivait à la même date : « Oh! que ce *Te Deum* nous a donc serré le cœur ! Il n'était pas difficile de deviner ce qui se passait dans l'âme de notre vénéré Pontife.... Prions. »

Quelques années plus tard, à l'époque où tant de familles catholiques offraient le sang de leurs fils pour la défense de la Sainte Eglise, la Mère Saint-Jérôme inscrivait ce qui suit dans ses notes particulières :

« Dieu m'a accordé une foi plus vive, un respect plus filial pour la Sainte Eglise, ses rites, ses prières, son chef et tout ce qui tient à elle. Je ressens aussi une douleur continuelle de tout ce qui l'attaque et l'offense : *Gratias tibi ago, Domine !* Mais les agonies du cœur, les appréhensions sont les mêmes. Donc, je n'aime point ; car l'amour chasse la crainte. *Je vous laisse la paix, je vous donne la paix.* La paix, qu'il faut peu de chose pour la troubler ! Mon âme pourquoi êtes-vous triste, et pourquoi me troublez-vous ? Seigneur, vous lisiez dans le cœur de vos apôtres lorsque vous leur recommandiez de ne pas se troubler, de ne pas craindre. Que de fois dans l'Evangile vous renouvelez ces recommandations : *Pax vobis, nolite timere*, et c'est encore votre dernier avis en partant. — O vous qui lisez dans mon cœur, voyez ce qui le bouleverse et remédiez-y. Ce qui m'afflige, ce sont les épreuves de votre église. Pourtant, ne faut-il pas qu'elle souffre comme son chef ? Ce qui me déconcerte, c'est la paix des pécheurs, *pacem peccatorum.* Leur paix est trouble, leur joie n'est qu'à la surface. Troublez-les, eux aussi, Seigneur, afin de les convertir. »

« Oh! ce que je vous demande, dit-elle à notre Seigneur, c'est la vie de l'âme pour ces pauvres soldats qui doivent mourir aujourd'hui peut-être. Sauvez-les, sauvez toute l'armée. Ce que je vous demande, c'est une abondante effusion de votre esprit sur la sainte Eglise, sur notre Saint-Père, sur la France, sur le monde entier. »

Ensuite revenant à l'examen de ses dispositions intérieures : « Ce en quoi j'ai le plus manqué, se dit-elle, c'est à la confiance et à l'abandon ; c'est pourquoi j'ai été en proie à la tristesse, à de vaines craintes, à l'ennui, sous l'épreuve de l'Eglise et de la France. Contentons-nous de Dieu et tout ira bien, même sous le poids de la croix. Pourquoi tout ne serait-il pas possible à celui qui s'appuie sur celui qui peut tout! Oh ! quelle parole de confiance: *Je puis tout en celui qui me fortifie!* Rien ne glorifie tant la toute-puissance du Verbe que de rendre tout-puissants ceux qui espèrent en lui. »

Puis, elle adresse au Ciel cette provocation: « Mon Dieu, pourquoi ne vous levez-vous pas ? pourquoi ne pas venir au secours de votre sainte Eglise ? Vous avez accompli de si grands prodiges pour le peuple figuratif, et vous laissez le peuple de la promesse toujours mourant sur cette terre! D'où vient cette différence ? dites-le moi. »

Elle interprète comme il suit la céleste réponse :

« Sous la loi de crainte, j'agissais en Dieu pour annoncer Dieu le Verbe; sous la loi d'amour, j'agis en Dieu-homme, cachant les œuvres divines sous les apparences humaines, continuant la vie de mon Verbe fait homme, vie bien plus étonnante par ses abaissements que tous les prodiges de la loi ancienne. Cette loi fut donnée parmi les éclairs et les tonnerres. La loi de grâce est sortie des exemples et des enseignements d'un Dieu humble, anéanti sous les apparences humaines, sous la forme acceptée de l'esclave. Tous les procédés de la sagesse divine accomplis dans le secret entre la Vierge et mon ambassadeur par le mystère de l'Incarnation. L'apparition de la bénignité et de l'humanité de mon Christ, vivant trente ans caché, trente ans charpentier, mourant dans l'ignominie, et cependant restaurant et vivifiant toutes choses. Tous ces procédés qui confondent les pensées humaines, je les emploie encore pour le soutien et pour l'exaltation de mon Eglise, de la sainte Eglise de mon Christ! Comme aux jours de sa venue, mes amis eux-mêmes voudraient qu'il fût un dominateur, qui triomphât à la manière humaine. Mais ils n'auront point d'autre signe et d'autre prodige que cette vie toujours mourante qui a maintenu mon Eglise depuis sa naissance. Sans doute, il y a eu à son origine et il y aura encore des miracles; mais ce qui surpassera toujours les miracles, ce sera la croix portée courageusement, le sang répandu à la suite de mon fils. *Par ces signes, vous vaincrez comme il a vaincu.* »

Elle invoque à leur tour les martyrs de la sainte Eglise:
« O nos chers martyrs des premiers jours et du dernier combat (1) de la sainte Eglise, entendez-nous! Que votre sang versé retombe sur nous et sur la France en rosée de

---

(1) Castelfidardo, 18 septembre 1860.

bénédictions ! O vous, qui avez accompli à nos côtés votre pèlerinage ; hier, nos fils, nos frères, nos parents, nos amis, nos concitoyens ; aujourd'hui, nos modèles, nos intercesseurs, nous voici à vos pieds. Chère gloire de la France et de l'Eglise, oh! oui, vous êtes bien les martyrs du Christ. Pour vous, il n'y a point d'expiation ; vous êtes dans la gloire. Abaissez sur nous vos regards ; priez pour la cause que vous avez scellée de votre sang, priez pour la France ; offrez pour elle, avec votre sang répandu les larmes de vos mères, de vos sœurs, de vos amis ; abrégez nos épreuves. On admire les trois cents Spartiates, les trois cent six Fabius ; combien vous vous élevez au-dessus d'eux par la grandeur de la cause ! Et c'est aux pieds de Marie, de son sanctuaire de prédilection, Lorette, que vous avez puisé cette ardeur sainte qui brillait dans vos yeux à l'heure de l'immolation. O Vierge immaculée, je vous redis les prières sorties des cœurs généreux de ces vrais enfants de Marie, dont un si grand nombre avaient prononcé, comme nous, l'acte si cher ! O vous, nos victimes, victimes choisies, sauvez-nous ! rendez-nous la foi pratique, le zèle, le dévouement ; apparaissez, avec Marie, à notre Père qui est sur la terre, pour le consoler et pour le rendre inébranlable dans ses angoisses. »

Pendant ces jours d'épreuves, toute sa correspondance porte l'empreinte de ces douloureuses préoccupations. « Vous priez pour nos pauvres soldats, n'est-ce pas, dit-elle à une amie. Je les suis le jour et la nuit. Que Dieu sauve leurs âmes et console leurs parents ! »

Lors de la bataille de Mentana, la Mère Saint-Jérôme

recevait de la comtesse de L.... quelques pages si touchantes, que nous les transcrivons ici presque en entier, moins à cause des traits attendrissants qu'elles retracent, que pour montrer le dévouement de cette ancienne élève, dont le cœur catholique était si conforme à celui de sa religieuse maîtresse.

« Mes consolations, à Rome, ont été si vives, écrit-elle à la Mère Saint-Jérôme, que Dieu les a trouvées trop grandes et s'est hâté de me les retrancher en m'envoyant la fièvre, comme billet de départ. M. de L... espérait pouvoir s'engager dans le corps des zouaves ; je l'y avais fortement encouragé, et nous avions fait de grand cœur notre sacrifice. J'aime tellement ce cher ami de ma vie que j'enviais pour lui le bonheur du martyre ! J'étais sûre qu'une telle mort lui aurait ouvert directement le Ciel, tandis que, mourir naturellement, c'est avoir souvent la perspective de longues années de purgatoire. Le Saint-Père ne voulut pas accepter M. de L... « J'ai ici le frère, puis-je prendre les deux? Non, chère fille, me dit-il ; mon cœur s'y refuse. » En attendant, M. de L.... est bien armé et prêt pour le moindre danger. Il y aura des vides à combler, et il lui sera facile de prendre la place du premier zouave qui tombera. »

« Quant à moi, arrivé le lendemain de Mentana, j'ai été le même jour mise en possession de mon hôpital de blessés. J'y passais des journées entières, sans prendre ni nourriture, ni repos, et jamais je ne me suis si bien portée. J'aidais les trois sœurs de ma salle et je faisais la quatrième. Les malades m'appelaient *ma sœur ;* ils m'aimaient beaucoup et je les portais dans mon cœur. Me confiant tous leurs petits secrets de conscience, ils me demandaient si je pensais que le bon Dieu leur avait pardonné leurs fautes ? — Comment, cher enfant, disais-je à l'un d'eux, crois-tu que le bon Dieu est moins généreux que toi ? Tu lui donnes ta vie et lui va te donner le Ciel... Es-tu heureux ! Sais-tu que moi qui te soigne, je voudrais bien être à ta place, car j'ai bien envie de m'en aller ! Et le bon Dieu, pour me faire faire mon purgatoire en ce monde, m'y laissera peut-être jusqu'à quatre-vingt-dix-neuf ans. — Bah ! me dit en riant mon soldat mourant, ne vous désolez pas ; je parlerai de vous au bon Dieu, et, quand vous arriverez au Ciel, je serai derrière le grand saint Pierre, et je vous présenterai les armes. — Ce cher enfant est mort dans mes bras ; je lui avais promis de ne pas le quitter, et il a pu me serrer les mains jusqu'à sa mort. J'ai été voir et embrasser sa mère, l'ayant promis au fils. Cette bonne villageoise, au cœur d'or, m'a beaucoup édifiée par sa profonde foi ; elle baisait ma robe et ne pouvait s'en lasser ni me laisser partir. »

» Un autre blessé m'avait aussi fait promettre de ne pas le quitter pendant son agonie. La poitrine traversée par une balle, il avait encore tué un ennemi et était tombé en s'écriant : « Mes amis, je suis mort ! mais, c'est égal, vive Pie IX ! » Le Saint-Père, en visitant ma salle, s'appuya sur son lit et pleura. « On se croit, me dit-il, au milieu d'une réunion de saints. » Es-tu heureux, disais-je à ce cher mourant, d'aller si vite et si jeune au Ciel ! Ne regrettes-tu pas la vie ? — Pas si bête, me répondit-il, je ne voudrais plus revenir, je suis si près du bon Dieu ! — Veux-tu embrasser ses pieds en attendant qu'il te serre contre son cœur ? — Oh ! oui. — Et il baisait avec amour le crucifix et une bague à laquelle le Saint-Père avait attaché des indulgences pour les blessés. »

« Je pourrais citer cent traits de ce genre; en voici encore deux ou trois seulement : le seul de mes amputés qui survécut, refusant de se laisser faire l'opération, la supérieure hospitalière me chargea de l'y décider. — Eh bien ! lui dis-je en l'abordant, c'est aujourd'hui que nous donnons notre main au bon Dieu? — Non, me répondit-il froidement. — Comment, non, repris-je, tu as la main percée à la place où notre Sauveur a été blessé, vois comme il t'aime, puisque, ainsi qu'à saint François, il t'a donné un de ses stigmates ; et tu lui refuserais ta main, aujourd'hui vendredi, jour si beau pour un sacrifice? Donne donc ta main au cher Pape qui te la demande. — Vous avez raison, me dit alors le pauvre enfant... — Dix minutes après, l'amputation était faite, et il me demandait si j'étais contente? Huit jours plus tard, en voyant son bras mutilé, je lui dis : Si j'en avais le pouvoir et que je t'offrisse de souder à ce bras la main dont tu as fait si difficilement le sacrifice, l'accepterais-tu? — « Non, me répondit-il avec une simplicité exquise, je n'en voudrais pas ; je ne reprends pas ce que j'ai donné. » — A un autre, qui prétendait ne savoir pas prier, je dis que j'allais faire une heure d'adoration à sa place ! Que faudra-t-il dire au bon Dieu en ton nom? — Vous lui direz que *ce qu'il veut, je le veux*. Les larmes du Saint-Père ont coulé à ce récit. »

« Quelque chose de plus frappant que tout ce qui précède fut la conversion instantanée d'un carabinier calviniste obstiné qui, tout-à-coup, demanda le baptême au moment où Pie IX priait pour lui. — Enfin, notre courageuse élève termine ce touchant rapport par cette exclamation : Oh ! quels beaux jours que ceux de l'hôpital ! Tous ces enfants qui mouraient dans mes bras et que j'envoyais au ciel par train de grande vitesse, c'était trop de consolation pour mon pauvre cœur ! Aussi n'en ai-je pas joui longtemps ; j'ai gagné la fièvre pendant une opération, et il a fallu partir ; mais tout *ce que Dieu veut, je le veux !* — Adieu, Rome, ma douce et chère patrie ! Je dis plutôt au revoir, car vous me reverrez à l'approche du danger. Le bon Saint-Père m'a surnommée la *mère de ses enfants, son courageux zouave d'hôpital*, et je reviendrai quand mes enfants auront besoin de moi. Dieu m'a réservé pour famille les défenseurs de son Eglise, et, s'il se livre une nouvelle bataille, j'espère que j'arriverai à temps pour y assister.... Les aumôniers ont promis de me prendre avec eux. Que diriez-vous si j'attrapais une bonne balle ! vous réciteriez sûrement un fervent *Te Deum ;* mais je n'aurai pas cette chance...»

Voici la réponse de la Mère Saint-Jérôme à cette admirable lettre : « Je ne saurais vous exprimer, ma chère L....., l'intérêt avec lequel nous avons lu les édifiants détails que vous nous faites connaître. Votre dévouement au service des zouaves nous a ravies, et nous nous en sommes réjouies comme d'un bien qui nous est propre en quelque sorte ; la sainte gloire des enfants n'est-elle pas celle de leurs mères ? Vous êtes bienheureuse certainement d'avoir été à même de donner au Saint-Père cette nouvelle preuve de votre dévouement filial ! On réclame, on attend avec impatience votre passage ici. Nous vous embrasserons avec une effusion redoublée de tout ce que vous avez fait à Rome pour l'Eglise et pour son vénéré chef depuis que nous nous sommes vues. »

Peu avant cette époque, le Souverain-Pontife, dans une encyclique, s'était plaint du manque de respect dans les églises, et, l'attribuant en partie au luxe des femmes, le Saint-Père avait fait appel aux personnes chrétiennes qui, par l'influence de leurs bons exemples, arriveraient, disait Sa Sainteté, « à modérer un luxe si propre à ruiner
» les familles et à pervertir les mœurs. Dieu ayant en
» horreur le faste, il devient dans son saint temple un
» véritable outrage à la majesté de celui qui réside sur
» un trône de miséricorde pour recevoir les adorations
» et les vœux de ses fidèles serviteurs. Que les femmes se
» rappellent le précepte que leur a donné saint Paul, de
» n'entrer dans l'église que la tête modestement voilée,
» soit par respect pour la présence de Dieu et des anges
» qui l'y adorent, soit pour ne pas offrir au prochain une
» occasion de profaner le saint temple. Qu'elles com-
» prennent donc bien le but que nous nous proposons
» dans cette ordonnance, qu'il ne s'agit pas d'éluder en
» se servant du voile comme d'un nouvel ornement;
» mais elles doivent l'observer avec exactitude, en ayant
» soin de se couvrir modestement la tête. »

« N'êtes-vous pas, dit aux enfants de Marie la Mère Saint-Jérôme, par le fait même de vos engagements, cette société que le Saint-Père désire voir se former pour s'opposer comme une digue au luxe toujours croissant? Il vous suffit d'observer votre règlement et d'entrer dans l'esprit de l'association. Et, quand je repasse la liste de vos chers noms, il me semble que c'est chose faite, et que votre exemple doit avoir autour de vous la plus heureuse influence. »

« Tout ce que nous souhaitons donc, c'est que cette simplicité et cette modestie, qui a toujours été votre caractère distinctif, se communique de proche en proche et réalise dans le cercle de vos relations les justes désirs de Sa Sainteté. »

« Plusieurs de nos enfants de Marie, se trouvant à Rome, ont été assez heureuses pour pouvoir exprimer au Saint-Père leur résolution à cet égard ; et, comme Sa Sainteté embrasse doublement dans son grand cœur toutes les âmes qui cherchent à consoler la sienne, je suis assurée que vous avez été comprises, comme congréganistes de la sainte Vierge, dans les bénédictions épanchées sur toutes ces pieuses enfants. Pourtant, afin que vous n'en doutiez pas, nous nous proposons de faire parvenir à Rome l'expression de vos vœux et vos résolutions renouvelées. Une de vos sœurs en Marie sera heureuse de les déposer aux pieds de notre saint Pontife, qui daigne récompenser par une singulière bienveillance le dévouement sans borne de cette digne enfant de Marie. »

C'était, on le devine, la comtesse de L..., dont nous venons de parler. — « Envoyez votre supplique, écrit-elle à la Mère Saint-Jérôme ; j'ai, toutes les semaines, des occasions d'autant plus favorables pour la remettre, qu'en ce moment je renouvelle le garde-robe de notre vénéré Saint-Père : il n'avait plus que trois mauvaises paires de bas et deux gilets de laine usés, dont l'un était trop étroit !... Dites à mes chères petites sœurs que j'ai trouvé sur le champ de bataille, inondé du sang de nos zouaves, les livrets d'enfants de Marie de nos frères martyrs. »

La Mère Saint-Jérôme se hâta d'expédier, à Rome, l'adresse dont suit le texte, en y joignant une respectueuse offrande, et tout fut déposé aux pieds de Pie IX.

« Très Saint-Père,

» Les enfants de Marie de la Congrégation de Notre-Dame (maison des Oiseaux, rue de Sèvres, 86), sœurs et compagnes de votre dévouée servante, Madame la comtesse de L...., ont entendu votre voix rappelant, en décembre dernier, le respect dû à la maison de Dieu, et les infractions à ce respect occasionnées surtout par le luxe des femmes. Elles viennent donc à vos pieds, protester de leur fidélité à s'éloigner d'un si grand mal, de leur zèle à se signaler, entre toutes, par la simplicité de leur parure, surtout dans le lieu saint. Puisse cette ferme résolution d'une congrégation qui compte plus de sept cents membres consoler votre cœur affligé! La prière, la soumission la plus attentive au moindre désir de votre Sainteté, ce sont là nos armes pour la défendre, et nous savons qu'elle daigne les agréer.

» Humblement prosternées à vos pieds, les enfants de Marie des Oiseaux osent solliciter de votre Sainteté une bénédiction spéciale, non-seulement pour elles, mais encore pour la congrégation établie dans les écoles gratuites de leur couvent, et aussi pour toutes les congrégations qui leur sont affiliées dans les maisons de l'ordre fondé par le bienheureux Pierre Fourier, ainsi que pour les supérieures et les communautés qu'elles dirigent. »

Le Saint-Père, en accueillant cette adresse, a témoigné sa satisfaction, et a daigné, de sa propre main, écrire ces mots au bas de la supplique, qu'il nous a renvoyée : *Benedicat vos Deus, et benedicat pariter proposita vestra et sint semen bonum fructificans centuplum. Die 24 octobris* 1868. (Que Dieu vous bénisse, qu'il bénisse également vos résolutions, et qu'elles soient la bonne semence fructifiant au centuple.) Pius. P. P. IX.

Ce précieux autographe est gardé parmi nos trésors.

« L'attachement de la Mère Saint-Jérôme pour le Saint-Siége, dit une de ses élèves, était presque passé en proverbe parmi nous. Elle imaginait toutes sortes de moyens pour nous engager à combattre à notre manière, ne nous laissant rien ignorer de ce qui pouvait exciter notre zèle pour la cause catholique. Un jour, par exemple, elle nous fit lire une allocution prononcée au service funèbre d'un zouave devant ses anciens condisciples, et elle nous fit remarquer ces paroles de l'orateur (1) : « On est utile à l'Eglise dès son jeune âge ; vous la servez déjà, sous votre bannière, aussi bien que sous les couleurs pontificales. La règle, voilà votre ordre du jour ; la prière, le travail, l'aumône, voilà vos armes. Les témoignages de votre bonne conduite, voilà vos bulletins de victoire... Je vous laisse pour devise le mot de notre E.... (2) En

---

(1) M. l'abbé Besson.

(2) Jeune héros de Valentana, aussi brave que chrétien, victime de la journée de Farnèse. Ses dernières paroles furent à peu près celles-ci : « Je suis heureux de voir couler par quatorze blessures tout mon sang pour la gloire de l'Eglise. »

avant, au nom du Père, du Fils et du Saint-Esprit. Oui, en avant dès aujourd'hui, dans le travail, dans la vertu, en avant jusqu'au sacrifice, jusqu'à l'héroïsme, jusqu'à la mort, jusqu'au Ciel ! »

C'était bien la maîtresse qui elle-même allait en avant : prières, actes, paroles, avaient le même but : « Je récite tous les jours mon rosaire, disait-elle, pour le Souverain-Pontife et pour ses intentions. » Photographies, autographes, tout ce qui venait de Sa Sainteté était l'objet de sa vénération.

Dans le même esprit et avec le même cœur, elle préférait à toutes les prières celles des offices liturgiques : les psaumes, les oraisons, aussi bien que les textes de l'ancien et du nouveau Testament. Sa piété lui donnait le goût des paraphrases et ses écrits en contiennent de nombreuses, si naturelles, si pleines de sens, que des commentateurs capables ne les désavoueraient pas. Dans celles que nous retrouvons en manuscrits, sa plume retrace sans cesse ses légers défauts et ses prétendues fautes. Elle les passe en revue avec de telles exagérations d'humilité, que nous sommes obligé de les réserver. Nous en transcrivons une seule, qui suffira pour donner une idée de la profondeur et de la justesse de ces réflexions d'où naissaient dans l'âme de notre chère Mère des sentiments si conformes aux grands dogmes de la foi.

« *Quem dicunt homines esse filius hominis ?* — Je conçois la haine de Satan contre ma mère la sainte Église. Elle continue, par ses Pontifes, l'affirmation de Pierre, disant à Jésus-Christ Notre-Seigneur : *Tu es Christus filius Dei vivi.* Elle dit au monde impie et fou de déraison : Celui que vous traitez insolemment, ironiquement de grand homme, de grand législateur, celui-là, c'est le Christ, le fils du Dieu vivant. — N'entendez-vous pas Jésus-Christ Notre-Seigneur, ô mon âme, qui, le visage triste et le cœur navré, vous dit aussi : *Quem dicunt homines esse filius hominis!* O Seigneur! ils disent que c'est un homme comme les autres, comme eux, seulement un prophète. Ils disent que c'est une création de l'imagination exaltée. Ils disent que c'est Jean-Baptiste ressuscité; mais pas un ne l'adore comme son Dieu, si ce n'est le petit nombre de ceux qui n'ont point fléchi le genou devant Moloch et Baal, devant la chair et l'or, et qui, inviolablement unis à l'Eglise et à son chef, répètent avec toute la véhémence de l'amour réparateur : Oui, nous le proclamons et nous voudrions le publier partout le monde au prix de notre vie : Vous êtes le Christ, le fils du Dieu vivant : *Tu es Christus filius Dei vivi. Tu es Petrus et super hanc petram....* Comme il faut peu de chose pour gagner le Cœur de Jésus! Il interroge tous les apôtres sur l'opinion des hommes à son égard. Chacun d'eux répond ce qu'il a entendu. Ils disent que vous êtes Jean-Baptiste ressuscité, Elie, Jérémie ou quelque autre prophète. Mais vous? Et cela devait être dit d'un ton, d'un regard d'ami : vous, au moins, mes apôtres choisis parmi tout un peuple, qui dites-vous que je suis? — A la première question, ils avaient répondu tous ensemble; mais, à celle-ci, Pierre, brûlant de foi et d'amour, domine, élève la voix et répond seul, sans laisser de possibilité aux autres d'ouvrir un avis : *Tu es Christus filius*

Dei vivi. Et, Jésus, qui avait provoqué cette réponse, qu'il lisait au cœur de l'apôtre, reprend aussitôt : *Beatus es*, etc., *et ego*. Et moi, le Dieu qui fais ce que je dis, je te le dis : *Tu es Petrus,* etc. Il reprend, il emprunte avec une familiarité ravissante, les propres paroles de Pierre, et lui rend, dans les mêmes termes, la protestation qu'il en a reçue. Pierre avait dit : *Tu es Christus.* — Jésus-Christ dit : *Tu es Petrus.* — Puis, il ajoute : *Et super hanc petram ædificabo ecclesiam meam.* Quelle récompense pour une profession de foi qui nous semble si simple, si facile, si naturelle ! Pierre s'est servi du nom qui indique la dignité, non Jésus, mais Christus. *Tu es Christus*, roi, prêtre, prophète. Jésus change le nom de Simon, comme il le lui avait annoncé déjà. *Vocaberis Cephas.* Le voilà établi en un sens très-véritable, la pierre angulaire, *infaillible* par grâce, comme Dieu l'est par nature. O Seigneur Jésus, si de ce tabernacle vous nous demandiez aussi : *Quem dicunt esse filium hominis?* Qu'aurions-nous à répondre ? Les uns disent que vous êtes un grand homme, un sage comme Socrate, un législateur à la manière de Platon ; d'autres nient jusqu'à l'action de votre Providence, jusqu'à votre existence. — Et vous, qui dites-vous que je suis ? Oh ! avec Pierre, avec Madeleine, laquelle aussi vous rendit ce témoignage dans les mêmes termes : Mille et mille fois le jour, je veux vous répéter, unie à la sainte Eglise : *Tu es Christus, filius Dei vivi. Tu es Deus noster, Rex noster.* »

Dans cette paraphrase, remarquons l'infaillibilité attribuée en la personne de saint Pierre à ses successeurs, et cela huit ans avant la définition du dogme que pénétraient d'avance le sens droit et le sentiment naturel d'une simple enfant de l'Eglise.

La Mère Saint-Jérôme aimait les anciens ordres religieux comme les premiers nés de l'Eglise et ses plus fermes appuis. Elle se félicitait d'appartenir à l'un d'eux et saisissait avec empressement les moindres occasions de resserrer entre nos maisons les liens d'une cordiale charité. Combien elle s'estimait heureuse que son titre de chanoinesse régulière de Saint-Augustin lui imposât l'obligation de réciter en chœur le bréviaire romain, et de s'unir, par ce moyen, aux grandes familles religieuses qui célèbrent les louanges de Dieu par toute la terre. « Le saint office nous réunit, écrivait-elle aux Carmélites, et souvent je chante en ma modulation à côté de vous toutes répandues en tant de villes. » Aux derniers jours de sa vie, elle disait à l'une de ses sœurs : Depuis longues années, j'ai l'habitude de répéter fréquemment ces paroles : *Domine, in unione illius divinæ intentionis*, et j'offre toutes mes actions, mes souffrances, etc., en union avec l'Eglise et la catholicité. Elle renouvelait cette offrande particulièrement avant chacune des heures de l'office, s'associant à tous les fidèles dans leurs prières quotidiennes (1), et voici, à ce sujet, ses propres paroles :

(1) Le successeur actuel de Saint-Hilaire, l'éloquent et pieux évêque de Poitiers, connu par sa science liturgique et son dévoûment à l'Eglise et au Saint-Siége, a donné, aux fidèles sur l'objet de l'office du jour, une instruction pastorale dont nous sommes autorisé à rapporter le résumé suivant, que la Mère Saint-Jérôme avait conservé, et dont elle reconnaissait l'utilité pratique pour les chrétiens.

« Comme chaque heure du jour rappelle de nouveaux bienfaits du

« Préférer aux prières isolées la prière publique de l'Eglise, nous rappelant la promesse du Sauveur : *Là où deux ou trois sont réunis en mon nom, je suis au milieu*

Seigueur et apporte à l'homme de nouveaux devoirs, chaque heure recevra de l'Eglise une consécration particulière, offrira de nouveaux hommages, appellera sur l'homme de nouvelles grâces : Tel est l'objet de l'office du jour.

Prime, par ses psaumes et son hymne, exprime les sentiments de joie qui doivent s'éveiller dans un chrétien à la naissance du jour. Sans nous prosterner comme certains peuples devant le soleil levant, à la vue de cet astre, nous supplions un Soleil plus resplendissant et plus pur d'éclairer nos âmes et de guider nos pas tout le jour. Je connais des chrétiens qui ont la dévotion de réciter *Prime* pour prière du matin et de substituer, à certains jours, cette petite heure à la prière de l'Eucologe ; je les en félicite, car *Prime* est la prière du matin de toute l'Eglise, et pour moi je n'ai pas de plus grande consolation que de prier avec l'Eglise; nulle autre formule n'égale les formules de l'Eglise.

Tierce nous rappelle la descente de l'Esprit-Saint sur la terre. C'est l'heure où les hommes commencent de vaquer à leurs affaires et de communiquer avec leurs semblables. L'Eglise demande alors pour ses enfants que ce sentiment de la charité divine les accompagne au milieu des soins temporels, et que la tendresse fraternelle préside à toutes leurs relations.

Sexte nous montre le soleil au plus haut point de sa course, et le Sauveur, cet autre soleil, élevé sur l'arbre de la Croix où il doit attirer tout à lui. A cette heure, Pierre reçut du Ciel l'ordre de faire briller le flambeau de l'Evangile aux yeux des Gentils et de l'univers. L'Eglise demande pour ses enfants plénitude de lumière et accroissement perpétuel d'amour.

A l'heure de *None,* un grand cri se fait entendre. Le soleil s'obscurcit, la terre s'agite, l'Homme-Dieu vient d'expirer, et de son côté entr'ouvert je vois sortir la nouvelle Eve, l'Eglise catholique ! Tendre mère, sa première pensée est de prier le Dieu de la croix, de faire aimer sa croix aux pauvres mortels que le déclin du jour emporte déjà vers la tombe : *Amore da crucem, da nos in amplexu mori.* C'est ainsi que les quatre *petites heures,* qui renferment quatre fois trois psaumes, ont sanctifié les douze heures du jour. Le soir est consacré à un office spécial, c'est le soir que Jésus-Christ a institué l'Eucharistie, le soir qu'il a été porté du

d'eux, et mon Père les exaucera, quelles que soient les faveurs qu'ils s'accordent à solliciter en mon nom. (Math., C. XVIII, v. 19).

» Efforçons-nous de ressusciter dans les âmes, par Calvaire au sépulcre ; touchante continuation de ce sacrifice du soir, qui s'offrait à la nuit tombante dans le temple de Jérusalem.

Les *Vêpres* nous conduisent aux pieds de Dieu pour lui rendre grâces des bienfaits reçus de lui pendant la journée, que dis-je, pour lui rendre grâce de mille autres bienfaits plus grands, dont les diverses heures de la nuit et du jour ont fait passer le souvenir devant nos yeux ; les bienfaits de la nature et ceux de la grâce ; les bienfaits du Père, qui nous a créés et qui nous conserve la vie, du Fils, qui nous a rachetés et qui nourrit notre âme de sa grâce, notre chair de sa chair ; les bienfaits de l'Esprit-Saint, qui nous a sanctifiés et qui vivifie nos cœurs. Comblée de tant de faveurs, l'Eglise veut, par un dernier élan, exprimer sa reconnaissance, elle emprunte la voix la plus pure, la plus suave, mais aussi la plus forte qui se soit jamais fait entendre du Ciel, l'Epouse entonne ce cantique de la Mère : Ce *Magnificat* dont la sublimité est un abime où le cœur se confond, où l'intelligence se perd. Puis, en attendant cet heureux jour qui n'aura plus de soir, dans les *Complies*, qui couronnent l'Office Divin, l'Eglise demande au Seigneur qu'il écarte tous les dangers de la nuit, toutes les embûches du démon Ce que j'ai dit de *Prime*, je puis le dire de *Complies*. C'est la plus parfaite et la plus admirable prière du soir. Les ordres religieux n'en connaissent pas d'autres. Qu'ils sont touchants, en effet, ces derniers accents d'une âme qui se remet entre les mains de Dieu, *in manus tuas, Domine*, d'une âme qui, assurée que Dieu la garde comme la prunelle de ses yeux, qu'il l'abrite sous l'ombre de ses ailes, s'endort, en redisant les paroles du vieillard expirant : *Nunc dimittis servum tuum, Domine, secundum verbum tuum in pace*. Voilà donc comment s'est écoulée la journée du chrétien. Le soleil de la grâce plus encore que celui de la nature en a mesuré toutes les heures.

Chrétien qui t'es associé, du moins par le désir et par quelques courtes aspirations, aux heures sacrées de l'Eglise, va regagner ta couche le cœur heureux et la conscience tranquille. Après un jour si plein, le Seigneur, qui donne le sommeil à ses bien-aimés, viendra lui-même clore ta paupière, qui, sous ses doigts, se rouvrira un jour pour ne plus se fermer jamais »

notre exemple et par nos paroles, cette dévotion vraie de nos pères, qu'on voyait assidus aux offices de l'Eglise : Prêtres, rois et peuples, tous parlaient à Dieu la même langue, cette langue dont les accents, selon la pensée d'Origène, réjouissent les vertus célestes et les anges de Dieu, qui sont avec nous, et entendent sortir de notre bouche, comme de pieux enchantements, les paroles de l'Ecriture et les noms qui s'y lisent. Que, si nous ne comprenons pas ces paroles que profère notre bouche, les vertus angéliques qui nous assistent les entendent, et, invitées comme par un chant qui les attirent, elles s'empressent d'arriver, pour nous porter secours... Notre saint Louis, plus occupé qu'aucun de nous sans doute, entendait chaque jour plusieurs messes, récitait tout l'office canonial, et tenait à ce que les princes ses enfants assistassent au moins à l'office du jour. »

» Pour ceux qui n'ont pas cette ferveur primitive, ce serait une louable pratique de réciter pour prière du matin l'admirable prière que l'Eglise adresse à Dieu sous le nom de Prime, et de terminer la journée par les Complies, la dernière des heures canoniales. On aurait ainsi la consolation de s'unir plus intimement deux fois chaque jour avec la sainte Eglise, avec son chef vénéré, avec ses pontifes, son clergé, ses corps religieux répandus dans le monde entier, de répéter les paroles qu'ils prononcent, qu'ont prononcées les saints du Ciel, et chacun pourrait dire : O Dieu, il est vrai, je suis pécheur, misérable, ma prière est mêlée de mille distractions ; mais ce n'est plus moi qui prie, entendez toute la sainte Eglise, qui vous prie par Jésus-Christ Notre-Seigneur; ayez égard à sa foi, qui est mienne, et, à cause d'elle, exaucez-moi. »

Notre chère sœur s'affectionnait d'autant plus à la psalmodie que l'intelligence de la langue latine lui permettait d'y trouver une nourriture spirituelle toute préparée.

Son zèle pour l'assistance au chœur était tel qu'elle se reprocha d'en avoir demandé la dispense pendant la seule petite heure de None, dans un moment de grande surcharge. Ses voisines de chapelle s'édifiaient de son recueillement et remarquaient son attention aux moindres cérémonies. S'inclinant profondément au *Gloria Patri*, saluant la sainte Vierge et les saints chaque fois que se prononçaient leurs noms, elle semblait imiter la tenue respectueuse des anges devant Dieu. Sa voix juste, quoique peu forte, s'accordait parfaitement avec le ton soutenu; étant, du reste, bonne musicienne, elle observait le rhythme comme une personne à laquelle sont familières les règles de la prosodie, et elle officiait très-bien.

S'il n'était pas possible d'être plus catholique que la Mère Saint-Jérôme, il était également difficile d'avoir un cœur plus français. Elle aimait l'Eglise comme sa mère, les ordres religieux comme sa famille, la France comme sa patrie, et l'on sait qu'elle était éminemment patriote, selon les vieux principes.

A une de nos époques désastreuses, elle écrivait :

« J'ai l'âme navrée de tant de malheurs ! Je crains fort que ces calamités ne nous ouvrent pas les yeux et ne soient que le prélude de châtiments plus épouvantables encore. Dieu est patient, parce qu'il est éternel, suivant la grande pensée tant et tant redite ; mais, à la fin, il se lasse, et sa foudre éclate. Après dix plaies successives, par lesquelles il tente de fléchir l'Egypte, arrive le grand désastre de la mer Rouge.... Quel sera le nôtre ! Et, cependant, Dieu nous aime, puisqu'il nous châtie, puisqu'il nous a laissé la foi, perdue par tant de nations nos voisines. Avec cette insatiable soif de l'or, ce mépris de la grande loi du repos du dimanche, comment la justice divine ne serait-elle pas irritée ! On ne veut pas donner un jour sur huit à Dieu, à la famille, à la morale, à la justice, et, en une heure, Dieu renverse les profits de toute une carrière, ruine de fond en comble ces contempteurs de sa loi. Vous me direz : beaucoup d'honnêtes gens partagent la ruine des coupables. Sans aucun doute. Mais, pour ceux-là, ils ont les consolations de la foi, et tout tourne à leur bien : les tribulations de cette vie autant et plus que les prospérités. Pauvre France, puisse Dieu lui pardonner ses péchés d'ignorance, et redire pour elle encore sa sublime prière de la croix : Père, pardonnez-leur, ils ne savent ce qu'ils font. De tous les fléaux, savez-vous celui que je redoute le plus, celui qui me brise l'âme ? C'est la guerre civile, et je prie Dieu de nous l'épargner. Je ne trouve rien de désolant, comme ce désordre, cette fureur de frères contre frères.

» Je ne m'étonne point que les œuvres de Dieu souffrent difficulté, bien au contraire; ce signe de contradiction est prédit ; quand je ne le trouve pas et que les choses marchent trop couramment, alors je m'inquiète. Notre impatience humaine, doublée, centuplée par la courte durée de notre existence, voudrait voir immédiatement ce qu'elle désire ; tandis que Dieu, qui a pour lui l'éternité, prend avec tranquillité ses temps et ses moments, laissons-le faire ; tâchons seulement de ne point le gêner dans son action par la nôtre. Donc, j'attendrai, avec vous, ce grand but de nos désirs : l'*achèvement de la consécration au Sacré Cœur*. Je dis l'achèvement, car vous avez pu voir que l'ouvrage est déjà bien avancé.

» Non, je ne vous ai point répondu au sujet du petit écrit, parce que, à vous dire vrai, sans être incrédule aux révélations particulières, je n'aime point à m'embarrasser l'esprit dans toutes ces prévisions qui n'émanent pas directement de l'Evangile ou de la sainte Eglise. J'ai entendu tant d'absurdités crues comme vérités, que je me suis bien promis de ne jamais porter un œil curieux sur l'avenir, l'abandonnant à Dieu et à son infinie miséricorde. Et cela ne m'empêche pas d'être Catholique avant tout, et si Française, qu'après Dieu, je n'aime rien tant que ce cher pays, le plus beau des royaumes, après celui du Ciel ! Nous avons bien des défauts que je ne nous voudrais pas, nous avons commis des crimes nombreux et épouvantables ; malgré cela, Dieu a mis en nous l'esprit de vie pour le communiquer autour de nous ; il nous a donné de l'élan, de la générosité et une force d'expansion qu'on ne retrouve nulle part ailleurs, avec les mêmes caractères de désintéressement, quand nous sommes laissés à nos instincts naturels. Enfin, j'ai beau jeter les yeux autour de moi, au temps passé et au temps présent, si l'on m'eût donné le choix, je serais restée ce que je suis née : *Française*. Voilà une sortie d'abondance de cœur, et, si je vous disais tout, je n'aurais pas fini en quatre pages. Employons nos faibles forces à conserver dans ce cher pays les traditions chrétiennes qui ont fait sa grandeur. Il y faut mettre chacun son grain de sable. Point d'indifférents, point de vie isolée. Ne soyez pas bonne pour vous toute seule, je vous prie. Quand on veut exercer le zèle, bien qu'avec la prudence requise, jamais les occasions ne manquent.

» Faites-vous partie de la Propagation de la foi? C'est un but de zèle éloigné, mais le plus efficace que puisse atteindre notre puissance d'action. Il attire infailliblement la bénédiction de Dieu sur nos autres essais de propagande catholique et religieuse. »

Les lignes suivantes sont encore une touchante expression du patriotisme si chrétien de notre chère Mère :

« La patrie est une religion pour moi. Je souffre de tous ses maux ; je suis tellement de mon pays que toutes ses erreurs, tous ses malheurs pénètrent le plus intime de mon âme. Je ne puis penser qu'à la France et dire *Miserere, salva nos, perimus,* et je demande à Notre-Seigneur d'agréer comme prière les occupations où m'engage sa volonté.

» Rien en ce monde ne me réjouit ; il y a un glaive dans mon cœur. Je n'imagine pas que nous allions tendre une main amie au Pontife saint, notre Père, qui a proclamé la dernière gloire de Marie. Sans cesse retentit à mes oreilles la sentence de Notre-Seigneur : *Qui vos spernit me spernit,* et l'autre parole foudroyante : Ce que vous aurez fait au plus petit des miens, c'est à moi que vous l'aurez fait. A plus forte raison, nous, protecteurs nés.... Enfin, je m'unis à la douleur et aux larmes de notre Sauveur sur sa patrie.

» Pourvu que nous conservions cette chère foi, qui a fait notre gloire et qui fait notre vie ! Prions fort pour la sainte Eglise, c'est notre devoir spécial, à nous ses enfants... Que Dieu est admirable dans le choix d'un saint du caractère de Pie IX pour tenir le gouvernail en cette tourmente. Le démon et ses suppôts rugissent, mais le Ciel applaudit. »

Ainsi occupée de l'Eglise et de la France, inséparables dans sa pensée, elle méditait un jour de la Toussaint sur ces paroles de saint Jean : *Vidi turbam magnam,* etc., et voici le colloque de son âme avec le Ciel dans sa contemplation :

« Permettez, ô Dieu, que ce néant vienne se cacher, prosterné au milieu de cette troupe que nul ne peut nombrer. O sainte troupe, compterai-je jamais parmi vos rangs? Saints de ma prédilection, et vous tous, mes frères inconnus, que je connaîtrai un jour, priez pour nous, priez pour la sainte Eglise si violemment agitée, pour la France, qui devrait être, hélas! son épée, son bouclier. O Jésus, votre droite embrasse vos saints dans la gloire, votre gauche soutient vos élus dans la lutte. Une seule nourriture suffit à ces deux Eglises si différentes ! Si près l'une de l'autre, unies en vous, à quoi tient-il donc qu'elles ne s'embrassent? Vous êtes cet homme universel, qui, un pied sur la mer en furie, l'autre sur la terre ferme, maintenez toutes choses dans l'unité. O joie des saints! leur lumière, leur amour, ne nous quittez plus.... Encore un jour, une heure, un instant, et, nous aussi, nous serons en terre ferme, plongés et perdus en vous... O Dieu! ayez pitié de ceux qui s'égarent en ces jours de ténèbres, de tempête et de vertige... O éternité!

> Quand irai-je au torrent de la volupté pure
> Boire l'heureux oubli des peines que j'endure?

L'heure de l'exil s'est bien vite écoulée, et, nous en avons la douce confiance, notre chère Mère, en abordant aux rivages de l'éternité, fut mise en possession de cette heureuse terre ferme de la patrie céleste, après laquelle son âme soupirait si ardemment.

Un saint prélat nous écrivait au sujet de cette chère défunte :

« Dieu l'a appelée vers lui, que son saint nom soit béni durant les siècles! Elle a sa récompense, et, parmi les triomphes du Ciel, elle voit les choses qui se préparent pour l'Eglise militante; l'ardeur de ses désirs, la ferveur de ses intercessions contribuera encore plus que ne l'auraient fait ici bas ses vœux et ses prières au succès de ce concile (1), qui était devenu pour elle une pensée de tous les instants. De là-haut, elle fera sentir aussi sa

---

(1) Le concile du Vatican.

précieuse et efficace assistance à votre chère maison, qu'elle a tant aimée, et dont elle eût voulu ne se séparer jamais. En toute sorte de choses, Dieu vous fera éprouver les effets de la présence de cette chère Mère, qui ne cessera point d'être près de vous en étant près de lui. »

CHAPITRE IX.

ÉCRITS DE LA MÈRE SAINT-JÉRÔME.

Style de ses ouvrages. — Premier essai : Notice de Victorine L.... — Hommage de ce petit livre. — Effets étonnants de sa lecture. — La Mère Victorine. — La Mère Saint-Victor. — Souvenirs de la Congrégation. — Notice d'Angèle de Sainte-Croix. — Mémorial des Enfants de Marie. — Vie de la Mère Marie-Anne. — L'Enfant de Marie. — Année eucharistique. — Mois de Marie. — Mois des Saints-Anges. — Mot à saint Joseph et autres opuscules. — Lettres.

Laudent eam ... opera ejus.
Que ses œuvres la louent!
Prov. CXXXI.

Nous ne reviendrons pas sur la manière d'écrire de notre Mère Saint-Jérôme. Ses ouvrages en donnent une idée très-juste et très-complète. Le style de ses lettres, biographies, compositions pieuses, porte invariablement ce cachet : facilité, naturel, onction, simplicité qui ne connaît ni l'apprêt, ni la recherche, et reflète, avec le caractère de l'écrivain, les aimables qualités de son âme. Notre modeste auteur, dans un oubli total, constant de lui-même, semble même oublier qu'il écrit : « Je n'ai jamais écrit pour écrire, disait cette chère Mère, je n'ai cherché qu'à exprimer ce que j'ai senti et souffert, ou ce que j'ai cru être utile au prochain. Aussi bien, je ne me pose guère pour écrire ceci ou cela de propos délibéré. Ma méthode est bien simple, je n'en ai point. Une idée me vient-elle, je l'inscris si j'en ai le temps et la facilité. Si je ne puis la recueillir, je lui dis *passe*. Et quand j'essaie de tirer de ces lueurs quelque chose, *ad majorem Dei gloriam*, je ne fais que rattacher ces lambeaux, et voilà tout (1).

Ses ouvrages sur l'admirable dévotion au Sacré-Cœur furent longtemps attribués, et le sont encore par quelques personnes, aux Pères de la Compagnie de Jésus. La méprise n'a rien de surprenant, puisque la doctrine de la Mère Saint-Jérôme était puisée aux meilleures sources de ces saints religieux, dont elle s'était, pour ainsi dire, identifié l'esprit.

Après avoir parlé des écrits que lui inspira son zèle pour le culte du Cœur de notre divin maître, il nous reste à indiquer d'autres productions de cette infatigable plume. On n'a pas oublié le mérite de ses compositions d'élève. Dès l'entrée de sa vie religieuse, un essai littéraire fut

---

(1) Transcrivons quelques lignes tirées d'un éloge fort honorable publié sur la Mère Saint-Jérôme après sa mort :

« Ses connaissances en religion, en histoire, en littérature, avaient acquis une remarquable étendue. Elle a écrit, sans livrer son nom, plusieurs ouvrages de piété et un grand nombre de notices biographiques qui se distinguent également par la vigueur des pensées et par l'élégance simple et naturelle du style. Elle était de cette race aimable des religieuses savantes, la race des Hroswita et des Madeleine de Chaugy, qui n'a jamais péri dans les monastères et qui n'y est pas moins florissante aujourd'hui que dans les meilleures époques. On le saura plus tard, lorsque le cours naturel des choses fera tomber le voile de modestie et de silence dont ces œuvres sont à dessein enveloppées, le meilleur français des femmes, le français simple, solide, naturel, celui où se peignent vraiment le cœur et l'âme, s'écrit aujourd'hui dans les couvents, et les notices et les lettres de notre humble Mère Saint-Jérôme n'en seront pas les monuments les moins honorés. »

imposé à la novice : *La notice sur la vie et la mort de Victorine L....* Les sentiments de cette enfant bénie du ciel avaient tellement frappé les témoins de ses derniers jours, que la R. Mère supérieure songea à faire mettre en ordre les notes recueillies dans cette circonstance. Ce travail, exécuté à l'aide des meilleurs conseils, fit entrer la sœur Saint-Jérôme dans la voie où son goût judicieux la maintint et dont elle ne s'écarta jamais.

La *Vie abrégée de Victorine* produisit immédiatement des fruits étonnants de salut et de sainteté. Cette édifiante lecture opéra une remarquable conversion, amena plusieurs élèves à notre pensionnat et détermina même des vocations à l'état religieux. Deux jeunes filles, touchées des exemples du modèle des enfants, firent choix de notre maison pour s'y dévouer à l'œuvre si féconde de l'éducation.

La première de ces jeunes filles reçut le nom de sœur Victorine, et la seconde celui de sœur Saint-Victor. Toutes deux ont rejoint la jeune élue sous le patronage de laquelle elles demandèrent de vivre dans l'asile de la religion. Avant de dire quelques mots sur ces saintes religieuses, rappelons le souvenir d'une petite fête à laquelle donna lieu l'*Hommage de la vie de Victorine* à la R. Mère Sophie.

La notice imprimée, on crut devoir en faire offrir à cette digne supérieure le premier exemplaire par des élèves, anciennes compagnes de Victorine. Sa mort avait été précédée de celle de plusieurs religieuses, et la R. Mère Sophie était sous le poids de cette double croix, lorsque sa jeune famille vint la consoler par l'expression filiale de ses regrets et de ses promesses.

Citons quelques-unes des stances mises dans la bouche de ces enfants comme hommage à la tendresse et à la douleur maternelles.

> Vos tristes enfants, ô Sophie,
> Longtemps témoins de vos douleurs (1),
> Veulent d'une Mère chérie
> Essayer de sécher les pleurs.
> Ah ! ne pleurez plus Victorine,
> Vous la verrez revivre en nous ;
> En nous, que le Seigneur destine
> A la remplacer près de vous.
>
> Daignez agréer cet hommage (2)
> Du tendre amour de vos enfants.
> Victorine sera le gage
> De nos vœux et de nos serments.
> Pendant que l'écrivain impie
> Répand ses funestes écrits,
> Ce livre portera la vie
> Dans nos cœurs et dans nos esprits.
>
> Des mains de la reconnaissance
> Recevez un de vos bienfaits :
> Ainsi, le Dieu qui récompense
> Couronne les dons qu'il a faits.
> Au sein de la splendeur divine,
> Dans les cieux règne notre sœur ;
> Mais, du moins ici Victorine
> A laissé sa *vie* et son *cœur*.

(1) En quatorze mois, la Maison avait perdu sept religieuses et la chère Victorine.

(2) La notice de Victorine.

Compagne, hélas ! trop tôt ravie
A ceux dont tu fis le bonheur,
De cette famille chérie
Sois toujours l'ange protecteur.
Du sein de l'éternelle gloire
Où Dieu t'enivre de douceurs,
Veille sur nous, et ton histoire
Sera l'histoire de tes sœurs.

Mais déjà ta douce influence
Porte ici des fruits précieux :
Les regards du Dieu de clémence
Se sont abaissés en ces lieux.
Jésus aux filles de Sophie
Parmi nous a choisi des sœurs... (1)
Heureuse qui sera choisie !
Mais toutes préparons nos cœurs.

Les petites élèves s'associèrent à l'hommage des grandes, par le récit des vers suivants :

Et nous aussi, Maman Sophie,
Nous oserons à notre tour
Au cœur d'une mère chérie
Offrir le tribut de l'amour.
Nous céderons à nos aînées
La docte palme des talents ;
Mais, sans égard pour les années,
L'amour égale vos enfants.

De toutes l'offrande est la même,
Elle est une comme l'amour ;
Touchant et véridique emblème
Du prodige de ce séjour :

---

(1) Allusion à la vocation religieuse de la Sœur Saint-Jérôme et de ses compagnes.

> Deux cents enfants dont une mère
> Est l'âme comme le bonheur,
> Est-ce le ciel, est-ce la terre ?
> C'est l'unité dans un seul cœur.

Ce premier travail fut accueilli de la manière la plus encourageante pour la Mère Saint-Jérôme, et nous recevions à ce sujet les félicitations les plus consolantes. Un digne évêque ayant aussi daigné agréer l'humble hommage de notre petit livre, en eut à peine pris connaissance, qu'il écrivit la lettre suivante à notre Mère supérieure :

« J'achève en ce moment la lecture du livre de Victorine ; je l'ai dévoré tout d'un trait. Cet admirable et attachant récit m'a tellement touché, que vingt fois les larmes me sont venues aux yeux. Quoi ! me disais-je, des enfants ravissent ainsi le royaume du ciel, et.... Que de réflexions j'aurais pu faire sur ce sujet, lorsque, hier au soir, vers onze heures, je suis entré dans l'église, suivant mon usage. J'aurais voulu y passer la nuit.... Cette enfant priera, je l'espère, pour ceux qui auront lu l'histoire de sa vie et de sa mort, et qui auront béni le Seigneur de ce qu'il a fait en elle. »

Quelque temps après, une personne inconnue, engagée dans une voie déplorable, nous apprit que la vie de Victorine lui étant tombée entre les mains, la grâce avait tellement pressé son cœur qu'elle l'avait retirée de la route perverse de la perdition. Plusieurs élèves nous furent amenées par suite de l'impression que produisit le récit des vertus de Victorine ; mais les effets les plus frappants de cette lecture furent les vocations dont nous allons parler :

Mlle Marie de Saint-M.... appartenait à une famille éminemment chrétienne. « Elle commença, dit son vénérable Père, à connaître et à aimer Dieu presque dès le berceau. Sa douceur, sa soumission à la volonté de sa mère et à la mienne ne nous ont jamais rien laissé à désirer, et nous l'avions particulièrement donnée à celui dont elle tenait ses heureuses inclinations. »

Elle était élève de l'Abbaye-aux-Bois, lorsque Dieu lui parla intimement au cœur, par la lecture de la notice de Victorine. L'exemple de cette enfant la détermina, non-seulement à embrasser la vie religieuse, mais à fixer son choix sur notre maison.

Le prêtre qui nous l'adressait crut pouvoir assurer qu'elle n'avait pas perdu l'innocence de son baptême, témoignage que la vue de son extérieur modeste et même angélique confirmait dans l'esprit de toutes ses connaissances.

Sa retraite de profession fut accompagnée de grandes inquiétudes, et l'épreuve se prolongea même pendant la cérémonie de ses vœux. Rentrée dans sa petite cellule, après la consommation de son holocauste, elle se jette à genoux au pied de son crucifix, en faisant avec larmes cette prière à Notre-Seigneur : « O vous, qui voyez la désolation de mon âme, qui me dira si vous êtes content de moi, si vous avez agréé le faible sacrifice que je vous ai fait de moi-même ? » Elle achevait ces paroles quand tout à coup son humble cellule s'illumine ; elle voit le divin visage de celui qu'elle cherchait toute désolée, bien qu'il fût au fond de son cœur. Notre-Seigneur la regarde avec des yeux pleins d'amour et de satisfaction, lui mettant au fond du cœur une réponse si assurée de son divin contentement, qu'aussitôt les transports de la joie succédèrent à ses angoisses. La personne à qui la sœur Victorine rendit compte de cette céleste faveur lui ayant demandé quelques explications à ce sujet : « Cela ne peut s'exprimer, répondit-elle. Je n'ai rien vu des yeux du corps ; cependant je puis assurer que j'ai beaucoup mieux vu Notre-Seigneur que je ne vous vois, et je n'eusse jamais pu seulement soupçonner l'effet produit par cette vision. »

La nouvelle religieuse fut d'abord employée à des fonctions cachées, dans l'exercice desquelles se révélèrent ses vertus modestes, son bon sens et cet esprit d'humilité que Dieu se plut à bénir d'une manière évidente. Elle nous avait donné pendant plusieurs années des preuves de sa capacité et des résultats de son talent en dessin (1), lorsqu'elle fut choisie pour aller, avec la Mère Saint-Vincent, donner de l'aide à nos sœurs de Lunéville. Elle y demeura douze années dans l'occupation de postes importants, et spécialement de ceux d'assistante et de supérieure, et s'y montra toujours à la hauteur de sa mission. La maison qui lui doit son affermissement a recueilli sur cette aimable et vertueuse Mère des notes qui contiennent l'éloge le mieux mérité. Par son zèle et sa cha-

---

(1) Lors du dernier voyage du Père Ronsin à Paris, nos artistes rivalisèrent pour saisir, à la dérobée, les traits de ce vénérable apôtre des Sacrés Cœurs. La Mère Victorine, d'après l'arrêt de notre jury, obtint le prix du concours, et son talent nous procura la satisfaction de pouvoir conserver une image ressemblante d'un de nos grands bienfaiteurs spirituels.

rité, tout y fut mis sur un excellent pied, et la considération dont jouit cet établissement prouve quel succès ont eu ses travaux et ses prières dans cette communauté, dont elle avait gagné tous les cœurs. Nous ne la suivrons pas sur ce théâtre de son dévouement: voici seulement quelques détails concernant les jours qui précédèrent celui de la récompense pour cette bonne Mère :

La santé délicate de la Mère Victorine ne l'avait jamais empêchée de remplir parfaitement ses charges, et, dans celle de supérieure, il semblait qu'elle redoublât de zèle et d'énergie pour hâter des améliorations nécessaires au soutien de la maison qu'elle gouvernait. Vers la fin de l'année scolaire, elle fit avec une ferveur extraordinaire sa grande retraite, comme devant être la dernière, disait-elle. Malgré le déclin de ses forces, elle se montrait alors plus mortifiée que jamais. Un jour que, sans la consulter, on avait cru devoir ajouter à son lit un second matelas, à peine se trouva-t-elle seule qu'elle le retira et le plaça dans la couchette de sa gardienne de nuit. Quelquefois, au retour d'une première messe où sa supérieure l'envoyait à dessein, la gardienne trouvait la chambre de la Mère Victorine balayée, et une mise en ordre générale respirait partout aux environs. Aux reproches respectueux de cette sœur, la Mère se contentait de répondre par un sourire plein de finesse, qui semblait dire : *Je vous ai attrapée, j'ai fait votre service.* Et c'est ainsi que sa charité se voilait sous l'aimable gaîté qui faisait le fond de son caractère.

Le secret de ses souffrances se trahissait malgré elle, et ses filles la voyaient s'acheminer à grands pas vers la fin de sa carrière. Pendant ses réunions de famille, ses exhortations devenaient plus vives et plus pressantes ; enfin, la maladie prit un tel caractère, que cette bonne Mère fut contrainte de s'aliter. Après la dernière messe à laquelle il lui fut permis d'assister, elle fixa longtemps ses yeux sur le tabernacle, et, en quittant sa place, fit une profonde génuflexion à l'autel ; puis, promenant un regard d'adieu sur tout ce qui l'entourait, elle sortit de cette chère petite chapelle, qu'elle ne devait plus revoir.

Elle avait désiré revenir à Paris ; mais le voyage n'était pas possible. Ce sacrifice fut promptement accepté, et elle rentra paisiblement dans la sainte indifférence. Bientôt ses seules préoccupations ne furent que pour les âmes et pour leur perfection. *Vivez de la foi*, disait-elle. *N'aimez rien de ce qui est dans le monde....* Et, s'adressant aux novices : « *Soyez bien charitables, bien humbles, bien obéissantes.* » Puis, lorsque la parole lui manqua, elle demanda une ardoise pour tracer encore de ses doigts défaillants quelques pensées fructueuses pour les âmes. Son calme, au milieu de douleurs très-aiguës, était inexplicable aux hommes de l'art.

Ne demandant que le Ciel, elle reçut de la manière la plus édifiante le sacrement des mourants, bénit ses filles et les enfants de son pensionnat, enfin elle rendit sa belle âme au Dieu qu'elle avait toujours aimé et servi.

Elle laissa après elle, à Lunéville, comme à Paris, de profonds regrets et les plus chers souvenirs.

A la suite de cette première esquisse, traçons-en rapidement une seconde, et commençons par citer la lettre adressée à notre Mère supérieure par la charmante jeune fille, qui prit au milieu de nous le nom de Mère Saint-Victor :

Madame,

« Je viens de lire la vie et la mort de Mlle Victorine ; j'en ai été profondément émue, et cette lecture m'a fait voir que je ne suis qu'une pauvre pécheresse, quoiqu'on me dise que je suis une sainte. Il en serait ainsi si j'avais répondu à l'éducation très-chrétienne et aux soins que m'ont donnés mes parents. Mais, hélas ! j'en suis bien éloignée ! » — Suit le détail le plus naïf de ses prétendus défauts ; puis, elle continue ainsi : « Mon intention, en vous écrivant, est de me recommander aux prières de vos élèves, qui, je le sais, sont des anges de piété. Dites-leur qu'une pauvre pécheresse, ayant leur âge, car j'ai dix-huit ans, les prie de conjurer Mlle Victorine L.... de prier pour elle, de demander sa conversion, et c'est peut-être de vos conseils qu'elle dépend. Je désire depuis longtemps me faire religieuse.... Mon confesseur me trouve encore trop jeune pour prendre un parti. Veuillez me donner vos avis là-dessus ; ma reconnaissance sera éternelle. »

Mlle Stéphanie S..., fille d'un président à la cour royale de Paris, avait, avec une physionomie gracieuse, l'extérieur calme et impassible d'un magistrat, une âme énergique, une fermeté virile et un cœur de feu. Son père, qui l'aimait tendrement, la comparait, dans la familiarité, à un volcan qui recèle des flammes sous un front de glace.

L'affection filiale de cette enfant répondait à la prédilection de son père, et l'on comprend quelle fut l'étendue du sacrifice, de part et d'autre, lorsqu'il s'agit de quitter une famille où l'on s'aimait si tendrement! — Stéphanie, devenue sœur Saint-Victor, n'avait rien perdu de la vivacité de ses sentiments ; mais elle s'efforçait quelquefois de les comprimer ou de ne pas trop les laisser paraître en présence des personnes qu'elle affectionnait le plus légitimement. Sa sensible mère, la voyant un peu sérieuse, en éprouva quelque peine, et monsieur S... avait fait faire une observation à sa fille sur ce sujet. La sœur Saint-Victor promit à son père de ne plus mériter ses reproches, et voici un ou deux fragments de la réponse de ce bon père à sa fille :

« Non, non, ma chère enfant, je ne te fais pas de reproches, mille fois non. Non, encore une fois, je n'ai rien à te reprocher. Personne ne connaît mieux que moi le fond de ton cœur ; personne ne sait mieux combien tu aimes et quelle est l'ardeur de tes affections. Que tu sois riante ou sérieuse, ton cœur n'est pas journalier ; mais tu connais l'extrême sensibilité de ta mère, qui s'afflige quand on est moins expansif à son égard que de coutume. Voilà simplement ce que je voulais te rappeler, et, chère enfant, ce ne sont pas là des reproches. Pourquoi troubleraient-ils injustement la paix dont tu jouis? Je suis heureux de ton bonheur... tu as, je le vois bien, choisi la meilleure part. Sois tranquille, rien de notre côté n'en altérera la douceur, et nous te couvrons de nos bénédictions comme de notre tendresse. Pour toi, tu fais déjà notre joie, tout autant et plus peut-être que si tu étais dans une autre position. Nous possédons ton cœur, nous te voyons heureuse; après tout, que nous faut-il de plus? »

Cette lettre n'est-elle pas délicieuse, surtout de la part d'un homme grave, habitué à présider des cours d'assises, et à n'avoir presque jamais en main que le Code pénal. Il ne se trompait, du reste, en rien sur les sentiments et sur le bonheur de sa fille.

Après sa profession, elle écrivait à une amie :

« Tout est fini, mon sacrifice est consommé et mon bonheur est inexprimable! Il faut l'éprouver pour le croire, et je puis bien dire que je ne savais pas qu'il fût si doux de se donner à Dieu! »

Elle se donna constamment corps et âme. Employée plusieurs années à la troisième classe, on put voir avec quel zèle et quelle conscience elle s'acquittait de ses fonctions, s'efforçant de s'en rendre de plus en plus capable par une étude laborieuse des connaissances qu'elle devait transmettre aux élèves. Ecoutons encore son excellent père lui donner des conseils qui lui servirent de règle :

« Tu gardes avec raison, chère enfant, le souvenir de ce que je t'ai dit souvent, qu'il faut *faire son devoir avant tout*. Ton devoir est d'apprendre tout ce que tu dois savoir pour remplir ta haute mission. Tu es dans l'âge où le raisonnement se joint à la souplesse des organes et à la facilité du travail : c'est le temps des provisions. C'est aussi le temps de se plier aux formes que l'on doit avoir pour enseigner aux autres; car, apprendre est beaucoup, mais enseigner est bien plus difficile. Pour cela, il faut concevoir très-clairement ce que l'on veut enseigner et s'en rendre bien compte à soi-même. Il faut bien posséder la matière sur laquelle on fait la leçon, la répéter, la retourner de plusieurs façons, jusqu'à ce qu'on la fasse entrer dans les diverses intelligences auxquelles on a affaire. C'est en cela qu'une maîtresse doit se faire tout à tous, et enfant avec les enfants. Tu as des modèles qui valent mieux que les préceptes; observe-les, réfléchis, imite, et retiens surtout ceci : qu'il ne faut rien faire, ni rien dire par routine. N'apprends rien sans réfléchir. La réflexion est le plus puissant moyen pour développer l'intelligence. Une journée de lecture ou de conversation ne vaut pas une heure de réflexion. On demandait à Newton comment il était arrivé à faire de si grandes découvertes : *En réfléchissant,* répondit-il. »

C'est en suivant cette ligne du devoir, tracée avec tant de sûreté et de rectitude, que la Mère Saint-Victor se rendit propre à toutes les charges qui lui furent confiées. Envoyée à Issy avec nos petites élèves, elle y fut d'un très-grand secours pour toute la colonie. Classe, études, jeux, rien n'était au-dessus de ses forces, et il semblait que tout se fît par elle au milieu de ce petit peuple. Aussi, quand elle nous fut enlevée, comme à son poste, les chères enfants disaient *que leur âme semblait les avoir quittées.*

Depuis longtemps, afin de ne pas suspendre ses travaux ordinaires, la Mère Saint-Victor dissimulait de grandes souffrances, ne voulant causer ni peines, ni inquiétudes à personne. Toutefois, lorsqu'elle amena ses petites élèves pour la nouvelle année, en 1859, le mal avait fait de tels progrès, qu'au lieu de s'en tenir à lui donner des soins et des remèdes, il fallut bientôt songer à l'administrer. Ce fut par obéissance que cette bonne

Mère accepta de recevoir les derniers sacrements. Bien que très-résignée, elle ne pouvait croire à sa fin prochaine. Quelques jours avant sa mort, elle voulait encore utiliser son temps et demandait à notre chère Mère Saint-Jérôme qu'elle lui donnât quelques copies à faire. On la voyait alors essayer de tracer des caractères imparfaits qu'elle ne pouvait achever ; et ce fut ainsi que, les armes à la main, cette courageuse Mère reçut la palme de la récompense. Elle nous était arrivée avec sa pieuse femme de chambre, qui prit rang parmi nos sœurs converses, dont elle fut aussi le secours et l'édification.

La *Vie de Victorine* est insérée dans la quatrième édition des *Souvenirs de la Congrégation*, deuxième ouvrage historique de la Mère Saint-Jérôme. Tous ceux qui connaissent ce recueil d'intéressantes notices en ont fait l'éloge, et le regardent comme un stimulant énergique pour la jeunesse. On y goûte le double charme du style et des faits. Il n'est pas de lecture plus fructueuse pour les jeunes filles, dont l'intelligence et le cœur ont besoin d'un aliment solide pour se développer.

La *Vie d'Angèle de Sainte-Croix*, comtesse de Pronleroy, aurait dû trouver place dans les souvenirs de la Congrégation ; mais deux motifs l'en ont fait détacher. Angèle est le modèle des jeunes femmes, aussi bien que des jeunes filles, et, de plus, la Mère Saint-Jérôme désirait remettre ce dépôt au comte de Pronleroy pour le transmettre à ses enfants, auxquels était dédiée la vie de leur mère.

« Chers enfants, dit la Mère Saint-Jérôme aux jeunes fils d'Angèle, nous pouvons bien vous appeler de ce nom qu'il nous fut si doux de donner à votre mère ! Nous vous offrons sa vie pour règle de la vôtre. Lisez-la, et, quand viendront les orages, quand les passions voudront faire entendre leur voix, dites-vous : Qu'attendait de moi ma mère ? Que m'eût conseillé ma mère ? Quels tendres reproches m'eût adressés ma mère ?... Faites cela et vous vivrez de cette vie de foi dont elle a vécu, et qu'elle eût voulu vous communiquer plus encore que la vie naturelle. »

Le *Mémorial des Enfants de Marie* est fait pour les congréganistes. La première partie renferme l'histoire de l'association, et la seconde présente à l'imitation des associés les exemples de vertu de leurs anciennes sœurs. Beaucoup de pieux auteurs se plaisent à citer les fragments des notices que contient ce *Mémorial*, véritable catéchisme de persévérance pour le cœur d'une enfant de Marie.

La *Vie de la R. Mère Marie-Anne* est la biographie par excellence. C'est une vie pleine d'enseignements pour le monde vraiment chrétien, aussi bien que pour le cloître. « Que cette existence est belle et bien remplie, écrivait à l'éditeur un respectable ecclésiastique ! Quelle aimable vertu, quelle abnégation, quelle aisance, quel naturel dans la pratique de ce qu'il y a de plus héroïque ! Je voudrais voir cet ouvrage pénétrer partout où l'on s'occupe de la formation de la jeunesse. Dans ce livre, on trouve, sous une forme attrayante, les leçons les plus salutaires et les plus variées, les exemples les plus touchants de toutes les vertus. »

Les parents et les amis de la Mère Marie-Anne fournirent de nombreux matériaux pour la vie si parfaite et si dévouée de cet ange terrestre, au milieu de sa famille. C'est avec une patience toute cordiale, on peut le dire, que la Mère Saint-Jérôme tira de cette foule de documents ce qui fait l'objet de la première partie de son travail et concerne cette vie dans le monde. La seconde, qui traite de la vie religieuse, y correspond tout à fait. Ce récit est terminé par plusieurs notices, tirées de nos recueils de famille, lesquelles présentent aussi des modèles dignes d'être imités.

C'était encore la Mère Saint-Jérôme qui rédigeait les *annales de notre monastère*, et ses lettres feraient seules la matière d'un volume considérable : ce que nous pouvons en publier forme les derniers chapitres de ce volume.

En revenant à ses ouvrages de piété, nous citerons les *Nouvelles Heures catholiques,* recueil complet d'instructions et de prières, qui pourrait suppléer à tous les autres, et être intitulé : *Le livre pour tous.*

L'Enfant de Marie est un manuel perfectionné pour sa chère congrégation. « Dans ce trésor de piété, dit une congréganiste, nous trouvons nos titres, nos obligations, nos priviléges expliqués de manière à nous embraser d'amour pour notre divine Mère. A la lecture de ce livre, je puis dire, avec les disciples d'Emmaüs, que je sens mon cœur brûlant au milieu de moi. »

Le *Mois de Marie,* les *Anges de Dieu, amis des hommes* furent encore inspirés à notre chère Mère par son ardent désir de fixer les âmes dans le service de Dieu, et de les y faire avancer au moyen des dévotions qui assurent la persévérance.

Mais le livre qui atteint éminemment ce grand but est l'*Année eucharistique*, que la Mère Saint-Jérôme composa, dans le principe, pour l'usage particulier de nos jeunes élèves. A quelqu'un qui lui demandait l'origine de cet excellent ouvrage, elle répond : « Chargée de préparer les enfants à la première communion, je m'ingéniais à disposer ces petits domiciles à Notre-Seigneur, et je griffonnais à cet effet, selon les occurrences. Mes Mères et sœurs le surent et me pressèrent d'y ajouter pour les besoins de tous : ainsi se fit la besogne, inspirée aussi par le *Mois eucharistique du P. Lercari*, que j'avais traduit. »

Ces exercices pour la sainte communion ont obtenu de nombreux et très-estimables suffrages. Le délicieux aliment de l'Ecriture sainte s'y présente abondamment à l'âme, et la Mère Saint-Jérôme y répand, à toutes les pages, l'onction des sentiments qu'elle puisait dans ses entretiens familiers avec ses *trois amies du Ciel* : sainte Thérèse, sainte Gertrude et sainte Brigite (1). Elle trou-

---

(1) Outre ses trois saintes de prédilection, la Mère Saint-Jérôme avait des patrons de choix dont elle avait inscrit les noms et les vertus spéciales au revers d'une très-petite image de la sainte Vierge. Nous les copions ici, car nous aimons à conserver les moindres souvenirs de notre chère élue, et nous reconnaissons à cette simple liste le caractère de sa piété.

Mes patrons de cœur.

1. Saint Joseph. — Esprit intérieur, société avec Jésus et Marie.
2. Saint Pierre. — Larmes.
3. Saint Paul. — Amour, travaux.
4. Saint André. — Croix.

vait d'ailleurs en elle-même une inépuisable fécondité pour parler de ce qu'elle aimait si tendrement : le Cœur de Jésus dans l'Eucharistie.

Inutile de mentionner d'autres opuscules à nombreuses éditions. Rapportons plutôt le témoignage d'un savant bibliothécaire qui demandait, pour un établissement chrétien, les ouvrages de notre maison. « Quand j'ai exprimé, dit-il, le désir d'avoir les livres de votre excellente maison, je ne pensais qu'à deux ou trois volumes, et j'étais loin d'en soupçonner vingt-un!... Je ne puis omettre de vous dire mon admiration pour la Mère Saint-Jérôme. Quelle abondance d'idées ! Quelle piété jointe à l'instruction ! Quelle perfection de style ! »

Ecoutons enfin les élans du regret dont plusieurs voix se firent les échos après la mort de notre chère Mère :

5. Saint Jean. — Pureté.
6. Sainte Madeleine. — Pénitence amoureuse.
7. Saint Augustin. — O ignem qui semper urens....
8. Saint Ignace. — Ad majorem Dei gloriam.
9. Saint Xavier. — Zelus domus tuæ, etc.
10. Saint Louis de Gonzague. ⎱
11. Saint Stanislas. ⎰ — Pureté.
12. Bienheureux Pierre Fourier. — Esprit de l'ordre.
13. Saint Bernard. — Amour de Marie.
14. Bienheureuse Marguerite-Marie. — Sacré Cœur.
15. Saint François d'Assise. — Jésus crucifié.
16. Saint Thomas d'Aquin. — Saint Sacrement.
17. Saint Ignace, martyr. — Sa lettre.
18. Saint Jérôme. — Bethléem.
19. Saint Michel. ⎱
20. Saint Louis. ⎰ — Protecteurs de la France.

Omnes sancti et sanctæ Dei, vos specialiter *martyres, virgines,* intercedite pro me.

« En ouvrant ces livres qui ont produit tant de fruits salutaires, nous nous écrions, inspiré par la reconnaissance : Oh! que fut bien remplie la journée de celle dont le passage en ce monde a été si fécond pour le bien des âmes! Que d'ignorants ont été instruits! Combien de pécheurs convertis, d'affligés consolés. »

« Cet esprit si érudit, si orné, était pour moi, dit la comtesse de B..., une source de lumière où je revenais tous les jours puiser quelques nouvelles connaissances. Non-seulement les ouvrages de ma chère Mère, mais encore ceux qu'elle m'indiquait, ont produit beaucoup de bien partout où j'ai pu les répandre. »

C'était, en effet, un des moyens de propagande très-goûté par la Mère Saint-Jérôme; aussi, l'on a pu dire d'elle, comme de saint Thomas d'Aquin : « Après Dieu et les âmes, ce qu'elle désirait c'était des livres. »

On se demande peut-être comment cette chère Mère trouvait du temps pour de si nombreuses compositions. Nous répondrons qu'elle n'y employait guère que des moments de loisir, ne retranchant rien pour cela des heures qu'elle devait à Dieu, à sa communauté ou aux élèves. Son grand secret pour venir à bout d'un tel résultat était l'application de cette maxime d'un digne prélat (1) qui bénit à son berceau notre maison naissante :

---

(1) Monseigneur d'Astros, en 1811 grand-vicaire de Paris, depuis évêque et cardinal, emprisonné à Vincennes par Napoléon et arrêté au moment même où il se disposait à venir recevoir les vœux des trois premières filles de la Mère Euphrasie, fondatrice de notre Maison.

Faire toujours *quelque chose;* faire ce qu'*il faut*, le faire *vite*, le faire *bien*.

Déjà presque clouée sur son lit de douleur, elle trouva encore, dans son énergie, la force de perfectionner les écrits qu'elle nous laissait en héritage, et voulut sceller ce legs par un acte de charité fraternelle. Une de nos bonnes infirmières, atteinte d'une maladie grave, nous donnait des inquiétudes sérieuses, lorsque la Mère Saint-Jérôme fit à saint Joseph la promesse conditionnelle de lui offrir un petit tribut d'action de grâces s'il procurait la guérison de notre malade. Celui qui, d'après le témoignage de sainte Thérèse, ne refuse jamais rien, guérit en effet sœur Isidore, et la Mère Saint-Jérôme fit un dernier effort pour acquitter sa dette par *Le mot à saint Joseph*. Cette petite brochure, ravissante de cœur et de piété, fut comme le sceau apposé sur le testament de ses œuvres.

Pour terminer ce chapitre, qu'il nous soit permis de citer un trait rapporté par un ancien auteur :

« Sur le point de quitter la vie, un humble religieux, qui avait constamment exercé le métier de tailleur pour sa communauté, pria qu'on lui mît entre les doigts une aiguille qu'il apercevait sur la paroi de sa chambre. Bien que cette demande parût être l'effet des hallucinations du malade, on se rendit à sa demande. Aussitôt le bon frère, prenant d'un air heureux ce petit instrument de son travail : « Je me suis toujours servi de cette aiguille, dit-il, dans la vue de plaire à Dieu et pour accomplir sa sainte volonté ; aussi j'ai la confiance qu'elle sera pour moi la clé du Ciel. »

Pourrait-il n'en pas être de même de la plume qui traça tant de lignes pour la gloire de Dieu et le salut des âmes? Ce petit instrument de charité et de zèle a certainement ouvert le Ciel à celle qui fut consolée dans ses derniers jours en entendant ces paroles de l'office divin : *Mercedem laboris ego reddam vobis.*

CHAPITRE X.

DERNIÈRE MALADIE ET MORT DE LA MÈRE SAINT-JÉRÔME.

Ses progrès, son influence. — Estime qu'en faisait la Révérende Mère Sophie. — Ses procédés maternels envers ses aides. — Son humilité, son obéissance, sa douceur. — Premières atteintes de sa dernière maladie, crise violente qui faillit l'enlever. — Impression causée par cet accident. — Prières, actes de vertu, marques d'affection. — Sa petite chambre convertie en sanctuaire. — Douleurs physiques, peines intérieures, désolations. — Consolations, bénédiction de Pie IX. — La malade est administrée et recouvre le calme. — Nouvelles instances pour obtenir sa guérison. — Ses derniers moments, sa mort. — Ses obsèques. — Nombreux témoignages de regrets. — Conclusion.

> *Veni, sponsa Christi, accipe coronam*
> *quam tibi Dominus præparavit in æternum.*
> Venez, épouse du Christ, recevez la couronne
> que le Seigneur vous a préparée de toute éternité.
> *Off. Virg.*

Le moment n'était pas éloigné où la mère Saint-Jérôme devait entendre de la bouche divine cette invitation déjà si douce à son cœur au jour de sa profession religieuse : *Veni sponsa Christi, accipe coronam*.

A l'imitation du fils de Dieu, croissant en sagesse, en âge et en grâce, elle s'efforçait d'avancer dans la voie de la perfection, et, seule, elle semblait ignorer son progrès. Deux fois les suffrages de la communauté l'avaient appelée à la charge de conseillère, qu'elle occupait encore à sa mort.

Aussi, en désignant celle dont sa maternelle direction

avait perfectionné les qualités et les vertus, la R. Mère Sophie disait aux jeunes religieuses qu'elle lui associait : « Je vous mets en charge avec la Mère Saint-Jérôme, qui est un ange, afin que vous l'imitiez. » En effet, si dès le commencement elle fut un modèle, ce modèle devenait de jour en jour plus accompli. Dans ses rapports avec ses aides, ou ses remplaçantes, l'humilité de cette chère maîtresse ne lui donnait pour chacune que des encouragements et des éloges. Calculant leurs forces et leurs difficultés, elle préparait elle-même ce qui pouvait leur rendre le travail agréable et le succès facile. Elle les traitait avec une déférence et une charité parfaites, et allait même jusqu'à prendre conseil de celles dont la capacité était bien inférieure à la sienne. Craignait-elle que, dans la conversation, une parole eût pu les blesser ou leur faire quelque peine, le soir même, ou le lendemain, elle leur demandait, à genoux, un pardon si humble et si affectueux, que la confusion était toute pour celle qui le recevait.

Un peu sujette à la distraction, elle réclamait, comme un bon office et une grâce, qu'on voulût bien l'avertir de ses oublis. Dans une question de peu d'importance où différents petits intérêts étaient balancés : « Je crains moins la perte de toutes ces choses, dit-elle, que le plus léger manquement de charité. »

« Une fois, dit Marie de L..., je me plaignais à cette bonne Mère du peu de fruit que je tirais de mon examen particulier ; je lui témoignais combien j'étais peinée de voir sans cesse augmenter le nombre de mes défaites et diminuer celui de mes victoires. — Ah ! me dit-elle, avec un accent d'humilité que je n'oublierai jamais : Si vous saviez, mon enfant, combien de fois je succombe, vous n'en seriez pas seulement étonnée, mais scandalisée. Et, combien cet aveu, plus humble que véritable, ne fut-il pas encourageant pour moi ! »

Un saint religieux, qui savait l'estime qu'on faisait d'un mérite dont il avait eu l'occasion de se convaincre par lui-même, disait : « Si quelqu'un eut demandé la grande Mère Saint-Jérôme, se serait-il avisé de la reconnaître dans cette petite religieuse, de conversation si simple, indifférente au premier et au dernier rang, n'affectant pas plus la modestie que l'apparence, ne cherchant ni à attirer l'attention, ni à l'éviter, et, pourtant, bien partout, quoique partout il fallût, pour ainsi dre, la découvrir et la deviner ! »

Ainsi, c'était moins par des actes extraordinaires que par une attention continuelle à s'effacer, sous le voile de la vie commune, que la Mère Saint-Jérôme faisait consister sa perfection. Elle avait pour principe de placer le devoir avant tout, « ce qui nous coûte toujours, disait-elle, parce que la pratique du devoir, ne regardant que des choses d'obligation, n'est pas suivie de ces grands éloges qui nous excitent aux actions louables et nous soutiennent dans nos entreprises. »

« Toutefois, lorsqu'on vivait dans cette atmosphère de vertu cachée, dit une élève, on respirait bientôt le parfum qui s'en exhale et trahit sa présence. »

Dans le désir de découvrir quelques-uns des actes que cette chère Mère savait si bien dérober aux regards humains, nous avons fait de longues perquisitions pour retrouver les lettres que le Père Ronsin lui écrivait et répondait aux siennes. Après de vaines recherches à ce sujet, nous avons su qu'une certaine année, la Mère Saint-Jérôme, dans le désir d'offrir, pour la clôture du mois de Marie, un sacrifice qu'elle crut très-agréable à la sainte Vierge, détruisit toute cette précieuse correspondance. Cet acte de générosité nous a fait perdre un document qui renfermait sans doute plus d'un trait édifiant, resté le secret de Dieu et d'un directeur choisi entre mille. Ainsi, nous avons appris que, pendant deux ans, cette chère Mère n'adressa pas une seule fois la parole, pour sa satisfaction, à une personne qui avait toute son affection et ses sympathies naturelles.

L'obéissance est, dit-on, l'humilité en pratique. Nous allons voir comme la Mère Saint-Jérôme, naturellement indépendante d'idées et de jugement, comprenait l'obéissance religieuse. « Devant passer quelques jours à Paris, dit la vicomtesse de Saint-P..., je cours un dimanche aux Oiseaux, et j'arrive à l'instant où les vêpres sonnaient. J'explique à la Mère Saint-Jérôme que j'ai un conseil important à lui demander, et que je ne puis ni attendre ni revenir. — Ne vous tourmentez pas, me répond-elle, nous allons trouver notre Mère et lui demander ce qu'il faut faire. — J'insiste pour l'entraîner sans retard, lui disant que l'on m'a toujours traitée en enfant gâtée, et que nous pouvons supposer, à coup sûr, qu'on lui accordera la dispense d'un exercice qu'elle peut remplir seule. — Non, reprit-elle, mettons l'obéissance avant tout, c'est encore le meilleur. — Elle s'avance donc respectueusement vers sa supérieure, et, contre mon attente, j'entends à sa demande une réponse négative, qui me fit un gros chagrin. Aussitôt la Mère Saint-Jérôme prend un air joyeux, et, baisant affectueusement la main de sa R. Mère, elle se relève illuminée d'amour et de respect. Sur ses traits était empreinte la foi qui lui faisait voir l'ordre de Dieu dans celui de sa supérieure. Je trouvai quelque chose de si parfaitement édifiant dans cette soumission prompte, aveugle et heureuse d'une personne environnée, au dedans et au dehors, de tant de confiance et de respect, que cet exemple fut un puissant aiguillon pour mon esprit de foi, pensant surtout qu'elle ressentait ma peine de la décision qui me privait de son appui spirituel, et qu'un mot d'elle eut modifiée. C'est ainsi que cette vertueuse Mère nous faisait d'ineffaçables impressions. »

« Les dernières années surtout, j'étais frappée de ses progrès dans la sainteté. Elle me semblait encore plus intérieure, et je voyais dans son âme comme un abîme d'amour et d'union avec le Sacré-Cœur de Jésus. Elle avait soif d'être ignorée et comptée pour rien. « Ah! disait-elle, combien ce que le monde appelle petites pratiques de cloître me semble grand et désirable en présence des abaissements de l'incarnation et des dérisions du prétoire! A cette vue, qui ne serait heureux d'être anéanti et perdu dans l'estime de tous? Puis, s'adressant intimement à Notre-Seigneur, comme au confident le plus habituel de ses gémissements et de ses désirs, elle épanchait ainsi son âme dans le Cœur de Jésus :

« Je voudrais connaître de plus en plus mon indignité, voir combien de plaies j'ai faites à votre Cœur, ressentir la douleur qu'elles vous ont causée, et me mépriser tellement moi-même que je souhaitasse que tout le monde connût mon ingratitude, ma bassesse, mes misères et tout ce qui peut me donner confusion. Brisez mon cœur, ô mon Seigneur Jésus, sous le pied de votre croix, où mes péchés vous ont élevé ; donnez-moi le désir des humiliations, de la pauvreté et des souffrances ; qu'au moins, mon bon Maître, j'accepte de grand cœur tout ce que vous m'enverrez. Faites sortir les eaux de la contrition de cette dure pierre ; représentez-moi toutes les infidélités que j'ai commises depuis que j'ai pu vous connaître, et que le regret me suive partout. O Dieu, ô Dieu ! c'est du profond abîme de mes misères que je pousse vers vous mes cris ; Seigneur, faites que je me connaisse, que je me haïsse, que je me méprise, que je m'oublie et que je désire que les autres en fassent autant par justice. O Dieu ! nos justices sont devant vous comme des linges souillés d'ordures ; qu'est-ce donc de nos iniquités ? Vos saints craignaient d'attirer la malédiction dans les lieux où ils entraient, les anges mêmes ne sont pas purs devant vous, que suis-je donc ? que pensez-vous de moi ? comment me pouvez-vous souffrir ? Mais, j'ai un refuge, Seigneur Jésus, vos plaies, vos mérites, vos soupirs, vos larmes, votre vie, votre cœur ; je m'en revêtirai, et vous prierai de m'en faire connaître tous les jours davantage le prix, la vertu, l'efficace. Seigneur, que je me connaisse : néant, péché, orgueil, inconstance, légèreté, fragilité, une feuille que le vent emporte ; mais que je vous connaisse, vous qui êtes tout amour, miséricorde, stabilité ; qui seul combattez pour moi et avec qui je puis tout. O Dieu, ô Dieu ! que je vous connaisse et que je me connaisse ; votre grandeur et ma petitesse, votre amour et ma froideur, votre sainteté et ma corruption. »

La douceur, associée à l'humilité par le Sauveur, portait dans la mère Saint-Jérôme les véritables caractères de la vertu recommandée par notre divin Maître. Pleine d'aménité et d'une humeur toujours égale, prenant bien toute chose, loin de choquer ni d'éloigner personne à cause d'une supériorité dont elle était loin de se prévaloir, elle savait avec mesure se mettre au niveau de tout le monde et gagner la confiance par une bienveillante charité qui lui conciliait tous les cœurs.

Nos chères sœurs converses étaient de sa part l'objet d'une prédilection particulière. Elle les recevait avec un accueil plein de gaîté, qui les engageait à recourir à elle. Ne mettant aucune différence entre leurs occupations et les siennes : « Le balai, l'aiguille, la plume et le pinceau, leur disait-elle, sont également propres à procurer la gloire de Dieu et le bien de la communauté ; donc, vos travaux et les miens c'est tout un. » Aussi, celles de nos sœurs qui avaient des rapports plus fréquents avec cette bonne Mère, s'en trouvaient-elles très-heureuses, et c'était encore pour ce cœur aimant un champ de zèle bien doux à cultiver.

« On dit que vous êtes sage et gentille à ravir, écrivait-elle à la sœur A..., laquelle, envoyée à la campagne, ressentait la peine de ce sacrifice exigé par l'obéissance. J'aurais donc dû garder le silence, puisque les tristes nécessités sont les seules causes de nos lettres. Pourtant, il y aurait injustice à vous bouder, parce que vous ne boudez pas vous-même. Courage donc et persévérance, chère petite sœur, la récompense, celle du Ciel, vaut bien ces travaux, ces ennuis et plus encore, n'est-ce pas? C'est ce que je me dis et vous transmets; et puis, nous avons un bon Maître et une bonne Maîtresse. Ah! puissions-nous passer du cœur de l'une dans le cœur de l'autre ; de telle sorte qu'on ne nous retrouve jamais que là. Prions à cette fin, et toujours courage et confiance! »

En exhortant les autres, elle s'excitait elle-même et avançait visiblement : « Ne perdons pas l'espoir d'arriver au but unique, disait-elle. Hélas ! c'est sans doute en punition de notre tiédeur à le poursuivre que nous sommes retenus en ce monde. Tant d'autres, à notre âge et plus jeunes que nous, y étaient parvenus et avaient mérité de mourir. Puissions-nous, du moins à ce dernier moment, avoir atteint le degré de perfection où Dieu nous appelait! Nous sommes vraiment inconcevables dans notre lâcheté. Un Dieu mort pour nous! un Dieu dans l'Eucharistie! Nous croyons cela et nous y songeons superficiellement, et nous ne faisons rien en retour, c'est un prodige! »

Dieu avait hâte cependant de récompenser une âme si fidèle à son amour, et si généreuse à s'immoler chaque jour pour sa gloire et le salut des âmes. Toutefois, il fallait encore que cet or passât par le creuset des souffrances et que ce cœur pour devenir plus semblable à celui de Jésus, fût purifié par de dures épreuves, pendant une longue et cruelle maladie. Depuis longtemps, elle en portait le germe, et plus d'une fois elle avait ressenti les atteintes du mal terrible qui devait nous l'enlever. A une époque déjà reculée, une enflure extérieure s'était manifestée à plusieurs reprises et avait fait appréhender de graves effets : mais d'intelligents remèdes et des soins empressés avaient triomphé de ce mal, lorsqu'une redoutable crise, survenue le 11 avril 1867, nous annonça ce que nous avions à craindre de ses suites.

C'était le jour de Pâques. Plusieurs d'entre nous, selon un pieux usage, rivalisaient d'empressement pour arriver les premières à la chapelle, comme les saintes femmes au tombeau de Jésus. A l'imitation de Madeleine, la fervente Mère Saint-Jérôme fut encore cette année la plus diligente. Elle se rendit promptement dès le grand matin, *orto jam sole*, à la cérémonie pleine d'allégresse par laquelle nous avons coutume d'ouvrir cette solennité. Pourtant ce beau jour devait se terminer par le premier accès de cette maladie dont la gravité fut aussitôt reconnue, et ce fut aux pieds de Notre-Seigneur, exposé sur l'autel pour nous bénir, qu'elle se sentit frappée, et commença la voie douloureuse dans laquelle elle devait marcher péniblement pendant plus de dix-huit mois. Le bruit de ce fâcheux accident parvint bientôt aux oreilles de nos élèves ; les anciennes ne l'ignorèrent pas longtemps, et l'on devine l'impression de tristesse qu'il produisit dans tous les cœurs.

Comme notre chère Mère conservait la plénitude de sa vie morale et toute son activité d'esprit, on l'établit dans une petite pièce attenante aux appartements des enfants convalescentes, afin de leur permettre de venir encore s'édifier auprès de cette chère malade, dont l'accès leur eut été interdit par nos règles, si on l'avait placée à l'infirmerie des religieuses. Grâce à cette disposition, combien de fruits de salut se produisirent encore par les paroles et les exemples de celle qui se montra constamment si douce, si affable, et ne cessa pas un instant d'être un modèle de piété, de patience et d'une excessive délicatesse pour les soins qu'elle recevait des infirmières.

Est-il besoin de dire qu'aussitôt la maladie déclarée, des prières instantes se firent de tous côtés pour notre chère Mère ? Son mal, nous le savions, était sans miséricorde ; mais Dieu peut faire des miracles, et non-seulement nos voix, mais toutes les voix amies, sollicitèrent vivement et longtemps cette guérison miraculeuse tant désirée ! Les élèves de la Mère Saint-Jérôme multipliaient les actes de vertu, et combien elle était touchée des témoignages affectueux comme des efforts de ses chères enfants ! Leurs pratiques quotidiennes étaient recueillies pour être mises sous les yeux de la bien-aimée malade, et elle s'en montrait profondément reconnaissante. Nous retrouvons quelques listes de ces actes de vertus, qui, pendant les moments d'inquiétude, s'élevèrent jusqu'à vingt et même quarante par jour. Tels sont les suivants :

Je n'avais pas envie de travailler à l'étude, et j'ai fait mon devoir.

J'ai rendu un service qui me coûtait.

Je n'ai pas ouvert l'étui de mon miroir.

Trois actes de mortification.

J'ai été exacte à obéir au signal et à garder le silence.

J'ai chassé une tentation d'amour-propre.

J'ai évité un manquement à la charité.

Je n'ai pas agi sans permission.

Je n'ai lu qu'à onze heures un quart une lettre que j'avais reçue ce matin.

Je ne me suis pas appuyée pendant la méditation.

Je n'ai pas paru fâchée d'une parole piquante.

Ce sont là de bien petites choses; mais, offertes de grand cœur, elles furent certainement agréées par le bon Maître, qui regarde moins l'action que l'intention.

Pourrions-nous ne pas rappeler ici toutes les preuves de sympathie qui furent données à notre malade par ses anciennes élèves et par nos amies! Chacune, pour la rétablir en santé, eût voulu découvrir quelque moyen curatif, inutilement cherché dans des consultations, dont l'issue se bornait à n'indiquer que des palliatifs de peu d'effet.

Si cette bonne Mère recevait de continuelles marques d'affection, combien n'en donnait-elle pas en retour. « Je n'oublierai personne au Ciel, disait-elle ; puis, comme on lui parlait de la conformité de son état souffrant avec celui du Sauveur dans sa passion : Oui, mais quelle différence, reprit-elle. Notre Seigneur, torturé, cloué, abandonné!... Et moi, entourée de compassion, de soins, et, de plus, je gémis en disant *fiat*, et les martyrs ne se plaignaient pas. Ah! du moins, je ne crains pas l'orgueil. »

Bientôt sa petite chambre, située vis-à-vis de notre église et en regard du tabernacle, devint comme un sanctuaire orné de reliques, de statuettes, de l'image du Sacré-Cœur, etc. Deux fois par semaine, on y dressait un autel, pour déposer le Saint-Sacrement, et la divine Eucharistie était alors apportée à notre malade, qui pouvait, en outre, selon son expression, communier perpétuellement à la volonté de Dieu.

Toujours désireuse de s'occuper pour le profit des âmes, elle s'étonnait de son inertie apparente, et se remettait même de temps en temps à sa petite table de travail. « Je me demande, disait-elle avec naïveté, si c'est bien moi qui suis ici retenue et clouée par la maladie ; j'essaie en vain de me croire malade imaginaire, la douleur seule me répond. »

Cette âme généreuse devait donc boire jusqu'à la lie le calice d'amertume. Non-seulement elle porta la croix avec Notre-Seigneur, mais il lui fut donné d'avoir part aux agonies et aux délaissements du Sauveur mourant.

Un jour, elle avait félicité une des favorites de Jésus crucifié d'être abreuvée d'absinthe. A son tour, cette chère Mère dut accepter la coupe amère du divin époux, afin de lui être conforme en sa mort comme en sa vie. « Elle s'était trop approchée du Cœur de Jésus, dit un saint religieux, pour ne pas participer à toutes ses angoisses. » En s'accusant de son peu de courage à supporter d'intolérables douleurs : « Ah ! disait-elle, si dans un temps on m'avait reproché de ne pas aimer la croix, je me serais fâchée, et maintenant je vois que je n'ai été qu'un airain sonnant, appelant les autres au calvaire, sans savoir m'y tenir moi-même, et prêchant la patience sans en avoir le moindre degré. »

Elle témoignait se trouver habituellement dans le délaissement intérieur le plus complet ; et parfois son âme fut en proie à des désolations bien autrement difficiles à supporter que l'excès de ses maux physiques. Rien alors ne pouvait lui ôter ses inquiétudes, ni lui rendre la paix ; et, dans cet état si méritoire, où elle payait bien plus pour les fautes d'autrui que pour les siennes, il fut permis au démon, pour comble d'épreuve, d'enlever toute confiance à cette épouse fidèle et dévouée du Sauveur, et de lui suggérer même des tentations de désespoir dont ne pouvaient triompher les raisonnements les plus clairs et les plus rassurants. Dans la rigueur de ses peines intérieures, elle s'écriait avec le saint des saints : « Mon Dieu, mon Dieu, pourquoi m'avez-vous abandonnée? » Le seul moyen efficace pour calmer ces crises si terribles, c'était le recours au sacrement de pénitence, qu'elle demanda à recevoir tous les jours. Aussi, son confesseur lui donnait-il chaque fois la sainte absolution, appliquée, selon qu'elle l'a dit elle-même, aux manquements de sa vie entière. Ce remède souverain allégeait sa peine, sans faire disparaître l'épreuve, qui cessa seulement huit jours avant sa mort.

Quand les accès de son mal redoublaient, elle puisait de nouvelles forces dans des passages de psaumes ou dans d'autres textes de la sainte Écriture, qu'elle indiquait elle-même : « Parlez-moi, nous disait-elle, j'ai besoin qu'on m'exhorte. Je crains de manquer de courage. Demandez au bon Dieu qu'il me mette dans la disposition qu'il désire de moi : l'amour des souffrances, de la croix. *Salut, croix précieuse!* »

Chaque neuvaine, chaque vendredi semblait lui apporter des douleurs nouvelles et plus vives. De temps en temps, nous l'interrogions sur ce qu'elle pensait d'elle-même et de l'issue de son mal : Ma Mère, Notre Seigneur ne vous dit donc pas qu'il veut vous guérir? — Non, ce matin, après la sainte communion, je lui demandais qu'il voulût bien révéler ses desseins à quelqu'une de vous, et je n'ai entendu que cette parole : « Quand vous étiez jeune, vous alliez où vous vouliez ; mais, quand vous serez vieux, un autre vous ceindra et vous mènera où vous ne voudrez pas. » S'appliquant cette parole de Notre-Seigneur à saint Pierre, elle accueillit joyeusement la croix, et demanda, en la baisant, que son dernier soupir *fût un acte d'amour parfait*. L'acceptation de son état crucifiant fut d'autant plus généreuse qu'elle se croyait, en quelque sorte, redevable envers les âmes du purgatoire : « Je n'ai sans doute pas assez souffert pour elles, avait-elle dit. Cependant, dès ma jeunesse, j'offrais tous mes mérites pour leur délivrance et pour la conversion des pécheurs. Et puis, qu'est-ce que le vœu de consécration au Sacré-Cœur, si ce n'est un acte d'abandon total au bon plaisir du divin maître? »

C'est ainsi qu'avant d'aller s'unir pour jamais au Dieu de toute pureté, cette âme passa par ce feu purifiant qui consume les moindres restes du péché et fait le purgatoire des saints sur la terre. Si, pourtant, elle entra dans le lieu des expiations, elle dut en être promptement retirée par les nombreux suffrages, les sacrifices et les prières qui lui furent appliqués dès l'instant de son décès.

Toutefois, il y avait pour elle certaines heures moins pénibles ; pendant ces courts moments de relâche, l'esprit de la malade se reportait aux grandes pensée de la foi, qui l'avaient toujours occupée : le triomphe de l'Eglise, l'extension de la dévotion aux Sacrés Cœurs. Recouvrait-elle plus de calme, elle prenait des notes, revoyait ses ouvrages, et, laborieuse jusqu'à la fin, elle complétait et rangeait une précieuse collection de manuscrits qu'elle voulut nous offrir par les mains de la sainte Vierge, choisissant le jour de Notre-Dame de la Merci pour remettre en ordre une dernière fois les écrits qu'elle nous laissa en dépôt.

Le Cœur de Jésus la consolait aussi dans la commumunion, et la sainte Eucharistie était comme le baume salutaire appliqué aux plaies de son âme. Un matin, après avoir reçu le pain des anges, elle dit aux personnes qui l'entouraient : « Dieu nous donne successivement l'avant-goût de l'Eglise souffrante et l'avant-goût de l'Eglise triomphante, lorsque nous leur sommes bien unis. — Il semble que vous avez actuellement plus de conformité avec la première ? — Oh oui.,.. Pourtant.... et elle n'acheva pas. Notre-Seigneur avait-il soulevé à ses regards le voile des clartés célestes ? »

Un autre jour, après avoir reçu la visite d'un éminent prélat, on remarqua sur son visage l'expression du bonheur et de la joie. « Monseigneur m'a consolée. — Ce n'est pas mal de regretter vos amis, m'a-t-il dit ; cependant là-haut vous pourrez leur être plus utile qu'ici-bas. » Et cette pensée d'être encore utile à ceux qu'elle aimait et qu'elle laissait dans l'exil, lui faisait accepter de bon cœur le sacrifice de la séparation.

Mais la consolation par excellence fut la bénédiction apostolique sollicitée pour elle une première fois par une de nos élèves alors à Rome, puis une seconde fois par le comte E..., neveu de notre bonne Mère Saint-Augustin. Avec quelles larmes d'attendrissement ne reçut-elle pas le précieux autographe de l'auguste Pie IX, et combien de baisers respectueux couvrirent la signature de notre vénéré Saint-Père.

Pendant sa longue maladie, plusieurs de nos chères sœurs passèrent par l'infirmerie pour arriver au repos éternel entre autres la Mère Adélaïde, l'ange du noviciat, et la Mère Raphaël (1), première maîtresse de la Mère Saint-Jérôme. Cette dernière, déjà très-malade, conservant toute l'ardeur de son caractère, s'entretenait avec la Mère Saint-Jérôme des joies et des espérances éternelles, et l'on pense bien que la conversation de ces deux âmes ferventes, si communicatives, était par avance toute dans le Ciel. C'était l'unique sujet des entretiens de nos pieuses malades, qui s'animaient réciproquement à la patience. « Courage, ma chère sœur, disait un jour la Mère Saint-Jérôme à l'une d'elles, nous nous retrouverons bientôt ensemble. » Oh! ma mère, reprit cette bonne

---

(1) C'est la Mère Raphaël, on peut s'en souvenir, qui devina une future religieuse dans la petite Pauline de 10 ans, et demanda et obtint du ciel la Mère Saint-Jérôme pour notre communauté. Cette Mère Raphaël fut aussi pour nous un trésor. Entrée providentiellement dans notre maison après avoir échappé avec sa famille aux massacres de Saint-Domingue, son intéressante carrière mériterait au moins une notice à part. Elle sollicita longtemps et obtint enfin la faveur de donner ses soins à la portion chérie du troupeau de Notre-Seigneur, et pendant trente ans elle eut la direction de nos classes gratuites. Le nombre d'enfants et de pauvres qui, en pleurant, assistèrent à ses obsèques, fait son plus éloquent panégyrique.

sœur, en proie aussi à un mal incurable et très-douloureux, je ne m'occupe point de la récompense; je regarde Notre-Seigneur, et je pense que je ne pourrai jamais souffrir pour lui autant qu'il a souffert pour nous. »

Dès que la Mère Raphaël eût expérimenté les effets salutaires des derniers sacrements, elle insista pour que la Mère Saint-Jérôme eût part sans délai au bienfait de l'administration. Puis, convaincue qu'elle mourrait la première, cette chère Mère Raphaël fit promettre à sa compagne de douleurs d'offrir quelques-unes de ses souffrances pour délivrer son âme du purgatoire. La Mère Saint-Jérôme elle-même demanda bientôt la grâce de l'extrême-onction, en disant : « Je ne sais ce qui me presse ; les remèdes humains sont impuissants, il faut donc chercher le courage et la patience dans le sacrement des malades.

On fixa la cérémonie au 1er octobre. La communauté tout entière put entourer la chère malade, qui eut pour chacune un sourire, expression de son affectueuse et tendre charité. Après des paroles de pardon, prononcées avec larmes et écoutées dans une silencieuse émotion, elle reçut le saint Viatique, puis les onctions, et, profondément recueillie, elle s'entretint assez longtemps avec Dieu seul. Ensuite, dans l'effusion de la reconnaissance qui pénétrait son cœur, elle nous dit : Que de grâces j'ai reçues ! Priez, afin que je conserve intacte ma belle robe d'innocence.

Un mois de tranquillité fut le fruit des derniers sacrements. Mais, vers la fin d'octobre, les crises se renouvelèrent plus alarmantes. Une enflure progressive et le mal de cœur permanent annoncèrent que l'heure du sacrifice n'était plus éloignée.

La retraite du pensionnat, qui s'ouvrit à cette époque, nous parut une circonstance favorable pour tenter encore d'obtenir, par l'intercession de notre bienheureux fondateur, cette guérison tant désirée! Une nouvelle promesse fut ajoutée à celles que nous avions déjà faites. La malade, dans une complète indifférence, redisait ces paroles de l'apôtre : *Soit que nous vivions, soit que nous mourions, nous sommes tout à Jésus-Christ.*

Le 16 novembre, survinrent des spasmes qui nous firent craindre de toucher au moment suprême, et l'on commença les prières de la recommandation de l'âme. Pourtant, au bout d'une heure, notre chère mourante reprit connaissance et revint à son naturel charmant : « Oh! la bonne compagnie! » murmura-t-elle en promenant ses regards sur la communauté réunie pour recueillir son dernier soupir.

Cependant elle avait pleinement recouvré la paix, le calme et l'abandon. Jamais elle n'avait été plus aimable et plus expansive. On lui proposa la sainte communion : « Si c'est possible, quel bonheur! mais comme on voudra. »

Rien ne lui échappait. S'apercevant que, cette fois, les religieuses malades n'avaient pu venir participer avec elle à la divine Eucharistie, elle les réclamait affectueusement. Ces paroles : « Je vous aime bien, » étaient le refrain qu'elle répétait à toutes et à chacune. — Vous allez voir Notre-Seigneur et la sainte Vierge que vous aimez tant! lui dit quelqu'un. — Oh! de tout mon cœur, répondit-elle. On lui demanda sa bénédiction pour les Enfants de Marie, pour nos anciennes élèves, et alors successivement leurs noms aimés revenaient sur ses lèvres.

Le pensionnat, qui partageait nos inquiétudes, demanda que, cette année, les jeux de la Sainte-Catherine fussent supprimés. « Nous ne voulons pas, disaient ces chères enfants, que les Mères songent à nos divertissements ; elles sont trop affligées. » Notre Mère supérieure fit droit à cette requête, touchant témoignage d'esprit de famille, et la fête fut, non pas supprimée, mais remise, et l'on continua à prier avec ferveur.

Ce n'est pas courageux, disait notre édifiante malade ; mais j'ai bien envie de partir. Quand donc mourrai-je ? Sa grande faiblesse l'empêchait-elle de parler, ses regards, dirigés vers son crucifix et vers les saintes images, exprimaient ses désirs et ses célestes aspirations.

Le jour de l'Immaculée-Conception, elle crut que la sainte Vierge la convierait aux joies éternelles : « Ma bonne mère aura pitié de moi, dit-elle, et viendra me chercher aujourd'hui. » Et nous pouvons croire que son désir fut réellement exaucé, car l'octave est encore l'*Hodie* de la fête, et ce fut dans cette octave, au jour anniversaire, où nous parvint la nouvelle de la proclamation du dogme si glorieux à Marie, que la Mère Saint-Jérôme entra dans la vie éternelle pour être appelée à célébrer sans fin le triomphe de notre mère conçue sans péché.

Le 10, veille de sa mort, elle fit signe à une de ses sœurs d'approcher, son état d'épuisement lui permettait à peine de se faire entendre. « Dites à A... d'élever son fils pour le bon Dieu. Encouragez les enfants à travailler pour les pauvres, pour les pauvres églises. Portez ces petites âmes à la confiance en Dieu, c'est ce qui les touche le plus.... Vous direz au bon Dieu, de ma part, que si je lui ai fait quelques demandes indiscrètes, je les rétracte; je ne veux que sa volonté. » Elle regrettait sans doute d'avoir demandé à Notre-Seigneur d'abréger son état de souffrance et de l'appeler à lui.

Les personnes qui l'assistaient récitaient presque sans interruption des psaumes et des prières en son nom. Elle avait désigné l'*Anima Christi*, le *Pater noster*, des strophes du *Dies iræ*. Dites-moi, avec Rome : *Qui Mariam absolvisti et non peccatricem;* faites-moi entendre les chants du Ciel : *Sanctus, Te Deum.*

Le vendredi 11 décembre, des symptômes avant-coureurs du départ appelèrent la communauté, qui, bientôt réunie autour du lit de la mourante, fut témoin d'une agonie aussi douce que la maladie avait été cruelle. Vers trois heures de l'après-midi, comme on prononçait ces divines paroles : *Mon Dieu, je remets mon âme entre vos mains,* elle rendit le dernier soupir dans cette filiale invocation : Doux cœur de Marie, soyez mon refuge, et celle qui fut non-seulement la fidèle Enfant de Marie, mais l'épouse dévouée de son fils, s'endormit paisiblement dans les bras ou plutôt dans le cœur de notre divine mère.

En méditant ces paroles : *Consummatum est,* la Mère Saint-Jérôme avait autrefois écrit de sa main : « Il viendra un jour où il sera prononcé pour nous ce grand mot *consummatum est....* Ils sont passés ces plaisirs, ces honneurs. Elle est passée cette grandeur, cette gloire, cette jouissance mêlée encore de tant d'amertume! Ils sont passés aussi ces jours de tentations, d'épreuves, ces jours consacrés aux saintes rigueurs de la pénitence, à la mortification, aux humiliations!... Quelle différence dans la vie! quelle différence aussi dans la mort! »

Au moment même où l'âme de cette chère Mère entra dans son heureuse éternité, une personne qui avait eu avec elle des rapports très-intimes obtint une grâce particulière qu'elle sollicitait depuis longtemps, ainsi que la délivrance de certaines épreuves dont elle était affligée. Cette amie affirma devoir cette faveur à la prompte intercession de notre défunte. Quatorze ans auparavant, à pareil jour, toute la maison était dans l'allégresse. Nous faisions éclater notre joie dans un acte d'amour et de foi, et nous exaltions l'auguste pontife qui devait surpasser les années de Pierre, proclamer l'infaillibilité du chef de l'Eglise, et venait de promulguer la grande définition du dogme de l'Immaculée-Conception de la mère de Dieu. Ce triomphe de la sainte Vierge excita la rage de l'enfer, et bien des tristesses ont depuis lors passé sur notre terre. Nos cœurs se sont souvent émus et nos yeux se sont mouillés de larmes, surtout à l'aspect des maux de l'Eglise et de notre France. Désormais, pour notre chère Mère Saint-Jérôme, plus d'inquiétudes ni d'afflictions; elle est au port du salut, dans le séjour de la paix, dans cette sainte patrie, mêlée à la troupe des vierges, elle chantera éternellement les miséricordes de Celui qu'elle a tant aimé et dont le Cœur fait pour jamais sa béatitude !

Ecoutons M. Olier adresser à une communauté en deuil les paroles suivantes : « Vous avez perdu une sœur, mais vous avez une sainte; elle était dans vos bras, elle est dans le sein de Dieu. Ne devez-vous pas vous réjouir du bonheur de cette chère Mère!... Il ne faut pas pleurer sur son corps puisqu'il attend la gloire, ni sur son âme puisqu'elle la possède. »

Telles sont nos espérances et celles de toutes les personnes qui ont connu la Mère Saint-Jérôme. Avec ces consolations de la foi, quelques circonstances ont adouci les regrets du 13 décembre, fixé pour la cérémonie des obsèques. L'office de ce jour n'exprimait que la joie :

Réjouissez-vous toujours dans le Seigneur, je vous le dis de nouveau, réjouissez-vous, le Seigneur est proche...

Ainsi commençait l'Introït de la messe. Un soleil de printemps faisait rayonner sur la terre la douce lumière dont jouissent les bienheureux, et, c'est environnée de ces clartés célestes que nous voyons l'âme de notre chère Mère, ravie dans la contemplation éternelle des Sacrés Cœurs de Jésus et de Marie, qu'elle pourra louer sans fin dans ces paroles qu'elle écrivit et répéta si souvent : *Gloire et amour !....*

Outre les pieuses sympathies de la nombreuse assistance, témoin de la dernière cérémonie à la chapelle, il nous parvint, par écrit, quantité de témoignages au sujet de la perte que nous venions de faire, et l'écho de ce concert de regrets vint de toutes parts frapper notre cœur.

Un prince de l'Eglise nous adressa ces paroles si pleines de consolations :

« Nous savons peu et nous savons mal combien les âmes qui sont parvenues là-haut restent présentes à ceux qu'elles ont aimés en Dieu ; vient un moment où elles peuvent dire avec vérité, comme le maître : Si vous m'aimiez, vous vous réjouiriez de ce que je vais vers le Père ; vous vous en réjouiriez pour moi, mais aussi pour vous ; car, si je ne m'en vais pas, l'Esprit illuminateur et consolateur, dont je dois obtenir pour vous l'assistance plus forte, la venue plus sensible, ne vous accordera point les dons qu'il vous réserve à ma demande. »

Un digne ecclésiastique nous écrivit :

« Notre Seigneur a préparé sa fidèle épouse au grand passage ; maintenant elle recueille le fruit de ses douleurs physiques et morales. C'est une grande grâce aux yeux de la foi ; je suis porté à croire que cette grâce lui aura été obtenue par la sainte Mère Marie-Anne, en reconnaissance des peines qu'elle s'était donnée pour écrire sa vie. J'ai dit la sainte messe pour le repos de l'âme de votre chère défunte et je continuerai jusqu'à la fin du mois.

» Ne laissez sous le boisseau rien de ce qu'a écrit la plume si pieuse, si solide, si élégante et si simple à la fois de la Mère Saint-Jérôme. Elle continuera, même après sa mort, de parler à l'esprit et au cœur de ceux qui auront le bonheur de connaître et de lire ses productions littéraires. »

Voici d'autres fragments des lettres bienveillantes et

amicales que nous reçûmes dans cette triste circonstance. Toutes renfermaient, avec les meilleurs souvenirs, l'expression des sentiments les plus touchants au sujet de notre regrettée défunte. Nous transcrivons ici plusieurs passages de ces affectueuses condoléances :

« Je pressentais la triste nouvelle que vous m'annoncez, et votre lettre n'est pas venue me surprendre. Vendredi, vers quatre heures de l'après-midi, je recevais une grande grâce, et je me disais : Si la chère Mère Saint-Jérôme était au Ciel, je dirais que c'est elle qui pense à moi. Quel beau jour pour quitter la terre, un vendredi! Ah! comme cette troisième heure de l'après-midi, qui vit expirer notre Dieu sauveur, est une douce et sainte heure pour mourir! Notre chère Mère avait tant et si patiemment souffert, et les derniers mois de sa vie avaient si bien retracé les douleurs et l'agonie de la mort de son céleste époux! son dernier soupir a été uni au sien. Ah! chère Mère Saint-Jérôme, combien elle va prier au Ciel pour la sainte Eglise qu'elle aimait tant, et pour notre cher Saint-Père, qu'elle aidait de ses souffrances. »

» Comment exprimer tout ce que j'ai dans l'âme et combien j'ai assidûment suivi la cruelle agonie de cette très-chère élue. Depuis quelques mois, ses souffrances morales et physiques me touchaient singulièrement, et, Dieu aidant, il me semblait que j'entendais de loin comme des paroles de sa foi, de sa résignation, de son amour de Dieu et quelque chose aussi de son langage de la croix et du crucifiement. Mais si j'avais les yeux de ma filiale tendresse attachés sur elle, j'entrevoyais, dans mon esprit de famille, tous les soins donnés à ma Mère, à celle qui m'a fait faire ma première communion, à celle que j'ai toujours vue et retrouvée comme l'ange tutélaire de ma vie. Oh! que cette belle âme, si profonde dans ses affections, si délicate et si sincère, a dû éprouver de bonheur et de consolations d'être entourée là-haut de cette grande et dévouée famille du bon Dieu! »

» Combien mérite nos regrets celle dont la vie s'écoula pour nous dans le travail et le dévouement! Durant les deux ans que j'ai passés auprès d'elle, malgré la perspicacité quelquefois un peu malicieuse des pensionnaires, je n'ai pu la trouver une seule fois en défaut. Depuis sa mort, je n'ai jamais douté un seul instant qu'elle ne fût au Ciel. Une vie si sainte a dû promptement être récompensée. J'ai déjà ressenti sa protection sensible, et lorsque je me sens portée à négliger soit une lecture pieuse, soit une prière, la pensée de cette bonne Mère me revient et il m'est impossible de ne pas lui obéir. Oh! que nous sommes heureuses, nous congréganistes de Marie, ses enfants privilégiées! Nous n'avons rien à craindre; nous avons au Ciel une mère qui veille sur nous et qui écarte les épines de notre chemin. C'était une fleur montrée à la terre, dont le suave parfum s'est répandu partout. Toutes les personnes que je rencontre et qui savent ce qu'elle était, m'expriment leurs regrets et me parlent de ses ouvrages, de son mois du Sacré-Cœur surtout, qui a fait dans cette ville un bien immense et a procuré le salut de plusieurs âmes. Non, elle n'est pas morte; elle revit dans ses œuvres. »

» Que j'aime à me rappeler les paroles que m'écrivait cette bonne Mère et qui la peignent toute entière. ***Aimer,*** *être aimé, faire aimer,* pensées toutes divines et par conséquent toutes brûlantes de la charité qui l'animait. Souvent mon cœur était uni au sien ; j'offrais à Dieu ses prières, ses désirs, ses travaux incessants pour sa gloire, et j'étais alors un peu consolée de mon incapacité. Désormais, ce sera encore ma consolation de me joindre à celle qui déjà sans doute chante l'alleluia éternel. »

» C'est un passé béni que je pleure, ce sont les consolations et les forces pour l'avenir, les conseils dans les difficultés de la vie qui me sont enlevés. Mais, au milieu de cette douleur si vive, que de chers et doux souvenirs et quelle reconnaissance pour cette maternité si tendre, si dévouée ! Je répands ces sentiments devant Dieu, dans la désolation de mon cœur, le conjurant de hâter le bonheur éternel de ma Mère, qui l'a tant aimé et glorifié, et qui n'a vécu que pour lui. Ses chers livres me deviennent plus précieux que jamais ! Ce sera, hélas ! la seule manière de l'entendre désormais. Et ses lettres que je possède depuis vingt-cinq ans, et quelles lettres ! seront un trésor à léguer à mes filles. »

« Que ne puis-je pour un moment franchir la distance qui nous sépare et venir adoucir mon amertume en mêlant mes larmes aux vôtres dans une douleur qui nous est commune. Je pleure pour vous, je pleure sur moi. Je regrette celle qui était une de vos gloires et qui aimait si fortement sa chère maison ! Que ne m'a-t-elle pas dit à ce sujet dans notre dernière entrevue ?... Dieu l'avait mise sur mon chemin dans sa miséricorde ; Dieu, qui la retire, acceptera mon sacrifice ! Il est bien grand et vient s'ajouter à beaucoup d'autres. »

« Chère Mère, je voudrais bien plutôt l'invoquer que prier pour elle ; car je sens qu'elle doit être au nombre des saintes qui entourent le trône de Marie, et d'ici je crois voir les rayons du Cœur de Jésus illuminer sa couronne... »

« Le Sacré Cœur de Jésus devait à cette bonne Mère de l'appeler à lui le jour qui lui est consacré, elle a si bien écrit de lui et tant travaillé à sa gloire ! Le bonheur de cette chère Mère doit être grand, car Dieu lui a tenu compte de ce bien immense qu'elle a fait et que, dans son admirable simplicité, elle était seule à ne pas connaître. Sa vie de religieuse était un modèle et une édification pour tous ; elle restera dans le souvenir de ses anciennes élèves comme dans celui de nos chères Mères, et la mission donnée à sa haute intelligence et si grandement remplie, va se continuer par ses œuvres avec une bénédiction de plus. Oui, ses livres font passer dans les cœurs les plus tièdes un peu de ce feu divin, de cet amour ardent qui la consumait. Avec elle et par elle on aime Notre-Seigneur, on se jette dans ce Cœur adorable dont, après la bienheureuse Marguerite-Marie, personne, il me semble, n'a plus répandu les merveilles et fait connaître au monde entier les trésors d'amour, de miséricorde et de grâce. »

« Que de souvenirs j'ai gardés du temps passé près de cette chère Mère ! Il m'est présent au cœur et à la mémoire : sa bonté si intelligente, son esprit, sa gaîté, ses idées si grandes et si catholiques me reviennent souvent à la pensée comme l'esprit des Oiseaux, et il me semble que je me rappelle chacune de ses paroles. »

« Ah ! que j'ai su apprécier tant de mérite si peu ordinaire, joint à tant de modestie ! Ayant toujours vécu à l'ombre de son cher couvent, elle devinait avec un tact exquis tout ce qui est nécessaire à la vie du monde ; elle en avait l'expérience comme si elle y eût passé sa vie. Un cœur si vif et si aimant avec une douceur extrême. Sa science si rare de la religion, des Pères, de l'Ecriture sainte, était, on pourrait presque le dire, celle d'un Père de l'Eglise. Ce n'est pas pour rien qu'elle avait été nommée *Saint-Jérôme*. Une vie si remplie de tant de bonnes œuvres a été encore épurée par de si vives souffrances ! Adorons les desseins de Dieu ; ce doit être maintenant une grande sainte devant lui, et une grande protectrice pour nous. Le Cœur de Jésus, tant honoré par notre sainte amie, se sera ouvert pour elle, peut-on en douter ! »

« Echo de ce qui vous est répété de toutes parts, que peut-on dire, si ce n'est qu'en versant des larmes on se réjouit dans le Seigneur pour cette âme, qu'il est impossible de ne pas voir au sein de son Dieu, qu'elle a tant aimé, et tant contribué à faire glorifier en sa vie ! Je suis tout enveloppée d'elle, de ses vertus, des pieux souvenirs qui se rattachent à ses bontés ; il me semble que pour vous, qui avez eu une part plus directe à son calvaire, comme témoins de ses longues et cruelles souffrances, il doit y avoir, au milieu des déchirements de la séparation, de ces consolations qui seront à jamais un baume pour vos cœurs affligés. »

Les témoignages de sympathie qui nous parvinrent en grand nombre à ce moment si triste sont, du reste, tous inspirés par le même sentiment et ne diffèrent que très-peu dans l'expression. Aussi, nous a-t-il paru suffisant d'insérer ici ceux qui précèdent et de redire en général combien notre cœur fut touché de ceux qui nous vinrent de toutes parts en cette circonstance.

Au Ciel, l'âme de notre chère Mère doit être revêtue en un degré suréminent des qualités qui la rendaient si aimable ici-bas. Nous pouvons donc le croire, dans le séjour des élus, elle est encore sensible aux regrets et aux souvenirs des personnes qui l'ont connue et aimée pendant son pèlerinage. Et le divin rémunérateur ne peut-il pas vouloir que la connaissance de tant d'affectueux témoignages parvienne jusqu'à son épouse glorifiée, et ajoute un bonheur de plus à sa récompense?

Il nous est très-doux de penser que, réunie à notre céleste communauté dans la société des saints, cette chère élue goûte une plus ineffable joie au jour même où nous terminons ce travail, 8 décembre 1874.

En ce jour, elle peut voir l'immage de notre Reine Immaculée, la *Vierge fidèle*, protectrice et sauvegarde de cette famille, solennellement couronnée par les dons de la piété filiale et de la reconnaissance. Cet hommage à Marie nous est d'autant plus précieux qu'il vient d'être sanctifié par la bénédiction de Pie IX (1), dont la main

---

(1) L'auguste Pontife prit cette couronne dans ses vénérables mains, puis, élevant les yeux au ciel, non-seulement il bénit avec effusion de cœur cet ornement pieux, mais il daigna joindre à cette précieuse bénédiction l'inestimable faveur de 300 jours d'indulgence, applicables aux âmes du purgatoire, à gagner par toute personne qui fera l'invocation *Virgo fidelis*, devant la statue de notre Vierge ou dans la chapelle de notre monastère dit des Oiseaux.

vénérée bénit la Mère Saint-Jérôme elle-même aux jours qui précédèrent celui de sa naissance éternelle et de son entrée dans la béatitude.

CHAPITRE XI.

LETTRES DE LA MÈRE SAINT-JÉRÔME A M. DE J..., SON TUTEUR, ET A Mme DE S....

> ..... *Da mihi animas.*
> O Seigneur, donnez-moi des âmes!
> *Gen., C. XIV,* ⱴ 21.)

Le cœur de la Mère Saint-Jérôme, par l'effet de son amour pour Notre-Seigneur, était comme le foyer d'un zèle toujours en exercice. Les écrits religieux, les conversations pieuses, une édifiante correspondance furent les principales œuvres de ce zèle ardent et actif. Il nous resterait à parler de ce dernier moyen, dont le succès fut si consolant pour la Mère Saint-Jérôme et si profitable à tant de personnes ; mais, pour faire connaître le bien que produisit cette correspondance, il nous suffira d'en transcrire une partie, et nous le ferons avec d'autant plus de plaisir que l'on y retrouvera la Mère Saint-Jérôme tout entière avec son naturel, sa simplicité et son affectueux abandon. Un jour ne se passait pas sans qu'elle écrivît plusieurs lettres, et elle le faisait avec tant de facilité qu'elle n'avait pas besoin de calculer le temps qu'elle y employait. Ecrites pour la plupart à bâton rompu, pendant de courts instants de loisir, ou même au milieu de nos récréations, toutes ces lettres parlaient le langage d'un cœur affectueux, dévoué, et, par dessus tout, embrasé de l'amour de Dieu et du désir de le faire aimer.

« Je vous avoue, disait-elle à une amie, que depuis que j'ai commencé à aimer un peu mon Dieu, ou que j'ai désiré l'aimer, mon premier besoin a toujours été de faire participer les autres à cet unique bonheur. »

Doublement excitée par le zèle et par la reconnaissance pour celui qui avait pris soin de son enfance et de ses intérêts, elle mit tout en œuvre pour le ramener à la pratique de la religion qu'il respectait, mais dont il avait abandonné les devoirs depuis longues années.

Une amie de la Mère Saint-Jérôme nous a procuré ses lettres à son tuteur, et nous avons inséré ici celles qu'elle lui adressa dans le but de solliciter son retour à la pratique chrétienne. Après avoir vu combler ses vœux par la réussite d'une première et difficile démarche, elle encourage les débuts de cette conversion tant désirée, tant demandée au Ciel, puis elle anime et soutient constamment, parmi les épreuves et les souffrances, la foi, la confiance et le courage de celui qui, revenu à Dieu, ne croyait jamais le servir assez parfaitement.

Nous le répétons, c'est ici que surabonde le cœur de la Mère Saint-Jérôme, on le sent à son style, son âme déborde de charité. Aussi, avec la bénédiction de Dieu, les lettres que nous citons et qui déjà ont fait tant de bien, produiront encore plusieurs bons effets. Renfermant de véritables instructions, elles pourront porter une douce lumière aux yeux qui voudraient bien s'ouvrir à la connaissance du souverain bien. Elles seraient un puissant encouragement pour les âmes tentées de se lasser dans la persévérance de la prière ou dans l'exercice du zèle; enfin, un très-grand nombre de ceux qui souffrent puiseraient dans cette lecture des forces, des consolations pour se soutenir dans les épreuves et dans les douleurs de la maladie.

1er Septembre 1845.

M...

Il faut enfin que je vous ouvre mon cœur sur un sujet dont vous êtes peut-être étonné que je ne vous aie pas encore parlé. Mais non, vous y aurez vu discrétion et non indifférence ou manque de confiance. Je vous ai dit mille fois combien j'étais heureuse, et vous avez pu en juger vous-même. Cependant, je viens vous l'avouer, il manque quelque chose à mon bonheur, et vous seul pouvez le compléter. Déjà, j'en suis sûre, vous m'avez devinée et vous avez pardonné aussi la liberté que je prends. Vous savez combien je vous aime, c'est ma seule excuse. Depuis longtemps, depuis que j'ai pu comprendre ce que c'était qu'une *âme,* une *éternité,* je ne crois pas avoir passé un jour sans prier pour vous, sans conjurer celui qui connaît tous les cœurs et qui peut les changer comme il lui plaît, de parler au vôtre, et de faire tomber les obstacles qui pouvaient vous éloigner de lui. Je n'osais presque pas m'informer de la réussite du plus ardent de mes vœux; enfin, j'ai questionné la bonne Mme de S..., qui vous est si attachée! Elle m'a avoué ce qu'elle-même, aussi inquiète que moi sur un sujet de pareille importance, avait tenté près de vous dans votre dernier voyage. Vous lui pardonnerez bien, n'est-ce pas? Ce que vous lui avez confié, vous ne me l'auriez pas caché, j'en suis sûre, si je vous avais fait les mêmes questions. Jusqu'ici, je me flattais que tant de prières que j'ai fait faire de tous côtés auraient eu leur effet, et vos lettres, votre cœur si bien fait pour sentir ce que la Religion a de consolant, tout semblait me répondre de l'effet de mes désirs.

Depuis la dernière visite de Mme de S..., je ne saurais vous dire combien vous m'êtes présent partout, surtout lorsque je prie, quelle peine continuelle c'est pour moi de penser que la personne qui m'est la plus chère au monde est exposée à chaque instant au seul malheur sans remède ; que je ne la reverrai peut-être jamais, et que l'Eternité tout entière pourrait nous séparer. Certes, je sais bien que vous n'êtes pas ennemi de la Religion ; que vous ne refuseriez pas ses secours au besoin ; mais cette grâce du dernier moment, qui sait si on l'obtiendra, si on ne sera pas surpris, et cette incertitude d'ailleurs s'en contente-t-on lorsqu'il s'agit d'affaires temporelles ? Vous croyez sans doute qu'il sera difficile, presque impossible de changer vos habitudes ; mais, comptez-vous pour rien la grâce qui fait de si miraculeux changements ? Y a-t-il autant de distance entre vous et Dieu qu'entre le judaïsme et le christianisme ? Vous savez ce qu'est devenu M. de Ratisbonne, c'est là un miracle de premier ordre, je le sais, oui, plus grand que la résurrection d'un mort ; mais Dieu ne sera-t-il pas aussi bon envers vous qu'envers ses ennemis ? Croyez-vous qu'il puisse être indifférent à ce qui vous touche, et un père saurait-il perdre le souvenir de son enfant. Vous avez bien pu l'oublier, mais lui n'a pu vous bannir de son cœur ; c'est lui qui le dit et c'est ce que je lui représente, ce qui fait ma confiance et ce qui, je l'espère, fera la vôtre aussi. Ah ! si vous saviez tout ce que je le prie de vous dire au cœur, combien de fois je m'adressé tantôt à lui, tantôt à vous, comme si vous pouviez m'entendre. Ah ! que je serai heureuse lorsque j'apprendrai que vous joignez la pratique à la conviction ; car votre âme m'est chère comme la mienne, et je ne vois plus pour moi d'autre joie que celle qui m'assurera votre bonheur. S'il m'était permis de vous donner un conseil, moi qui en ai reçu de vous qui m'ont fait tant de bien, je vous dirais qu'il n'y a qu'un moyen de surmonter les obstacles : la prière. Dieu ne peut rien refuser à une âme qui le prie, il s'y est engagé. La prière vous donnera la force de revenir à la foi par la pratique, car il est mille choses dont la théorie ne se comprend complètement que par la pratique. La religion, plus encore que toutes les choses de ce monde, est de ce nombre. Enfin, c'est à Marie, au Cœur de Notre-Seigneur, que j'ai tant importunés pour vous, que je remets votre âme. Oh ! dites-moi que vous excusez ce langage, cette liberté que j'ai prise, il y a si longtemps que je renfermais dans mon cœur tout ce que la pensée de vous savoir loin de Dieu me donnait de tourments ?... Fidèle à mon tribut accoutumé, je vous envoie la copie d'une des prières que je fais souvent, tous les jours pour vous et pour moi.

28 Septembre 1845.

M...

Et moi aussi, que votre lettre m'a fait de bien au cœur ; qu'elle m'a fait verser de larmes et concevoir de douces espérances ! Je l'avoue, je ne vous connaissais pas encore aussi bon, aussi indulgent que vous l'êtes. Comme vous avez su oublier la distance que l'âge, l'expérience, la supériorité met entre vous et moi! J'en ai été touchée au delà de tout ce que je pourrais vous exprimer, et j'ai redoublé de vœux et de prières pour obtenir de Celui qui peut tout et qui vous aime plus que je ne saurais le faire, l'objet du plus ardent de mes désirs. Je puis bien le dire, lors même que je ne prie pas pour vous, au milieu de mes occupations, vous êtes au fond de mon cœur et de ma pensée, comme une prière permanente que je ne cesse d'offrir à mon Dieu. Lorsque je me trouve à ses pieds et que je goûte combien il est doux, je me plains à lui de ce qu'il ne vous le fait pas sentir aussi, et je vous assure que je renoncerais de grand cœur à toute joie en ce monde, de quelque nature qu'elle puisse être, pour cette joie de vous savoir à Dieu. Si j'étais seule à prier, je pourrais craindre de ne pas obtenir une si grande grâce, mais j'ai si bien quêté de tous côtés que j'ai pleine confiance d'être enfin exaucée. Je vous ai fait recommander à l'association de Notre-Dame des Victoires, où la sainte Vierge signale tous les jours sa bonté par des miracles de conversion, et j'ai obtenu pendant neuf jours les prières de plus de quatre cents personnes dans une communauté fervente qui nous a quelques obligations.

J'ai lu, je ne sais où, que lorsque Dieu veut sauver une âme, il inspire à d'autres de lui faire violence pour obtenir de sa bonté ces grâces puissantes qui changent les cœurs; recevez ces oracles, bien autrement faits pour vous que la menace de l'endurcissement des pécheurs impénitents. Les âmes traitées avec cette rigueur sont ordinairement celles qui, nourries des dons de Dieu les plus précieux, en ont abusé ; celles qui, après avoir montré aux autres les voies de Dieu s'en sont détournées ; c'est la punition de l'orgueil et de l'ingratitude. Oh ! non, ce n'est pas là votre fait ; adoptez ces paroles plus consolantes des livres saints, prononcées pour vous, où Dieu nous dit qu'il reste à la porte de notre cœur, qu'il attend, qu'il frappe, jusqu'à ce qu'on veuille bien lui ouvrir ; qu'il nous tend les bras tout le jour, qu'il nous a aimés de toute éternité, qu'il y a plus de joie dans le ciel pour la conversion d'un pécheur que pour la persévérance de quatre-vingt-dix-neuf justes ; que le vêtement de notre iniquité, fût-il plus rouge que l'écarlate, il le rendra plus blanc que la neige. Si vous saviez avec quelle confiance je me transporte de cœur avec vous sur ces fonts sacrés où vous avez reçu la foi au jour de votre baptême (et qui sont, je crois, ceux de l'église près de laquelle vous habitez), pour prier Dieu de vous rendre ce don précieux qu'il vous fit alors, sans que vous ayez pu en connaître la valeur ! Mais non, vous ne l'avez pas perdue, comme vous le pensez. N'adoptez-vous pas les mystères qu'elle enseigne ? Ne croyez-vous pas à un Dieu fait homme pour notre amour, mort pour nos péchés, ressuscité pour prouver sa mission ? Ce sont des faits confirmés par la mort de six millions de martyrs, fondés sur une croyance universelle, sur l'établissement de la plupart des sociétés modernes, dans la foi desquels se sont endormis avec tant de consolation votre père et votre mère. Oh ! comme ils prient pour vous du haut du Ciel, j'en suis sûre, maintenant qu'ils comprennent si bien ce que c'est que sauver son âme pour l'éternité, je me suis adressée à eux avec instance, comme à ceux des saints qui doivent vous porter le plus d'intérêt.

Ce n'est donc pas la foi qui vous manque. — C'est la grâce, dites-vous, ou du moins ce sentiment de la grâce qui rend tout facile. — Dieu est prêt à vous le rendre si vous le lui demandez. Ah! je vous en conjure, continuez donc à prier, malgré la difficulté que vous y trouvez. Dieu veut bien vous recevoir entre les bras de sa miséricorde, mais il attend que vous fassiez quelque chose de votre côté. Faites ce que vous pouvez et demandez ce que vous ne pouvez pas, dit le saint concile de Trente. Prier, c'est s'humilier, c'est reconnaître son impuissance, et Dieu a promis de s'abaisser vers les humbles ; mais prier c'est aussi aimer. Ce qui vous explique pourquoi votre cœur est encore froid dans cet exercice, c'est qu'entre Dieu et vous, il y a un mur de division. Quand la prière vous aura obtenu la force de le faire tomber, alors vous retrouverez pour Dieu ce cœur si bon, si ouvert à tout ce qui vous aime.

Vous m'avez si bien encouragée que je ne craindrai pas de vous dire toute ma pensée : il n'y a qu'un pas à faire après lequel, je puis vous l'assurer, vous verrez tomber tous vos doutes, toutes vos difficultés. Ouvrez votre cœur à un ecclésiastique éclairé et vertueux, recourez au sacrement de pénitence. Je sais combien, après de longues années passées loin de Dieu, cette détermination est pénible et difficile à prendre. Essayez seulement. Vous savez ce que disaient les saintes femmes qui allaient au tombeau : Qui nous ôtera la pierre qui en ferme l'entrée?

Et, cependant, elles se mettent en chemin. Lorsqu'elles arrivèrent, elles trouvèrent que cette pierre avait été enlevée. Que de fois Dieu agit ainsi envers ses pauvres créatures! Les difficultés nous effraient, mais si nous mettons la main à l'œuvre, lui-même se charge de les faire évanouir. Il nous offre des moyens que nous n'avions pas aperçus; il ne nous fait trouver que douceur et consolation là où nous n'attendions que peine et amertume. C'est ce qu'il fera pour vous; oui, il vous donnera le temps, les moyens, les secours nécessaires. Pour moi, je ne cesserai de l'importuner qu'il ne m'ait accordé cette grâce. En voilà assez, et trop pour vos pauvres yeux. Si je vous disais tout ce que mon cœur invente chaque jour pour fléchir notre bon Dieu, vous n'en seriez cependant pas quitte à si bon marché.

28 Décembre 1845.

M...

Que vous êtes bon d'arriver si exactement! Vous ne pouviez pas me faire de plus grand plaisir, croyez-le. Dès ce matin, je voulais commencer à vous écrire, craignant de me trouver en retard, et de ne pas être avec tous ceux qui vous diront tout ce qu'ils vous souhaitent de bonheur; j'en ai été empêchée et j'en suis contente, votre lettre ne m'ayant été remise qu'à midi. Qu'elle m'a rendue heureuse, oui, vraiment heureuse! Si vous n'étiez pas en voie d'échapper à la puissance de l'ennemi des âmes, croyez-vous qu'il vous agiterait? Lui serait-il nécessaire de soulever les doutes dans votre esprit? Oh! oui, dès qu'il y a combat, c'est qu'on n'est pas d'accord; nous lui ferons bien lâcher prise, à cet ennemi dont les ruses sont un peu trop usées pour qu'on ne sache pas les déjouer. Le grand moyen c'est toujours l'humilité et la prière. Après cela, il est permis d'examiner, de discuter. Que je voudrais donc quelqu'un pour répondre à vos objections au jour le jour. — Je ne suis pas théologien; cependant vous avez été si indulgent pour moi jusqu'à ce moment, que, j'en suis persuadée, vous me permettrez de répondre à ma façon aux différents articles de votre lettre.

Et, d'abord, vous vous plaignez de n'en être encore qu'à la crainte; c'est, dit l'Ecriture sainte, le commencement de la sagesse. L'amour, surtout l'amour senti comme votre cœur voudrait l'éprouver, cet amour qui vous rendra si douce la voie embrassée, d'abord malgré mille répugnances, viendra, je puis vous l'assurer, dès que vous aurez fait la démarche qui peut seule vous réconcilier avec Dieu. On ne peut aimer ce qu'on ne connaît encore qu'imparfaitement. L'autre question serait plus difficile à résoudre s'il n'y avait une réponse abrégée devant laquelle se sont inclinés les plus grands génies : *mystère*. Ceci demande cependant explication. Pourquoi, me dites-vous, laisser au démon tant d'empire sur notre raison? Il faut remonter bien haut pour répondre; aller jusqu'au péché originel, cause de tant de maux inexplicables sans cette faute. — Mais aussi, pourquoi le péché originel lui-même, pourquoi laisser l'homme se perdre? — Dieu, comme créateur, avait le droit de mettre une condition au bonheur qu'il destinait à l'homme. L'homme fut créé libre; il pécha, pouvant ne pas pécher, malgré les avertissements de Dieu, malgré ses promesses, et ne put imputer qu'à lui les maux qui furent la peine et la suite de sa faute. Ah! le démon ne nous demande pas pourquoi Dieu ne perdit pas le premier homme comme les anges rebelles après une première faute, pourquoi tant de condescendance pour une créature moins parfaite que lui, et pourtant n'y a-t-il pas là un mystère pour notre raison? Que ce mystère parle à notre amour et à notre reconnaissance! Quant au mode choisi pour racheter l'homme pécheur: tant d'amour, tant de souffrances, certes si notre raison s'y perd et à bon droit, notre cœur s'y retrouve. C'était bien avec justice que saint Bernard, ce grand cœur et cette grande lumière de notre France, qui avait médité et approfondi autrement que nous ce mystère, s'écriait: « O heureuse faute, qui nous a mérité un tel Rédempteur!» Dieu eût pu faire moins; mais ce qui suffisait à sa justice ne suffisait pas à son amour, et si, après de si incroyables preuves de miséricorde et de tendresse, nous demeurons encore froids et insensibles, qu'eussions-nous été s'il eût agi autrement? Ah! ce n'est pas vous qui demanderez à Dieu compte de son amour et mériterez le reproche de l'apôtre saint Jean aux païens: *Ils n'ont pas cru à l'amour.* Aussi bien, est-ce encore là un mystère, celui de la rédemption. Dieu peut faire plus que l'homme ne peut comprendre. Où parle la foi, la raison doit se taire; sans cela où serait le mérite de cette même foi, quelle serait la cause de la récompense qui lui est promise?

Au reste, il y a dans la Religion des enseignements inexplicables à notre raison, mais ils n'y sont pas contraires. Le mal est que toujours nous voulons rapetisser Dieu à notre mesure. Il est infini dans ses perfections, ses desseins sont incompréhensibles ; ceux qui veulent les sonder sont écrasés sous leur poids. Que nous reste-t-il à faire? Dire : Je crois, et non je comprends. Ah! vous le savez comme moi, les bases de la foi sont solides, assez prouvées pour que nous n'ayons rien à craindre en nous y soumettant. — Pourquoi quatre mille ans d'attente! me dites-vous plus loin. — Dieu voulut que le Messie fût figuré, prédit, afin que l'accord des prédictions avec la réalité rendît le doute impossible et sur la personne de Jésus-Christ et sur ses œuvres. Quatre mille ans sont un long espace pour l'homme, mais non pour Dieu, à qui mille ans sont comme le jour d'hier déjà passé. Certes, Dieu eût pu faire immédiatement succéder la rédemption à la promesse ; est-ce à nous à lui demander compte de ses œuvres ? Pourquoi ? pourquoi ? C'est le premier mode d'agir du tentateur. Pourquoi ne pas manger de ce fruit ? Il n'a pas changé depuis, on peut le reconnaître.

Le culte de la sainte Vierge, en quelque sorte substitué, dites-vous, à celui de Notre-Seigneur, au moins dans les marques extérieures de confiance et de respect, ne peut être un obstacle à votre raison éclairée. Vous savez trop bien comment l'entendent ceux dont l'autorité peut faire loi. Que de choses ne vous viendront pas même à la pensée après ce bon acte de contrition qui précède et accompagne l'humble aveu de ses fautes.

Oui, vous l'avez compris, l'ennemi est au désespoir de voir sa proie lui échapper, et il s'accroche à tout ce qu'il peut rencontrer pour retarder au moins une défaite qu'il prévoit devenir inévitable. Nous lui ferons bien voir que, pour les âmes, le droit de prescription n'a jamais existé, et qu'en tout cas, il aurait été anéanti sur la croix. Au reste, si la prière fait violence à Dieu, s'il faut être importun pour être exaucé, ni vous, ni moi ne nous lasserons, n'est-ce pas? Mon parti est bien pris pour mon compte, rien ne me découragera, et je serai aussi importune le dernier jour que le premier. D'ailleurs, je suis assurée d'une volonté, celle de Dieu; il n'y a plus que la vôtre, déjà plus qu'ébranlée; l'affaire est donc faite. Seulement, je vous en prie par tout ce qui peut être le plus capable de vous toucher, ne retardez plus notre bonheur et le vôtre. Ce n'est pas sincèrement, avouez-le, que vous craignez qu'on ne devine le sujet de votre voyage. Qui pourra s'imaginer le but, n'avez-vous pas fait plus d'une absence sans qu'on ait su le pourquoi, et puis n'êtes-vous pas maître de vos actions?

J'espère qu'en voilà long; croyez que mon cœur n'a jamais tout dit. Vous lui avez été présent surtout à la belle nuit de Noël! Comme il a conjuré le Dieu enfant, qui ne sait qu'aimer et pardonner, de jeter sur vous un de ces regards qui sont des effets. Il m'a écoutée, n'est-ce pas? Que vous souhaiterai-je au commencement de cette année? Ce que j'ai demandé au pied de la crèche. Après Dieu sont à vous tout le cœur et toutes les pensées de votre respectueuse et affectionnée (1).

M. S.-J.

(1) La Mère Saint-Jérôme intéressait toutes les âmes pieuses à la conversion qu'elle sollicitait. Elle écrivait de tous côtés à cette fin; aussi

29 Janvier 1846.

M...

Pendant votre séjour toujours trop court à Paris, vous m'avez procuré une agréable surprise, d'heureux moments que je n'oublierai point. Et, cependant, je me reproche encore de ne vous avoir pas dit tout le bonheur que j'éprouvais à vous voir, à vous savoir près de moi. Vous avez eu aujourd'hui, comme il était dû, la grande part de ma communion, de mes prières et même de toutes celles que les enfants ont bien voulu faire pour moi; car il est convenu avec le bon Dieu que votre nom est inséparable du mien, et Notre-Seigneur est si bon qu'il daigne se prêter à mes petites conventions. Pourrais-je être heureuse si je savais que vous ne l'êtes pas? Et qui peut vous procurer ce bonheur que je demande tous les jours pour vous? Vous le savez.

Dieu l'exauça-t-il pleinement. Nous retrouvons, à la date de 1846, la lettre suivante :

« Ma très-chère M. X....

» Le trait de conversion dont vous me parlez m'a fait du bien au cœur. Oh! demandez donc à Dieu avec instance qu'il fasse tomber de la même sorte les obstacles qui éloignent de lui mon pauvre tuteur. Remerciez vos sœurs pour moi des prières qu'elles ont bien voulu faire et demandez-leur en la continuation, si ce n'est point abuser. Oh! s'il avait un Jésuite pour l'entendre, tout serait fait. Vous avez déjà obtenu beaucoup, car pour la première fois j'ai osé lui parler ouvertement et de conversion et de confession. Il a, m'a-t-il répondu, arrosé mes lettres de ses larmes. Il est on ne peut plus touché de ma sollicitude; mais la prière est pour lui comme impossible; cependant il priera. Il ne peut croire, du moins de cette foi efficace qui fait agir; surtout, il ne sait à qui s'adresser pour ouvrir son cœur. En effet, les ressources manquent absolument du côté où il est. Oh! la précieuse semence des Jésuites, que n'est-elle répandue là!....

Vous êtes donc parti sans avoir vu mon grenadier du bon Dieu?... Je suis sûre que vous vous en repentez. En somme, je me réjouis de vous savoir dans vos pénates, car je sais que vous les aimez. Je sais bien aussi vous y trouver, et vous devez me rencontrer le matin, le soir, à la promenade, partout.

Avril 1846.

M...

Que je suis donc désolée que vous ayez été en vain rue des Postes. C'est un peu ma faute, car je vous avais indiqué cette heure sans être sûre au juste qu'elle fût celle qui conviendrait. Je prie Dieu qu'il vous donne la force de vous y rendre aujourd'hui, car je suis certaine que le moral contribue à abattre le physique, et qu'une fois fixé sur ce qui vous embarrasse, vous sentirez un bien-être qui réagira sur votre santé. Je vous en prie donc avec instance, ne perdez pas courage sur le point de recueillir le fruit de vos efforts, continués si généreusement au milieu de tant de choses faites pour vous lasser. Dieu saura bien récompenser tant de sacrifices, lui qui promet de ne pas laisser sans fruits le verre d'eau froide donné au pauvre pour son amour. Vous dire combien je prends part à tous ces contre-temps, combien je prie Dieu de les faire tourner à votre avantage, serait difficile. Toutefois, j'ai confiance, et je voudrais qu'il me fût donné de la faire passer dans votre cœur, cette douce confiance. Dieu vous conduit par le chemin le meilleur puisque c'est celui qu'il a choisi pour lui-même sur la terre, la voie de la croix. Il saura bien proportionner la grâce à l'épreuve.

Que je serai heureuse quand vous pourrez me dire que tout est fini, et que vous êtes content; jusque-là, toutes les fois que vous élèverez votre cœur vers Dieu pour lui demander force et courage, vous pourrez être sûr que nous serons ensemble à lui faire la même demande. On l'a trop importuné en votre faveur pour qu'il refuse de se laisser fléchir. Mais, je le sais, il l'est déjà sans que vous le sentiez, et s'il vous refuse la consolation en ce monde, c'est pour vous la donner un jour plus abondante, ainsi qu'il le promet aux vrais disciples de sa croix.

13 Avril 1846.

M...

Que votre petit mot m'a fait plaisir! Vous avez donc enfin vu l'excellent P... M..., et vous en êtes sorti content, comme je le pensais. Il fallait bien que l'ennemi des âmes, furieux de voir que vous lui échappiez, fît les derniers efforts pour vous ravir au moins la paix, puisqu'il ne pouvait vous enlever la grâce et l'amour de notre Dieu. Jouissez-en maintenant, et si vous ne pouvez être content de vous, soyez-le de Dieu, qui vous a si bien prouvé que jamais vous n'êtes sorti de son cœur, et que lors même que vous l'oubliiez, il conservait votre souvenir. Certes, je suis bienheureuse quand je peux vous voir, mais j'aime encore mieux que vous réserviez vos forces pour la rue des Postes... Le Père vous aura probablement engagé à revenir. Je pense qu'il vous indiquera ce que vous avez à faire pour persévérer dans la bonne voie : quelques ouvrages à lire, méditer, etc. Je lui donne mille bénédictions, si les miennes peuvent compter, pour avoir consolé votre chère âme, et je ne saurais vous dire combien je suis heureuse de votre bonheur. Il est bien entendu que mes prières et mes vœux pour vous ne sont pas moins ardents, maintenant qu'enfin j'ai obtenu le principal objet de mes désirs.

Dimanche, l'Eglise nous représente N.-S. sous la figure du bon Pasteur, qui porte sur ses épaules la brebis retrouvée. Oh! comme je le prierai de continuer à vous porter, à vous encourager, à vous serrer contre son cœur, jusqu'au jour où tous nous nous féliciterons dans des transports de joie et de reconnaissance de ce qu'il a daigné nous faire entendre et suivre sa voie, préférablement à tant d'autres. Oh! le beau jour! Combien alors nous bénirons les larmes, les souffrances, les combats qui nous auront conduits à une vie si heureuse!

2 Mai 1846.

M...

Et moi aussi, je veux être auprès de vous en quelque façon jusqu'à votre départ, et vous redire combien vous m'avez rendue heureuse selon la foi, surtout pendant ce dernier séjour à Paris. Votre retour à la pratique m'a soulagé le cœur d'un poids que vous vous expliquez sans doute, maintenant que Dieu vous a mieux fait comprendre le prix de votre âme. Il m'est bien resté une peine, celle de ne pas vous voir consolé comme votre cœur l'eût désiré: mais je l'offre à Dieu, le remerciant de vous avoir accordé l'essentiel. Vous êtes dans la voie du salut, vous êtes agréable à Dieu, il vous compte au nombre de ses amis, que pouvons-nous désirer de plus? S'il diffère ses joies, ses consolations, ce ne sera pas pour toujours. Vous savez ce que disait saint Augustin : Ici-bas, Seigneur, coupez, brûlez, tranchez, mais, là-haut, épargnez-nous. Je voudrais bien que N. S. me réservât à moi seule l'amertume et qu'il vous comblât de ses joies, mais peut-être et sans doute, comme il vous aime d'une manière plus éclairée que je ne saurais le faire, il voit que ce serait vous ravir une partie de votre couronne et de vos mérites. Il y a peu de mérite à servir Dieu dans l'abondance des consolations, mais lui être fidèle avec la pure foi, sans appui, sans contentement, c'est le vrai amour, la vraie pénitence, celle qui, je le crois, peut être la plus profitable pour vous par son opposition à votre cœur si bon, si affectueux ! Vous voudriez aimer Dieu comme vous savez si bien aimer ceux qui vous sont chers ; il le voit, il le sait, et je puis vous assurer qu'il vous en tient compte.

J'ai oublié la dernière fois de vous parler du mois de Mai, consacré à Marie ; adressez à cette bonne mère quelque prière spéciale pendant ce mois, pour qu'elle vous obtienne ce qu'elle jugera nécessaire de consolation et de confiance. Je le ferai de mon côté tous les matins, surtout à la messe, et soyez sûr que cette bonne Mère, si sensible à nos maux, l'espérance de ceux mêmes qui sont tombés dans l'abîme du désespoir, se rendra à nos vœux.

17 Mai 1846.

M...

Ce mercredi même où vous avez eu le bonheur de communier, j'écrivis avant la messe une petite lettre à Notre-

Dame de *Liesse,* pèlerinage fameux à la sainte Vierge, dont vous avez peut-être entendu parler. Il y était bien plus question de vous que de moi, et je ne pouvais mieux m'adresser pour vous obtenir cette joie du Ciel, qui sans doute n'est pas nécessaire pour vous rassurer, mais que Dieu nous permet bien de lui demander. Justement, dans l'évangile d'aujourd'hui, Notre-Seigneur dit à ses apôtres : « Jusqu'ici, vous n'avez rien demandé en mon nom, demandez afin que votre joie soit parfaite. » Donc j'ai beaucoup pensé à vous, et je me suis enhardie encore à solliciter, à presser, à sommer Notre-Seigneur de m'exaucer.

Pour en revenir à N.-D. de Liesse, comme ce sera vous qui recevrez la réponse, vous voudrez bien me dire si elle a été favorable, comme, au reste, je n'en doute pas. Et puis, nous faisons ensemble le mois de Marie, n'est-ce pas? Si je ne craignais d'abuser de votre condescendance à tous mes désirs, je vous prierais de vouloir bien faire chaque jour aussi, au mois de juin, l'acte de consécration au sacré Cœur de Jésus, et la petite lecture indiquée pour chaque jour dans le livret que je vous ai envoyé à Paris; c'est prendre un peu tôt les avances; c'est que je crains de ne pouvoir vous écrire d'ici là, et je crois que vous vous trouverez bien de ce court exercice.

Puisque mes lettres ne vous importunent pas, elles ne vous feront point faute, à condition que vous me direz quand j'irai trop loin, ou par mon zèle pour votre âme, c'est-à-dire pour votre bonheur, ou par ma loquacité. Je ne cesserai de vous redire combien je suis heureuse de vous savoir enfin à notre bon Dieu ! Cette pensée est pour mon cœur comme un festin délicieux et continuel. Je vis maintenant en repos ; il me semble que je n'ai plus rien à désirer en ce monde, si ce n'est toutefois que vous et moi nous aimions, chaque jour davantage, celui qui nous a regardés si favorablement.

5 Juillet 1846.

M...

Que le bon Dieu est bon pour vous ! Il vous fait envisager les choses dans la vérité, et dès l'entrée de la carrière, il vous fait tendre à la perfection. Vous auriez pu vous contenter du strict nécessaire ; il y en aurait eu assez sans doute pour vous tranquilliser, mais non pour répondre aux besoins de votre cœur si aimant, qui veut être pour Dieu ce qu'il est pour ses amis. Vous me direz que c'est bien le moins, et que la simple raison, la justice l'exige. Oui, mais la seule raison ne conduit pas là, je vous l'assure ; j'entends en pratique, en volonté, même en désir, et c'est ce qui prouve la présence, l'assistance comme visible de la grâce en vous, bien que vous ne le sentiez pas, que vous ne le goûtiez pas. Saint Ignace disait : « Par la dévotion, je n'entends pas les goûts spirituels, les consolations intérieures, mais la pratique fidèle des exercices de piété et des vertus chrétiennes. » Et saint Liguori : « Que Dieu nous réserve pour le Ciel toutes les consolations qui nous auront été refusées sur la terre. » Enfin, la doctrine de tous les saints est que le désir de l'amour de Dieu, c'est l'amour. David ne se contentait-il pas de dire à Dieu, et avec confiance : « Seigneur, j'ai désiré de désirer la justice. » Je vous ferais bien de plus longues citations toutes plus rassurantes les unes que les autres, car je ne fais pas de lecture, je n'entends pas de sermon que ce ne soit pour nous deux et que je ne me dise : Oh! voilà qui ferait bien au cœur de M. de J... — C'est vous dire qu'actuellement je désire aussi vivement votre sanctification que j'ai désiré votre retour à Dieu. Je vous crois en très-bonne voie et vous souhaiterais aussi satisfait de vous que je le suis moi-même et à bon droit, car je ne suis pas seule à penser ainsi. Je me suis permis (et vous me le pardonnerez, car on ne sait qui vous êtes, ni votre nom) de montrer votre lettre à une personne très-favorisée de Dieu et qui marche depuis longues années dans des voies un peu rudes, et voici ce qu'elle m'a dit : « Oh! que Dieu aime cette âme si droite, qu'il lui a fait faire de chemin en peu de temps! Rassurez-la, tranquillisez-la, non de votre part, mais de celle de Dieu, qui est content d'elle. Dites-lui seulement qu'il ne faut pas que ce qu'elle appelle ses négligences, ses froideurs, et j'ajouterai ses fautes mêmes, pourvu qu'elle s'en repente, l'empêchent de communier autant de fois qu'elle en aura le désir et que son confesseur le lui permettra, car c'est là seulement qu'elle puisera sinon consolation, très-certainement force et persévérance. » Voilà ma commission faite; vous trouverez bon, n'est-ce pas, que j'aie recouru à meilleur avis que le mien? Vous n'y verrez pas indiscrétion, mais preuve réelle de mon affection, à laquelle je ne crois pas qu'il soit possible d'ajouter. Je ne saurais vous dire combien je suis occupée de vous. Quand je prie, il me semble que vous êtes à genoux à côté de moi, et. vrai, vous me servez d'ange gardien pour chasser mes distractions, car votre pensée me donne un si grand désir de ne rien faire qui me rende indigne d'être exaucée, qu'il n'est pas de préoccupation qui puisse résister à ce sentiment.

18 Octobre 1846.

M...

Je suis un peu comme vous, aimant à me rendre raison de toutes choses ; c'est pourquoi, cherchant devant Dieu pour quel motif il n'exauçait pas nos désirs et ne se faisait pas sentir à votre cœur, il m'est venu en idée que peut-être je n'avais pas été assez reconnaissante envers la sainte Vierge, que j'avais tant importunée et fait importuner en votre faveur à Notre-Dame des Victoires ; que je ne vous avais pas assez dit combien c'était à elle, après Dieu, que vous étiez redevable de la force qui vous avait été donnée pour faire le premier pas dans la voie du salut. En conséquence, je me propose d'entendre la sainte messe et de communier tous les samedis à dater de samedi prochain, jusqu'à la fête de l'Immaculée-Conception, en action de grâces et pour lui demander qu'elle vous obtienne enfin de goûter et de voir combien le joug de son fils est doux. Je vous demanderai de vouloir bien vous unir à moi par un souvenir de cœur plus spécial aux pieds de Marie tous les samedis, et de faire en sorte de communier le 8 décembre. J'ai une dévotion toute particulière à cette fête de la sainte Vierge, où l'Eglise fait mémoire du privilége unique par lequel Marie, dès le premier moment de son existence, a été exempte de la tache du péché originel, en vertu des mérites prévus de son fils et de la dignité à laquelle il voulait l'élever. J'ai obtenu ce jour-là des grâces inespérées, et je me plais à croire que la sainte Vierge veut bien me réserver encore la seule que je sollicite en ce moment. Ainsi, j'ose compter sur votre concours; je m'adjoindrai quelques bonnes âmes et Notre-Seigneur, qui a dit : « Là où deux ou trois seront assemblés en mon nom, je serai au milieu d'eux, » ne saurait rejeter nos demandes. En tout cas, s'il venait à juger qu'il vous fût plus salutaire de vous accorder quelqu'autre grâce, il ne vous resterait plus qu'à reconnaître qu'il sait mieux que nous quels sont nos véritables besoins. Après tout, pourvu que nous arrivions à nous sauver, qu'importe par quelle voie. Nous conviendrons, à la clarté de l'éternité, que les chemins les plus rudes étaient doux encore pour arriver à un si grand bonheur.

4 Décembre 1846.

M...

Dieu m'a souvent fourni l'occasion de satisfaire au besoin de le faire connaître et aimer : mais jamais je n'en ai trouvé de plus consolante que celle qui m'unit dans son amour à l'âme que la reconnaissance me rend si chère! Votre retour à Dieu est bien l'un des plus grands bonheurs de ma vie, l'un des plus sentis, et dont je ne cesserai jamais de remercier ce bon Maître; toutefois, je suis persuadée que vous et moi ne le comprendrons tel qu'il est que lorsque nous saurons ce que c'est que Dieu, éternité de bonheur ou de malheur. Au ciel enfin, nous nous y reverrons, et je compte bien parmi les joies qui nous y sont réservées celle de vous voir échappé au péril de perdre un tel bien.

Comme je comprends le besoin de votre cœur ! Pour mon compte, je vous dirai que je n'ai jamais demandé autre chose au bon Dieu que cet amour qui rend tout possible. Amour sensible, affectueux? Non, je n'aurais pas osé ; il peut d'ailleurs être sujet à l'illusion, mais amour effectif et pratique, qui donne la force de ne reculer devant aucun sacrifice. C'est là la plus signalée des grâces, ce me semble. Dieu vous la fera puisqu'il vous inspire de la lui demander, puisqu'il a engagé sa parole à exaucer toutes les prières que nous lui ferons au nom de Notre-Seigneur, avec confiance et persévérance. Ah ! je vous en prie, que rien ne puisse diminuer en vous ces deux dernières dispositions, pas même ce que vous appelez votre lâcheté, et que Dieu voit, j'en suis sûre, d'un œil plus indulgent que vous. Vous devez, il me semble, vous traiter vous-même avec cette douceur, cette condescendance que vous savez si bien avoir pour les autres. Trop d'exigence et de sévérité vous ferait perdre courage. Dieu lui-même, selon le langage de l'Ecriture sainte, ne dispose-t-il pas de nous avec douceur, avec révérence? Vous me connaissez bien, et vous m'avez donné la plus grande marque de réelle affection en me mettant ainsi au courant de vos dispositions ; je ne me permettrais pas de vous les demander, mais je suis heureuse de les connaître ; je puis mieux alors m'identifier avec vous, en quelque sorte, et prier avec vous aux mêmes intentions que vous. Certainement, je voudrais que Dieu daignât vous accorder un peu de cette onction qui adoucit la pénitence ; mais croyez-bien que, comprenant le don de la croix, j'admire plus encore qu'il vous soutienne sans consolation ; c'est une grâce d'un ordre bien supérieur à toutes les joies, même spirituelles, où Dieu fait tout et la créature presque rien. Vous le cherchez d'un cœur trop droit pour qu'il vous abandonne. Si les forces physiques ne secondent pas les désirs de votre cœur dans tout ce que vous voudriez faire pour lui, croyez-vous qu'il puisse s'en offenser ? Il sait bien de quel limon nous sommes faits, eh ! il a plus de compassion de notre faiblesse que nous-mêmes. Il est père, et ce n'est pas en vain que vous le lui rappelez tous les jours. Et puis, vous n'êtes encore qu'un tout petit enfant de quelques mois dans ses voies ; peut-il vouloir que vous marchiez tout de suite d'un pas aussi assuré que ceux qui le servent depuis longues années.

11 Janvier 1848.

M...

Vous avez beau faire, vous ne m'effraierez pas sur votre compte. Dieu a commencé son œuvre en vous, il l'achèvera. Cette confiance repose au fond de mon cœur ; elle fait mon bonheur, et dans la vérité vous devez la partager avec moi. Que la foi que vous avez connue et approfondie si tard n'ait pas pour vous l'évidence qu'elle a pour moi, par exemple, ou pour toute autre personne qui en a fait depuis longues années son étude et sa vie, c'est une chose fort naturelle. Mais, après tout, et pour tout, si la foi ne laissait rien d'insoluble, sous un certain rapport, à notre esprit, où serait son mérite, où serait la foi elle-même ?

Car la foi est une croyance ferme et respectueuse aux vérités révélées, dont la plupart sont des mystères. Au Ciel sera le plein jour; ici ces vérités sont appuyées sur d'assez solides preuves pour nous engager à les croire. Les martyrs, les miracles, la foi d'un monde entier qui nous a précédés dans cette croyance et qui nous y accompagne. Et puis, une grande réponse à tout doute, à ceux qui en particulier tombent sur l'Eucharistie, n'est-ce pas celle-ci? Et qui d'entre les hommes eût pu inventer un pareil stratagème d'amour, si l'on peut ainsi parler? Qui l'eût annoncé aussi simplement, aussi clairement, pardonnez-le moi, aussi *crûment* qu'il l'est dans l'Evangile : « Ma chair est véritablement viande, mon sang est véritablement breuvage. Si vous ne mangez la chair du fils de l'homme et si vous ne buvez son sang, vous n'aurez pas la vie en vous. » Certes, un homme eût pris un autre tour pour annoncer un pareil prodige, si toutefois il eût pu lui venir ainsi en pensée. Quant à la réalité du mystère, il me semble qu'il ne faut que ce seul fait pour l'appuyer. Le comprendre, c'est une autre question, car nous l'appelons et il est mystère ; donc au-dessus de notre raison, bien qu'il n'y soit pas contraire. — Que répondre à l'ennemi? Aucun raisonnement, car il a plus d'esprit que nous et nous embarrasserait dans ses piéges. Mais fermer les yeux de l'esprit, et dire : Je crois ce que croit l'Eglise. Dieu peut faire plus que l'homme ne peut comprendre. — Mon Dieu, que vous rendrai-je pour un tel excès d'amour? Le moindre hommage est que j'y ajoute foi ; que je ne mérite pas le reproche adressé par un apôtre aux fidèles de son temps : « Ils n'ont pas cru à l'amour, à l'amour d'un Dieu envers eux. » Un bon acte de foi et d'amour est enfin le plus sûr moyen de contenter Dieu, de vous contenter vous-même, et de confondre l'ennemi des âmes. Ah ! si nos pensées se perdent dans la considération de ce mystère de condescendance, que nos cœurs au moins y reconnaissent le cœur de notre Dieu, c'est tout ce qu'il prétend en retour. Règle générale, mieux vaut cent fois dans la tentation, quelle qu'elle soit, se retourner vers Dieu dans un sentiment de confusion, d'amour, et recourir à la miséricorde, que de raisonner. Notre foi n'est point d'hier, elle est appuyée, elle est prouvée. C'est maintenant le temps de cultiver notre cœur et notre volonté par l'amour et par la pratique. Vous le faites, et tout ce que je vous dis, vous vous l'êtes dit à vous-même. Oui, tout va bien ; Dieu est content de vous, il vous aime, et vous l'aimez, bien que sans le voir, ni le sentir. Comme celui qui parlerait à un ami dans les ténèbres, vous ne voyez point son visage, dont la contemplation ferait couler l'onction dans votre cœur ; mais vous entendez sa voix, vous l'écoutez, vous combattez à côté de lui, lui-même combat en vous et pour vous. Laissez donc là les raisonnements ; imposez silence à votre esprit qui veut, malgré que vous en ayez, se rendre compte des vérités de la foi. Quand vous serez parvenu par la grâce et par la prière qui l'attire, à vous défaire de tout raisonnement humain, ce sera alors que Dieu s'abaissera vers vous, vous en fera plus comprendre en un quart d'heure d'oraison que les autres n'en découvrent en vingt années de réflexions et d'études. N'est-ce pas ce qu'il a fait pour ses apôtres, hommes grossiers et sans culture, ce qu'il fait encore pour des gens du peuple, dont quelques-uns étonnent encore aujourd'hui les hommes les plus versés dans la science de la religion par les admirables lumières qu'ils reçoivent? Ces lumières, Dieu ne les refuse pas à des gens éclairés selon le monde, mais quand enfin ils se rendent à lui, il détruit bien des ruines de leur ancienne philosophie, avant d'édifier la vraie science dans leur âme. Je lui demande tous les jours avec instance de faire en vous cette admirable transformation.

13 Mars 1848.

M...

Je viens vous donner signe de vie, car on a besoin plus que jamais de se rapprocher des siens...... Nous répétons à force la prière de la médaille : « *O Marie, conçue sans péché*, etc. — Nous y ajoutons le psaume *Qui habitat*, à Complies du dimanche. Lisez-le, et vous verrez s'il n'est pas propre à inspirer la confiance, chaque verset semble fait pour rassurer ceux qui mettent tout leur appui en Dieu seul. Le placer ailleurs serait chose vaine après tout ce que nous avons vu. Je ne saurais vous donner de détails, vous les savez comme moi ; nous attendons la volonté de Dieu, lui demandant de baiser sa main, soit qu'elle préserve, soit qu'elle châtie. Nous avons tant à expier ! Et ce qu'il y a de certain, c'est que les moindres infidélités de ceux qu'il aime lui sont plus sensibles que les égarements de ceux qui le connaissent à peine. Personne ne peut donc se croire innocent ou justifié à ses yeux. Tous, il nous faut implorer miséricorde. Puisse Marie, qui nous a donné de si grandes preuves de son amour dans l'église de Notre-Dame des Victoires, prendre en main notre cause ! Attendons tout d'elle auprès de Notre-Seigneur, si justement irrité..... Maintenant, Dieu seul, et puis rien absolument en qui espérer. C'est à ces instants qu'il se plaît à manifester sa puissance, et il le fera. Nous avons envoyé les plus petites de nos élèves à Corbeil. Quelques-unes partent encore. Nous nous abandonnons entre les mains de Dieu pour l'avenir. Aucun couvent ne quitte sa place ; tous ont une confiance inébranlable. Quant à moi, je vous avoue qu'il me serait difficile de vous dépeindre ma terreur pendant les premiers jours de Février. Je ne sais tout ce que j'entrevoyais de possible et d'affreux : pillage, terreur, que sais-je ?... Maintenant, la confiance me revient, et je ne puis l'attribuer qu'à Dieu seul, ayant expérimenté les forces de mon petit individu.... Croyez bien qu'au milieu de tout cela, mon cœur est toujours aussi vivement préoccupé de tout ce qui vous touche, surtout de votre âme, qui m'est chère comme la mienne.

25 Juin 1848.

M...

Je ne sais si cette lettre vous arrivera ; mais je la hasarde, dans l'espoir qu'elle vous tranquillisera si vous la recevez. Vous savez où nous en sommes : je me borne donc à vous dire que jusqu'ici notre quartier a été tranquille. Nous prions : le Saint-Sacrement est exposé ici tous les jours. Vendredi ont commencé nos luttes. Dieu seul peut les finir. Etre près de lui, avec lui dans les moments où éclate sa colère, est le seul lieu sûr. Les Cœurs de Jésus et de Marie nous sauveront, cette confiance nous anime toutes.

26 Juin 1848.

M...

Je vous ai écrit hier matin ; nous sommes toujours dans la même situation, l'âme navrée de tout ce qui se passe autour de nous. On ne peut faire autre chose que de crier à Dieu miséricorde ! Jusqu'à présent, notre quartier a été d'une tranquillité inconcevable. On vient de tous côtés nous demander des médailles miraculeuses. Priez et faites prier pour nous, pour la France....

27 Juin 1848.

M...

Remerciez Dieu avec nous, tout en déplorant les énormités qui se sont commises et que la plume ne peut retracer. Tout n'est pas fini sans doute, mais le succès est resté aux amis de l'ordre.... Mgr l'archevêque est mort martyr de la charité ; il a expiré ce matin. Puisse le bon Dieu accepter cette victime et tant d'autres en expiation de nos crimes. Pauvre France ! Dieu seul peut la tirer définitivement de là, et nous pressons tous ceux qui ont de la foi de pousser leurs cris vers lui avec cette instance et cette ardeur qui obtient les miracles. Personnellement, nous avons été protégées d'une manière visible. On avait commencé une barricade à l'angle de notre maison. Dix minutes plus tard elle était achevée : mais, à peine terminée, la force est arrivée et l'a détruite (1).

(1) Une charmante statue de la sainte Vierge, chef-d'œuvre de piété, dont le souvenir se rattache à Mgr Affre, fut placée avant les journées

7 Juillet 1848.

M...

Mes lettres ou bulletins ne demandaient pas de réponse ; j'ai donc été agréablement surprise en voyant arriver la vôtre. En ce temps, on a besoin de savoir où en sont ceux que l'on aime, car, il faut vous l'avouer, tout le monde ici est dans une triste attente des maux qui nous menacent. Les gens de l'ordre sont profondément convaincus que, sans principes religieux, jamais la société ne pourra sortir de cette lutte, et ils les invoquent de bonne foi. Les ennemis de l'ordre savent au moins que, si la religion réprouve leurs actes, elle aime leurs personnes et souhaite le bien, le bonheur de tous. Les maux qui nous affligent ne sont pas les conséquences de la république d'hier, mais de plus de vingt années d'une éducation sans foi et sans frein. La mort admirable de Mgr Affre, ses dernières paroles, la simplicité évangélique de son dévouement ont encore augmenté les heureuses dispositions des bons pour la religion..... Ce martyre, placé à côté des châtiments, me semble comme une promesse de miséricorde et de salut. De nos jours, comme aux premiers âges de l'Eglise, cette sainte semence produira de nouveaux chrétiens, de vrais chrétiens... Les bonnes âmes vivent ici dans un esprit de prière continuel, ne quittant pas de cœur les pieds de

---

de juin dans une de nos salles, située précisément à l'angle du boulevard des Invalides. Au moment même où l'on faisait cette barricade, qui fut détruite aussitôt qu'élevée, on inscrivait sur le socle, aux pieds de cette Vierge bénie, don d'une ancienne élève, cette remarquable légende : *Posuerunt me custodem.*

Notre-Seigneur. C'est une lutte entre la justice et la prière, mais que le nombre de ceux qui crient miséricorde est petit!... Un fait bien remarquable, c'est que quantité de gens sont venus aux jours de combat nous demander des médailles miraculeuses, et, de tous ceux qui l'ont portée, nous n'en connaissons pas un qui ait succombé, peu même ont été blessés..... Les prophéties sont ici chose connue de tout le monde. Mais je vous avouerai qu'elles se greffent si fort les unes sur les autres que cela fait tort à notre crédulité. Et puis, dans tous les temps de calamité, elles ont abondé et leur source n'était pas toujours très-sainte. Je conclus donc comme vous, et trouve beaucoup plus chrétien de s'en remettre aveuglément entre les mains de Dieu, sans agir le moins du monde en vertu des événements annoncés.

10 Octobre 1848.

M...

J'apprends, par cette bonne Mme de S.... qui s'est fait votre ange gardien, le triste état de votre santé. Je ne vous dis point tout le bouleversement de mon cœur à cette nouvelle; vous me connaissez. Et puis, il faut se donner mutuellement de l'énergie dans les épreuves que Dieu nous ménage, et vous savez combien les vôtres sont miennes. J'ai été tout de suite offrir à Dieu vos souffrances et vous ai mis sous la protection plus spéciale encore de la sainte Vierge. Pour vous, comme pour moi, je n'ai demandé qu'une seule et unique grâce : une humble et amoureuse soumission à la volonté de Dieu. Nous ne savons point nous-même ce qu'il y a de meilleur pour nous, et notre bon Dieu qui le sait, nous afflige ou nous console, selon qu'il voit qu'il est plus expédient pour notre âme. Ce qu'il y a de sûr, c'est que, quand sa main nous touche par la souffrance, son cœur est près de nous pour nous aider à la supporter et pour vous en adoucir l'amertume. Oh! je le prie d'être constamment près de vous pour soulager et sanctifier vos maux, et il le fera puisqu'il vous aime plus que je ne saurais le faire. S'il était en mon pouvoir, vous savez bien que le jour et la nuit je ne vous quitterais pas. Toutefois, ni l'un ni l'autre ne revenons sur notre sacrifice, que je crois plus puissant à vous consoler, à vous aider que ne le seraient mes soins. Dieu sait bien que c'est lui qui nous a séparés, et c'est lui-même qui se chargera de me remplacer près de vous ; donc rien à regretter de part et d'autre. Lui, qui est le Dieu de patience et de consolation, il les versera dans votre âme selon vos besoins. Cependant, voulez-vous me permettre de vous exhorter à ne point vous assujettir à toutes les prières et lectures que vous aviez réglées en un meilleur état de santé. Ce serait vous fatiguer outre mesure, et nuire même à l'effet que vous attendez de vos exercices. Qui souffre prie. Notre-Seigneur n'a dit que bien peu de paroles sur la croix, au jardin des Olives ; et cependant, c'était bien le moment le plus méritoire de sa vie. Contentez-vous donc de peu, à moins que vous ne vous sentiez plutôt soulagé que fatigué de ces prières. Quelques oraisons jaculatoires et l'acceptation de vos maux sont une prière bien éloquente. Il sait bien de quel limon il nous a faits, et il ne demande rien au delà de nos forces. Je vous envoie mon petit emblème des vacances, suivant la coutume. C'est vous qui êtes la brebis qui porte la croix. Je ne savais pas en la faisant que celui à qui je la destinais en serait si tôt chargé. J'ai communié pour vous ce matin, je le ferai plus d'une fois encore. Si vous saviez comme, au milieu de toutes nos épreuves, une pensée me rend heureuse et reconnaissante, celle de votre réconciliation avec Dieu. Sans elle, toutes les joies, même spirituelles, me laissaient une amertume dans le cœur, et, plus vous irez, plus vous le comprendrez. Oh! il n'y a que Dieu en tout et pour tout, et si peu le savent, si peu le cherchent, que c'est à s'étonner qu'il puisse supporter ce monde; mais, comme on l'a très-bien dit, il est patient parce qu'il est éternel. S'il est un Dieu patient envers ses ennemis, que ne sera-t-il pas pour ses amis? Il a pour amis ceux-là même qui se sont offerts à lui à la dernière heure, et il les récompense comme ceux qui l'ont servi dès la première. Que j'aime cet évangile, surtout depuis qu'il a pu être pour vous une consolation! Notre-Seigneur a tout prévu, et il y a un encouragement pour toutes les situations de la vie dans les paroles qui sont tombées de sa bouche, ou plutôt de son cœur. Voyez, je cause comme si vous n'étiez pas fatigué; vous me pardonnez, n'est-ce pas? Je joins à mon envoi une petite croix d'étoffe qui a trempé dans le sang de notre saint archevêque Mgr Affre. Notre Mère elle-même se fait un plaisir de vous offrir cette relique d'un martyre de la charité, du bon pasteur qui a donné sa vie pour ses brebis.

13 Octobre 1848.

M...

Je viens profiter d'un instant pour vous dire tout ce que je vous dis en allant, venant, priant, travaillant, car je ne vous quitte pas, et comme c'est pour vous présenter sans cesse à Dieu, pour lui demander patience et résignation dans vos maux, je ne pense pas qu'il me le reproche. C'est vrai pourtant, quand je me présente devant Dieu, je tourne vers vous tout naturellement les bonnes pensées qui me viennent, et je me surprends parlant de lui avec vous ; vous engageant à jeter un coup d'œil sur Notre-Seigneur en croix, couronné d'épines, pour vous aider à supporter vos douleurs de tête, ces anéantissements, cette fatigante fièvre qui vous tourmentent. Puis, me voyant trop loin pour me faire entendre, je charge Notre-Seigneur lui-même et la sainte Vierge de vous parler eux-mêmes, de vous faire entendre au cœur ce langage bien plus éloquent que le mien qu'ils tiennent à leurs amis pour les consoler dans les douleurs et surtout dans les ennuis et les impuissances de la maladie..... On me dit que vous êtes entouré, que vous avez aussi des gens dévoués à votre service, ce qui me rassure un peu. Si j'étais une sainte, je vous ferais peut-être une petite apparition pour vous consoler et vous encourager ; mais, étant à cent lieues de là, il me faut contenter de la poste pour me faire entendre. Si vous le permettez, j'en ferai un peu plus usage ; notre Mère l'approuve, et moi, vous savez si j'en serai heureuse !..... J'ai écrit pour vous recommander aux prières de Notre-Dame des Victoires. J'ai une immense confiance en ce lieu de refuge, que la sainte Vierge a bien voulu ouvrir à nos maux de tous les genres, et je sais combien vous partagez ma foi.

30 Décembre 1848.

M...

Depuis que je vous sais souffrant, je fais une double attention dans mes lectures de piété à tout ce qui peut être consolation et force pour les malades. J'ai justement trouvé dans la vie de ma sainte Gertrude (une de mes affections du Ciel), vie que je lis depuis dix ans, recommençant quand j'ai fini, plusieurs choses charmantes qui, j'en suis assurée, vous iront comme à moi. Notre-Seigneur lui dit donc un jour : « Vous savez que mes délices sont d'être avec les enfants des hommes. Or, quand je ne trouve rien en eux qui me permette de m'unir à eux, j'ai coutume de leur envoyer des afflictions d'esprit ou des douleurs corporelles, afin d'avoir l'occasion de demeurer avec eux et de justifier ainsi cette parole de l'Ecriture : Le Seigneur est près de ceux dont le cœur est affligé ; je suis avec eux dans la tribulation. » Il lui dit encore une autre fois : « L'infirmité sans dévotion me plaît beaucoup plus que la dévotion en santé ; car alors on acquiert le mérite de la patience et de l'humilité. » Dans une autre occasion, cette sainte, se trouvant privée un jour de fête de pouvoir assister à la messe et aux offices, dit à Notre-Seigneur : « Ne vous serait-il pas bien plus glorieux que je me trouvasse avec les autres à l'église, que de consumer ici mon temps si négligemment retenue par la faiblesse de ma santé ? » A quoi Notre-Seigneur répartit :

« L'époux ne jouit-il pas bien plus de son épouse quand il s'entretient familièrement avec elle dans l'intérieur de sa maison, que lorsqu'il la conduit ornée et parée à quelque fête publique? Dans la maladie, l'âme privée de toute joie extérieure s'abandonne entièrement à ma volonté, et je me plais d'autant plus en elle, qu'elle-même se trouve plus dénuée de toute satisfaction des sens et de l'esprit. » Donc, si vous ne pouvez assister à la messe le jour de la Toussaint, vous savez que Notre-Seigneur ne le trouvera pas mauvais, et qu'il viendra vous tenir compagnie dans votre chambre. Je vous en prie donc, ne passez pas vos forces, et la première fois que vous irez à l'église, n'y restez que pour une basse messe ou pour une courte visite au Saint-Sacrement. La sanctification, le salut de l'homme par la souffrance, par l'affliction est un grand mystère, il faut l'avouer, mystère qui se dévoile cependant par le péché, et qui s'accepte avec reconnaissance. Et l'on est vraiment glorieux quand on regarde la croix : le serviteur n'est pas plus grand que son maître. Le plus grand honneur que le maître puisse faire à son serviteur, c'est de l'élever jusqu'à lui, de le rendre semblable à lui. Toutefois, cela ne s'entend guère, comme disait saint François de Sales, que dans la fine pointe de l'esprit.

Ne me dites pas, je vous prie, que vous n'avez point la grâce de souffrir. Je vous assure que vous l'avez; seulement, n'exigez pas de vous plus que le bon Dieu. Il se contente de l'acceptation des maux, d'une offrande deux ou trois fois renouvelée dans le jour, quand ce ne serait que par ce seul mot : *Ita Pater*, qu'il prononça lui-même au plus fort de son agonie, au jardin des Olives. Il voulut bien alors, lui, le Tout-puissant, craindre, trembler, s'attrister, demander l'éloignement des maux qui lui étaient préparés, et vous voudriez qu'il vous reprochât l'ennui, l'appréhension, le dégoût de la souffrance, le désir d'un meilleur état, quand vous vous soumettez à tout ce qu'il veut? Oh! non. Il n'est pas si sévère, il nous aime trop, il sait trop bien notre faiblesse pour s'offenser ainsi, ce bon maître. Comme c'est lui qui ne veut pas que je vous tienne compagnie, je le prie de vouloir bien me remplacer, surtout pendant ces insomnies qui doivent tant vous fatiguer, dans ces longues nuits d'hiver; vous ne perdez pas au change, et tous les soirs j'enverrai mon bon ange le lui rappeler.

Voulez-vous une jolie petite prière que ma sainte Gertrude, souvent tourmentée aussi d'insomnies, apprit de Notre-Seigneur ; la voici : « Mon Jésus, par le repos éternel que vous goûtez dans le sein de votre père, par celui que vous avez trouvé dans le sein de Marie, par celui que vous prenez dans le cœur de vos justes, accordez-moi un peu de sommeil, non pas tant pour mon soulagement qu'afin que je puisse mieux vous servir. » Vous voyez que les saints eux-mêmes savaient demander du relâche à leurs maux, et que Notre-Seigneur, loin de s'en offenser, voulait bien lui-même leur enseigner la manière de l'obtenir. Je crois que plus on va simplement et droitement avec ce maître, si doux à servir, plus il est content.

1849.

M...

Je saisis un moment libre, au milieu de nos compositions, pour me transporter près de vous où je suis toujours de cœur. Vous savez bien qu'après le temps passé aux pieds de Notre-Seigneur, il n'en est point de plus doux pour moi que celui que je passe avec vous. Les nouvelles que vous m'avez données de votre santé m'ont réjouie plus que je ne saurais le dire; mesurez ce bonheur sur les inquiétudes que me causaient vos souffrances.... On nous annonce ici quelques cas de choléra. En 1832, ce terrible fléau nous avait fortement impressionnées, et, pour mon compte, avec une imagination assez portée à tout voir à travers des verres grossissants, j'en avais éprouvé une terreur incroyable. Je croyais pourtant en Dieu alors comme aujourd'hui; mais, telle était ma force... Maintenant, en présence d'évènements d'une bien autre gravité, je réserve tout mon effroi pour nos scènes politiques. S'il fallait voir se renouveler celles de juin, et l'on nous présage pire; je n'en sens nullement la force en moi-même, je l'attends de Dieu et la lui demande..,.. Que cette agonie est longue! Je me trompe, elle est bien courte auprès de celle de Notre-Seigneur, laquelle commença au premier moment de son existence; c'est un temps, une position favorable, pour méditer et pour comprendre les souffrances de cœur et de corps de la vie et de la mort de Notre-Sauveur.... S'il arrive quelque chose, vous pouvez compter sur un mot de moi, si toutefois il y a possibilité.

CHAPITRE XI.

3 Mai 1850.

M...

Vous avez bien raison de dire et de croire que nous sommes les plus heureuses créatures du monde, parce que Dieu nous a séparées du monde. Pour mon compte, plus je vois, plus j'essaie ou désire d'agir, uniquement pour Dieu, dans l'oubli de tout le reste, plus je sens croître cette joie de l'âme, dont le monde (mondain) se doute si peu, et qu'il achèterait par le sacrifice de toutes ses vaines satisfactions, s'il voulait essayer de goûter et de voir. Mais tout cela est caché à ses yeux ; il a pitié de nous quand ce n'est pas du dédain. Pourtant, s'il savait comme il nous fait compassion, non d'une compassion ironique, certes, mais triste et priante. Pour moi, je vous assure que c'est une peine profonde quand je rencontre là de ces intelligences élevées, de ces cœurs nobles et droits qui dépensent pour la terre tous les dons éminents qu'ils ont reçus de Dieu. Alors je m'étonne aussi qu'il m'ait appelée, moi qui ne puis rien faire pour lui, tandis que ces grandes âmes eussent pu, dirigées vers lui, rendre de si importants services à sa gloire !

26 Juin 1850.

M...

Qui donc pourrait être satisfait de soi en ce monde ? Je crois fort que plus on a l'âme élevée, plus on avance dans la connaissance du tout de Dieu et du rien de soi, plus on trouve qu'on ne fait chose qui vaille. Pourtant, de ce salutaire désespoir de soi doit naître une aveugle et imperturbable confiance dans les mérites de l'amour invincible de Notre-Seigneur, qui n'a tout fait que pour gagner notre cœur et couvrir notre impuissance de toutes les puissances de sa divinité, abaissée à notre humanité. Je pense quelquefois qu'un de nos grands torts est de détourner les yeux de nos faiblesses et d'être honteux qu'elles ne puissent échapper aux yeux de Dieu. Tandis qu'en les lui exposant, à mesure que nous les apercevons, en les désavouant tranquillement et humblement, en lui demandant justice de nous contre lui, nous toucherions bien plus sûrement son Cœur et exciterions si bien sa divine compassion qu'il n'y pourrait plus tenir, et nous pardonnerait sur-le-champ. Il sait que nous sommes pauvres, faibles, corrompus, capables de tout mal, impuissants à tout bien sans lui. Et, si la faiblesse nous touche et nous désarme dans nos semblables, surtout lorsqu'ils nous l'exposent en paraissant attendre de nous le secours, pourquoi n'aurait-elle pas le même effet sur le Cœur de notre Dieu ! Le fait est que nous sommes devant lui plus que faibles, mais de vrais enfants délaissés, abandonnés, et, lorsque nous crions vers lui, il détournerait le visage ? Oh ! non : c'est alors que notre force est dans notre faiblesse même.

8 Novembre 1850.

M...

Vous avez lu la vie de mon saint patron ; c'était un rude homme de vie et de style, d'une énergie peu commune, et chez qui la vertu n'était pas innée ; j'aime de préférence les gens de cette trempe ; mes prédilections sont cependant pour les caractères qui ajoutent à cette vertu mâle un peu de ce feu du cœur qui se rencontre dans les écrits de saint Augustin. Lisez donc ses confessions, ses soliloques, vous verrez quel génie et quelle âme ! Comme il sait prier partout et avec quelle effusion ! J'ai plus d'une fois remercié le bon Dieu d'avoir fait avant moi cette merveille de sa grâce, qui me ravit et me fait quelquefois frissonner. Après lui, je ne connais que Bossuet qui aille si bien à l'âme et à toutes ses dispositions. Ses élévations sur les mystères, ses sermons, ses lettres étonnent, par la profondeur jointe à la simplicité. Vivent ces génies ! Plus ils sont grands, plus ils sont accessibles à toutes les intelligences. Il n'en va pas ainsi aujourd'hui. Mais laissons notre siècle pour ce qu'il est, c'est bien assez d'avoir été condamnée à y vivre ; ce sera du moins un mérite, car il nous fait la vie un peu dure. Au reste, le siècle de saint Augustin ne valait guère mieux ; ce qui n'a pas empêché Augustin de se faire saint ; essayons d'en faire de même. Aussi bien, il n'y a de vraie sagesse que dans ce parti, et tout le reste est bien misérable. C'est donc une joie bien vraie et tous les jours plus vivement sentie pour moi de vous savoir dans la voie ; oui, malgré les épines, les ténèbres, la faim, la soif. Au bout de tout, qu'importe la route, une route si courte, pourvu qu'on arrive au terme où les dédommagements surpasseront toutes les espérances. Car là, ce sera le Dieu, cherché dans les ombres de la foi, qui se découvrira dans la lumière de la gloire et qui récompensera en Dieu. La paix, même toute sèche et toute amère de cette vie, est déjà un prix de notre foi et une récompense préférable à toutes les joies de ce monde.

14 février 1851.

M...

J'ai appris avec consolation que le bon maître vous soutenait d'une main en vous affligeant de l'autre, et que vous supportiez votre état avec autant de résignation que de patience. Je me rappelle que notre bienheureux Père, exhortant un pauvre malade, cruellement exercé aussi, lui donnait à deviner le mot le plus agréable à Dieu dans la souffrance, et, après l'avoir laissé longtemps en suspens, il finissait ainsi : « Puisqu'il faut que je vous l'apprenne ce mot, c'est *grand merci*, mon Dieu. Puis, il ajouta : un *grand merci* vaut le paradis parmi ces alarmes, et ne sauriez croire le crédit qu'a dans le Ciel un bon *Deo gratias*, lorsque, d'un cœur résigné, nous l'envoyons dans le sein de Dieu, au milieu des plus violentes pointes d'une douleur aiguë. » Je vous laisse cette pensée qui pourra peut-être vous réconforter aussi, et je voudrais vous envoyer tout mon cœur avec tout ce que Dieu y met à chaque instant lorsqu'il me prend envie démesurée de vous aider à souffrir. Je me console cependant, sachant bien que si je vous aime, Dieu vous aime, lui, bien autrement, et que, toujours à vos côtés, au fond de votre cœur, il se charge d'être votre prédicateur, votre consolateur, votre garde. Toutes mes communions, toutes mes prières, le peu que je puis souffrir est à vous, et je prie notre cher Seigneur et sa sainte mère d'ajouter à ces faibles gages de ma vive affection leurs mérites infinis et leur immense amour pour votre âme qui leur a coûté si cher, qu'ils se manqueraient à eux-mêmes de ne pas la secourir puissamment. Avec de tels aides, j'espère, je me confie, je m'abandonne. Je vous laisse dans leurs Cœurs remplis d'amour et de compassion, toujours nous nous y trouverons ensemble ; il ne fait bon que là.

28 Février 1851.

M...

Je prie et je fais prier que Notre bon Seigneur vous continue force et courage ; il le fera puisqu'il vous aime, que vous l'aimez, et qu'il a promis de proportionner la grâce à l'épreuve. Personne ne le ferait mieux que lui-même dans la sainte communion, et je pensais ce matin qu'il y avait bien longtemps que vous en étiez privé. Peut-être vous semblera-t-il qu'une si grande action demande plus de forces physiques et de présence d'esprit. Mais, c'est Notre-Seigneur qui vous met dans cet état d'anéantissement et d'impuissance ; il y aura égard. Pour toute préparation et pour toute action de grâce, vous n'avez qu'à vous jeter en esprit à ses pieds, comme ces pauvres malades qu'on lui amenait, qui ne pouvaient lui dire une parole pour solliciter leur guérison, et qui laissaient ceux qui les avaient amenés parler pour eux. Je veux bien peu de chose, mais Notre-Seigneur a toujours été si bon pour moi, qu'il aura égard à mes désirs. Quelque jour donc que vous vous décidiez à l'appeler, comptez que je serai près de vous, priant pour vous en votre place dans la communion, que je ferai chaque jour, jusqu'à ce que je sache de vos nouvelles.

Privé que vous êtes de la divine Eucharistie, dont se munissaient les martyrs avant de se présenter au combat, je prie Notre-Seigneur de vous faire éprouver que la communion, ou l'union qui s'opère avec lui par la souffrance, a ses douceurs et sa force. Douceur telle, que les saints qui en ont fait l'expérience ont pu en être affamés comme ils l'étaient de la communion sacramentelle, et s'écrier avec vérité et sans la moindre exagération : Ou souffrir ou mourir! Trouvant que les plus sûres et les plus délicates des joies spirituelles en ce monde sont celles qui se tirent de l'amertume de la douleur. Ah! le secret que la souffrance en tant que souffrance peut avoir des charmes n'est pas pour nous, pauvres ignorants de ces mystères. Mais ceux qui étaient avides de souffrir aimaient Jésus-Christ, et quand ils le voyaient expirer dans la douleur et dans l'ignominie pour leur amour, ils appelaient sur eux les mêmes épreuves, résolus de se refuser à toute joie pour celui qui les avait aimés par de si étranges voies. Daigne Notre bon Seigneur crucifié vous donner l'expérience de tout ceci.

.

Les six lettres suivantes pourraient particulièrement porter à la résignation et exciter à la confiance les personnes éprouvées par des maladies, surtout si les afflictions et les inquiétudes de l'âme s'y mêlaient aux douleurs du corps.

12 Mars 1851.

M...

Voici votre petite visiteuse à qui il prend des craintes que le temps ne vous semble bien long sur la croix, et qui ne veut pas manquer une occasion d'alléger vos souffrances, en essayant de vous les rendre aimables. Aimables; vous trouverez peut-être cela étrange, impossible. Oui, à la faiblesse humaine : mais à Dieu, qui souffre en nous, il n'y a rien d'impossible. Un peu de son amour dans nos cœurs peut faire ce miracle, et alors les maux que nous endurons avec une volonté pleinement soumise à celle de Dieu perdent la moitié de leur amertume. L'amour, soit que le Seigneur le verse sans intermédiaire dans notre âme, soit qu'il nous le communique par la divine Eucharistie, est ce calice salutaire qui fait perdre jusqu'au sentiment de la douleur. Le corps souffre, oui sans doute, mais le cœur triomphe ; et l'on est glorieux de pouvoir dire avec l'apôtre : *Je porte en mon corps les sacrés stigmates de mon Seigneur.* Je lui rends, autant qu'il est en moi, douleur pour douleur. Et donc, comme s'écriait une bonne âme : Vive la croix ! On ne peut en décharger ses épaules qu'en la faisant passer au plus intime de son cœur. C'est là le grand secret d'adoucir tous les maux ; notre bon Seigneur vous l'enseignera. Il vous encouragera, il abrègera, par ses doux entretiens, la longueur de vos jours et de vos nuits. Il vous fera comprendre que, pourvu que vous soyez aimé de lui, pourvu que vous l'aimiez au moins dans la volonté, tous les maux qui passent ne sont rien. C'est une mauvaise nuit dans une hôtellerie. Ils sont déjà passés tant ils passent vite, et demain nous serons tous ensemble à ce beau jour sans soir, où Dieu lui-même essuiera de sa main les larmes des yeux de ses élus, selon la promesse qu'il en fait et qu'il tiendra bien plutôt que nous ne saurions l'imaginer. Quelle joie de se retrouver, quelle joie d'avoir échappé à tant de dangers, quelle reconnaissannce de tant de grâces reçues, dont le nombre, l'excellence nous échappait dans ce monde de ténèbres ! Quelle sécurité d'être enfin arrivé au port, sans crainte de se voir jamais plus engagé dans les travaux et dans les angoisses de cette vie! Prions donc notre cher guide qu'il nous aide à achever, entre ses bras et sur son cœur, le songe de cette vie. Un peu plus long, un peu plus court, pour tous ce n'est en réalité qu'un songe. Seigneur Jésus, accordez-nous une nuit tranquille et une fin parfaite. *J'ai espéré en vous, je ne serai pas confondu.* Bénissez-moi avec votre sainte Mère. *Je dormirai et je me reposerai en paix dans votre Cœur.*

20 Mars 1851.

M...

Suivant ma promesse, j'ai bien prié pour vous, hier, saint Joseph, auquel sainte Thérèse assure n'avoir jamais rien demandé au jour de sa fête, sans avoir été exaucée. Je l'ai donc supplié de vous recommander lui-même à ses grands assistants, Jésus et Marie, afin qu'ils soient avec vous, près de vous, au jour, à l'heure de l'affliction. Et le moyen le plus certain de mériter et d'obtenir le secours du bon Cœur de Jésus, il n'est pas difficile : c'est la confiance. Lui-même daigna en assurer un jour une de ses grandes servantes, sainte Gertrude, par ces paroles remarquables : « Encore que je regarde avec bonté tout ce qui se fait pour ma gloire, comme les oraisons, les veilles, les jeûnes et autres semblables œuvres de piété, néanmoins la confiance avec laquelle mes élus ont recours à moi dans leurs maux, dans leur fragilité, me touche encore plus sensiblement. » Conformément à cet enseignement, je demande donc à Notre bon Seigneur qu'il remplisse votre âme de cette douce confiance, que cette confiance surpasse encore tous les autres actes de vertus que vous pouvez produire, et, à vrai dire, elle est à la fois l'acte d'amour, d'humilité, de résignation le plus héroïque, puisqu'elle compte plus sur l'amour de Dieu, sur sa miséricordieuse compassion, sur sa fidèle assistance, que sur toutes les industries que peut tenter l'âme pour se rendre Dieu favorable. Si vous saviez comme je voudrais pouvoir compter et peser vos souffrances pour y compatir! Mais, ce que je ne puis savoir, notre bon Seigneur ne l'ignore pas, et, ce qui me console, c'est qu'il n'est aucune de vos tortures, aucun de vos soupirs, qui ne retentisse à son Cœur et qui n'ait son prix. Dans ce grand cœur, rien de perdu. Je vous laisse à ses tendres soins, et cependant je ne vous puis quitter un instant. Voyez-moi, je vous prie, dans la personne de la sœur garde-malade qu'on m'annonce devoir vous arriver, et qui remplit des fonctions bien enviées.

25 Mars 1851.

M...

Vous devez trouver que je ne taris jamais sur le chapitre des souffrances, et, de fait, tout ce que je vois, tout ce que j'entends, toutes mes réflexions me reportent là comme naturellement. L'Ecriture sainte nous dit que la manne prenait différents goûts, selon la disposition de ceux qui la mangeaient. Vous ne serez donc pas étonné que tout prenne autour de moi la teinte de l'épreuve qui pèse sur vous. Au reste, je me suis si bien identifiée avec vous, qu'il m'arrive le plus ordinairement de dire et de redire à Dieu : Mon Dieu, ayez pitié de moi ; ce qui, dans ma pensée et dans le secret gémissement de mon cœur, signifie vous, et vous tout seul, sans rapport quelconque à moi. Ce qu'il y a de commode avec notre bon Dieu, c'est qu'il est inutile de s'expliquer, et qu'il entend jusqu'à l'intention, jusqu'à la préparation du cœur. Il ne faut multiplier ni les paroles ni les demandes. Une seule, redite mille fois, lui est plus présente et plus éloquente que des discours étudiés..... Comment ne vous voudrait-il pas tout le bien imaginable, ce bon Seigneur, lui qui, à pareil jour (25 mars, Annonciation), daigna prendre notre pauvre, misérable, débile nature, dans le sein d'une de ses créatures, nous conviant ainsi à une confiance, à un amour sans limite, et nous attirant à lui par ces liens d'Adam dans lesquels il voulut bien s'enchaîner. Un Dieu se fait chair, comme nous, par amour pour nous, et nous n'espérerions pas tout de lui ! Et toutes nos souffrances, toutes nos épreuves ne seraient pas bénies, sanctifiées en lui ? Oh ! il ne méprisera pas en nous cette chair faible et souffrante, dont il a bien voulu se revêtir. Et plus nous sommes éprouvés, plus sa divine compassion doit s'incliner amoureusement vers nous. Je prie Marie, dans le sein de laquelle s'opéra cet incompréhensible mystère de condescendance et de charité, de vous en faire sentir toute la douceur et tous les fruits. Elle le fera, elle qui vous regarde comme un enfant, et que l'Eglise appelle à si bon droit la mère de la miséricorde, notre vie, notre douceur, notre espérance, dans cette vallée de larmes.

Vous savez si mon cœur est près de vous dans l'amour de celui qui vous a aimé d'un amour éternel.

1851.

M...

Je ne sais vraiment ce que nous avons fait à notre bon Seigneur, vous et moi, pour qu'il daigne nous bénir de tant de bénédictions. J'en suis confuse et dans l'étonnement toutes les fois que j'y pense. Or, ce que j'appelle des bénédictions et de grandes bénédictions, c'est la disposition dans laquelle Dieu vous met à l'égard des souffrances, de la vie, de la mort. Etre soumis à Dieu dans le train ordinaire de la vie et lorsque les maux sont balancés de biens, il ne faut pas pour cela un grand effort, mais trouver sa volonté digne de tout respect, l'embrasser résolûment, la chérir même dans ce qu'elle a de plus rigoureux, c'est là un miracle si fort au-dessus de notre nature faible et ennemie de la souffrance, qu'il faut dire : Le doigt de Dieu est là. Et, comme saint Bernard : Dieu en moi, quoi de plus fort? Moi en Dieu, quoi de plus doux? Oui, doux, même au milieu de ce purgatoire qu'il vous veut ménager en ce monde, afin d'augmenter vos mérites et de ne point vous laisser perdre trop de temps loin de lui dans les intolérables et infructueuses satisfactions qui suivent la vie. Non, convenez-en avec moi, ce n'est pas seulement la justice de Dieu qui vous presse en ce moment, vous disant : Rends-moi ce que tu me dois, comme à ton Dieu, comme à ton créateur; c'est plutôt son amour de sauveur, de père, d'ami, d'époux, qui vous répète : J'ai souffert pour te prouver combien je t'aime;

ne veux-tu pas souffrir aussi en retour ; c'est cet aimable Rédempteur qui veut vous parer des mêmes ornements dont il a fait gloire d'être revêtu pour vous, quand il a paru aux yeux de tout un peuple couronné de cruelles épines, le corps brisé, meurtri de mille plaies, les mains et les pieds percés de clous, mourant de soif, mourant de tant de blessures ; mais mourant bien plus encore d'amour. Qui donc n'aimerait celui qui nous a tant aimés ? Oh ! je le prie qu'il vous donne comme remède à vos autres maux, cette folie d'amour, ainsi que l'appelaient les gentils, afin qu'elle vous rende précieuses et douces ces tortures par lesquelles le Dieu du calvaire vous met à même de lui prouver votre vive reconnaissance. L'Ecriture sainte nous dit que pour toucher, pour blesser le Cœur de notre Dieu, il ne faut qu'un cheveu, c'est-à-dire la moindre chose, un soupir, un regard, une droite intention. Ne sera-t-il donc pas blessé, transpercé, ravi quand il verra tant de souffrances, d'insomnies, une immobilité parfois pire que le mal, constamment supportées pour ce Cœur si facile à gagner. Ah ! il faudra bien qu'il s'attendrisse sur vous et qu'il vous verse cette mesure de grâces pressée, entassée, surabondante, qu'il promet particulièrement à ceux qui lui sont fidèles dans la tribulation. En ce monde, en l'éternité, que nos cœurs se perdent et s'unissent dans celui qui seul mérite leur amour ! Je ne vous dis point que vous avez droit à toutes mes actions et prières, vous savez bien que tout ce qui est à moi est à vous.

3 Juillet 1851.

M...

Un mot de votre petite sœur Saint-Jérôme qui ne vous quitte point de pensée, bien qu'elle n'ose vous le dire elle-même plus souvent. Vous êtes attristé, découragé, l'ennemi cherche à joindre ses attaques aux tourments que vous endurez déjà. Vous n'en triompherez pas moins, soyez-en sûr. On ne fait pas la guerre à ses amis ; donc, si vous êtes attaqué, c'est qu'on vous redoute. Au reste, ce n'est point en vous que vous avez mis votre confiance, mais en Dieu. Désespérez, j'y consens, si le démon peut vous prouver que Notre-Seigneur, mourant sur la croix pour vous, vous a oublié, qu'il vous oublie maintenant dans le Ciel, dans son sacrement d'amour, qu'il n'a point prié, parlé, souffert pour vous, que Marie n'est point votre mère ; qu'elle ne vous a pas adopté au pied de la croix. Or, comme votre foi là-dessus est solidement établie, je sais que toujours vous espérerez contre toute espérance en celui qui vous a aimé jusqu'à mourir, et qui vous aime tant encore qu'il souffre avec vous, en vous, sans que vous le sentiez.... Que Notre-Seigneur soit donc votre force et votre consolation, appuyez-vous sur lui, les yeux fermés, pendant ces ténèbres. Viendra le jour, et qu'il sera lumineux ! Viendront les consolations, et de combien elles surpasseront les épreuves ! En attendant, votre manière de combattre doit être le mépris de ces tentations. Il n'y a rien en vous qui appartienne à l'ennemi des âmes ; tout a été noyé dans le sang de Notre-Seigneur.

4 Juillet 1851.

M...

Ma lettre partie, d'autres idées me sont venues, et j'ai pensé que je n'avais pas probablement répondu à vos inquiétudes. Dans l'état de souffrance prolongée où Dieu vous laisse, le démon doit vous dire que ce Dieu est cruel, et qu'il vous abandonne, qu'il vous traite comme ses ennemis les plus déclarés. Et, ce soir, songeant à vous, je disais de même à Notre-Seigneur : Ne semble-t-il pas que vous preniez plaisir à voir souffrir vos amis ? J'étais aux pieds de mon crucifix, la réponse sortait de là naturellement. « Et moi, n'ai-je pas pris plaisir à prouver mon amour par les souffrances ? Quiconque est aimé de moi, quiconque m'aime, je lui envoie la souffrance, l'épreuve, la désolation, comme le plus glorieux moyen de m'imiter, de me prouver son amour. » Donc, je vous en prie, ne regardez pas vos souffrances comme un effet de justice, mais comme un don de l'amour. Tous les amis de Dieu, innocents ou pénitents, ont passé par ce creuset. Vous direz : Mais j'ai mal supporté la souffrance, le délaissement intérieur, il m'est venu mille pensées d'impatience, de murmure... Et le saint homme Job, il maudit le jour qui l'a vu naître ; il paraît blasphémer, ses plaintes ne se renferment pas dans son cœur, il les laisse échapper de ses lèvres, sans doute pour la consolation de ceux qui passent par de semblables épreuves ; que dit cependant l'Ecriture : « Et, dans toutes ces choses, Job ne pécha point par ses paroles. » Ne soyez pas plus sévère que Dieu lui-même, et ne vous reprochez pas trop amèrement des pensées qui ne vous rendent pas coupable, puisqu'elles font votre désolation, puisque vous voudriez à tout prix qu'elles fussent des pensées de soumission et d'amour. Dites seulement de bouche avec le saint homme si cruellement éprouvé : *Quand Dieu me tuerait, j'espérerais en lui.* Voilà les réflexions que je me sens pressée de vous transmettre. Communiez, je vous en prie, c'est le remède.

9 avril 1851.

A Mme de S..., parente de M. de J... et amie de la Mère Saint-Jérôme.

Oui, ma pauvre amie, vos lettres sont attendues avec une vive impatience et redoutées en même temps, car, depuis quelque temps surtout, les détails sont désolants. Oh! ne perdons pas confiance et tachons de la ranimer en ce cher malade. Certes, Dieu pardonnera toutes les fautes de sa vie et lui imputera à mérite très-grand ses longues et douloureuses tortures. Tachez donc de l'exciter à une pleine et entière confiance. David ne disait-il pas : *Seigneur, vous me pardonnerez mes péchés*, et la raison qu'il en apportait est bien faite pour empêcher toute âme craintive de désespérer jamais : *Vous me les pardonnerez parce qu'ils sont grands.* C'est, en effet, alors surtout que notre bon Dieu trouve la digne occasion de signaler sa clémence, et qu'il fait abonder la miséricorde là où abonde l'iniquité. Oh! que Dieu lui donne donc pour allègement de ses maux cette paix, cette confiance du cœur qui adoucit toutes les amertumes. Je ne vous dis rien de l'effet produit sur moi par cet adieu que vous avez été chargée de me transmettre. Ce n'est pas de moi qu'il s'agit, mais d'obtenir à votre pauvre malade paix et joie dans son dernier sacrifice. Certes, si Dieu paraît lui tenir rigueur, c'est pour le conserver jusqu'à la fin dans l'humilité et dans la dépendance de sa grâce. Je l'ai recommandé de nouveau samedi à mes chères amies du Carmel. Pour moi, je ne cesse de répéter : Seigneur, mon désir est devant vous et mon gémissement ne vous est pas inconnu. Car de demander ceci ou cela, c'est ce que je ne puis : Dieu est père, il sait mieux que nous ce qui nous est avantageux.

11 avril 1851.

Je voulais vous arriver aujourd'hui samedi, veille des Rameaux, afin que vous puissiez rappeler à notre cher patient cet anniversaire si précieux pour lui, de la communion qu'il fit il y a aujourd'hui cinq ans, en 1846, lors de son retour à la pratique. Peut-être m'aurez-vous suppléée, car vous ne l'avez pas oublié plus que moi ce beau jour entre tous..... Que j'ai donc repassé en mon cœur les douleurs qu'endure aux pieds et aux mains notre cher malade. Voyez si Notre-Seigneur ne veut pas se le rendre semblable puisqu'il l'afflige précisément dans ces parties où, pour lui, le sacrifice de la croix a été si cruel ! Seulement, je ne me lasse point de demander à ce bon et charitable Seigneur qu'il daigne achever son œuvre et qu'il blesse aussi le cœur de son amour, afin de rendre les autres plaies tolérables, car, il le sait bien, s'il n'avait tant aimé lui-même, il n'aurait pu tant souffrir. Oh ! que je voudrais donc aussi que ce pauvre affligé ne s'étonnât pas de ne point sentir cette force et cette consolation donnée à quelques-uns au milieu de leurs maux. Dieu ne conduit pas tous ses élus par la même voie, et plus il attend de ses amis, moins il leur donne en ce monde, réservant pour l'autre la mesure pressée et surabondante de ses récompenses. J'ai vu souffrir ici pendant quatre ans sans la moindre consolation, mais avec un courage et une résignation imperturbable, une religieuse qui, certes, était bien une sainte. « Je ne sens que tout juste, de moment en moment, la force de dire *oui*, nous avait-elle dit. » Elle le redit jusqu'à la fin, au milieu des épreuves les plus crucifiantes physiques et morales. C'est là une plus grande grâce que toutes les douceurs, tous les ravissements.

. . . .

Oh! je ne voudrais pas attirer vers moi, au préjudice de notre bon Seigneur, une seule des pensées de notre malade, et je les donne toutes à Dieu. Ne lui parlez donc de ma petite personne que dans le cas où ce souvenir serait favorable à sa piété. Les témoignages de son affection me seraient doux, il est vrai, mais ceux de son amour envers Dieu, de sa résignation, de sa confiance me sont infiniment plus précieux et plus consolants ; et que j'aime ce mot qu'il vous a dit : « Je me jette à corps perdu entre les bras de la miséricorde de Dieu (1). »

---

(1) A l'annonce d'un imminent danger, et aussitôt qu'elle eut appris le décès de son bon tuteur, la Mère Saint-Jérôme demanda partout des prières, et voici les deux billets qu'elle écrivit au Carmel :

Ma bien-aimée Mère S..., je compte si bien sur vous que je viens de nouveau vous presser de prier et de faire prier pour cette chère âme que je vous ai recommandée dans ma dernière lettre, mon bon tuteur. On m'écrit ce matin qu'on n'espère plus qu'en mes prières : il est facile de comprendre que c'est un arrêt.

. . . .

Vous savez qu'après le Cœur de celui que nous aimons uniquement, vous êtes mon refuge dans l'affliction ; donc, ma bonne Mère, veuillez prier bien vite et faire prier pour cette chère âme que je vous recommandais depuis si longtemps! Enfin, j'apprends qu'elle a vu ce Dieu que nous souhaitons tant de voir ; mais en jouit-elle ? Hâtez son bonheur comme vous feriez si vous me saviez à sa place ; ce sera la plus grande preuve d'affection que vous puissiez donner à celle qui vous aime tant.

CHAPITRE XII.

LETTRES DE LA MÈRE SAINT-JÉRÔME A LA R. MÈRE SOPHIE DE SAINT-ÉLIE, CARMÉLITE,

ET A LA R. MÈRE XAVIER DE L'ENFANT JÉSUS.

Ex abundantia enim cordis os loquitur.
La bouche parle de l'abondance du cœur.
S. Luc. C. VI, ỳ 45.

Les lettres qui composent ce chapitre sont extraites de conversations ou causeries épistolaires de la Mère Saint-Jérôme avec deux religieuses, ses amies. On comprendra facilement que la partie très-intime et tout-à-fait personnelle de ces lettres, quoique la plus considérable, doive être retranchée. Il en reste assez pour rappeler notre chère Mère et servir à notre édification.

Dans ces conversations, toutes spirituelles, il n'est guère question que du royaume intérieur et de ce qui devrait nous occuper constamment : Dieu et les âmes. Notre-Seigneur est toujours l'objet et le témoin des entretiens de ses fidèles épouses, et sa divine présence, loin de leur imposer une contrainte difficile et gênante, fait régner dans leur correspondance un pieux abandon et une douce gaîté. On aime à les entendre parler du bon Maître comme devaient en parler ses disciples, et l'on sent que l'amour de Jésus est le seul lien de ces cœurs, qui font écho les uns dans les autres.

Janvier 1850.

Révérende et très-chère Mère,

Que vous êtes donc bonne et affectueuse! Aussi chacune vous aime ici comme si l'on vous connaissait. Et, puisque tout est commun parmi nous, on se félicite et l'on me félicite d'avoir trouvé en vous une si tendre sœur et amie. Il faut avouer que le bon Maître a bien récompensé l'acte d'obéissance que j'ai fait en vous offrant, de la part de notre Mère, de retoucher un peu la vie de votre chère et sainte fondatrice (1). Je pensais que vous trouveriez la proposition bien étrange de ma part, sans compter la présomption de mieux faire. Vrai, j'en étais confuse, très-confuse. Vous me croyez simple, peut-être. Hélas! si vous me voyiez de près, combien vous découvririez en moi de défauts. Mais je n'en serais pas fâché, parce que je vous crois assez zélée pour espérer que vous vous emploieriez à me rendre meilleure. Je tiens beaucoup à la gloire de vos éloges à toutes pour la vie de votre Mère, car, avant tout, je désire vous contenter et vous faire plaisir.....

Avril 1850.

Révérende et bien-aimée Mère.

Vous avez licence, ou jamais. Donc, votre petit tourment se glisse à travers vos grilles, vient droit à votre cellule, frappe à la porte, entre et s'assoit sur le siége que vous avez à côté de vous, le bon Maître entre nous

---

(1) Mme de Soyecourt.

deux, bien entendu. Comment vont toutes les santés? Pour les âmes, elles étaient déjà bien vivantes, et maintenant, après avoir tant compati à la mort de notre Sauveur, je les vois si parfaitement ressuscitées avec lui, qu'elles me font envie. Notre Mère est fort occupée de vous; elle m'a fait venir trois fois, afin que je n'oublie pas de vous écrire et de vous faire envoyer nos deux optiques de nouvelle fabrique. Elle vous prie d'accepter celui de l'Eglise, pour que tous vos bons cœurs s'y transportent plus facilement et mêlent leurs prières aux nôtres. L'autre, étant unique et attendant des copies, vous le garderez jusqu'à ce que vous l'ayez vu à loisir. Ce sont tous nos bijoux d'enfants en récréation: c'est comme si vous les voyiez, sauf que le spectacle est souvent plus animé, et que les cris des combattants, quand on joue aux barres, étourdiraient vos oreilles accoutumées au calme de votre désert. De plus, si votre œil pouvait arriver jusqu'ici, vous verriez, sans vous scandaliser, les religieuses courant avec les enfants, car nous prenons part à tous leurs jeux. Voilà une vie qui ne ressemble guère à la vôtre; mais vous prierez si bien pour nous, n'est-ce pas, qu'il nous deviendra possible d'être vos émules dans toutes les vertus religieuses, et dans l'amour de Celui qui nous a aimées jusqu'à mourir. Je vous ai bien suivie de loin pendant ces grands jours, et, à la prostration du vendredi saint, à trois heures, j'étais de cœur au milieu de vous, pensant que Notre-Seigneur m'en regarderait plus favorablement. Adieu donc, ma chère Mère.

20 Mai 1850.

Révérende et bien-aimée Mère,

C'est vous qui avez été vous aviser de penser qu'une des résolutions de retraite de la sœur Saint-Jérôme a été : plus de lettres au Carmel !... Vraiment, vous me croyez ou bien sainte, ou bien stupide : et, à vous parler comme je pense, je ne suis ni l'un ni l'autre..... Il faut vous donner des nouvelles de notre retraite. Jamais le fruit n'a été tel, et, quand on cherchait le pourquoi, la réponse était : les prières du Carmel. Votre révérende Mère prieure a fait un miracle pour sa protégée, charmante petite personne, mais d'un naturel si facile, si aimant, que le monde n'avait qu'à souffler pour la gagner et la jeter hors des voies de Dieu. Entre les sermons, elle lisait la vie de Madame Louise. Là, si vous vous rappelez, la sainte princesse prouve à une jeune personne que la vocation religieuse est pour elle une nécessité, par cela seul que son naturel complaisant la devait perdre. Notre lectrice a pris tellement ses raisonnements pour elle, que son parti est pris. L'individu qui vous écrivit, personne d'une toute autre trempe, a conclu ses affaires aussi, d'après la décision du père qui donnait la retraite ; elle s'est débattue comme le diable dans le bénitier, et me dit de vous recommander de prier un peu par pitié pour sa pauvre âme meurtrie. Je suis censée ignorer le fin mot de ses débats ; mais, quand on a été pris dans le même piège (heureux piége), il n'est pas difficile de deviner son monde. Le Père qui donnait la retraite était un saint dont le cœur, tout embrasé pour son Dieu, se trahissait malgré qu'il en eût ; on voit qu'il s'use dans le zèle des âmes. Voilà des coups d'éperons pour nous. Je ne sais ce que le bon Dieu pourra jamais tirer de ma chétive personne ; au moins, si je ne suis pas à lui comme il le veut, ce ne sera pas sa faute ; car, plus je vais, plus il me semble qu'autour de moi tout me crie d'aller à lui, et je compte bien parmi ses pressantes invitations celles que j'ai reçues de vous et des vôtres. Entre ces deux extrémités : des âmes qui aiment Dieu du plus généreux amour, qui le servent de la plus ardente volonté, et de tant d'autres qui l'oublient et l'outragent, si l'on reste endormi et tiède, n'est-on pas bien coupable ? Ma chère Mère, aidez-moi de quelques-uns de vos souvenirs devant Dieu, car tout chez moi se réduit à voir clair sans marcher... Si les esprits se pouvaient voir, vous me trouveriez partout très-régulièrement à votre suite, surtout à l'oraison du matin, à la messe, à l'oraison du soir, où je dis mon *Veni sancte* à mes petites linottes pendant que vous le dites à vos séraphins, puis à l'office de neuf heures ; tout cela entremêlé d'histoire, de géographie, d'arithmétique, d'entretiens avec les enfants, etc.

22 Juin 1850.

Révérende et bien-aimée Mère,

Si notre connaissance n'était pas de si fraîche date, vous sauriez que l'été est un temps où mes correspondants ont l'habitude de ne pas recevoir de réponse, vu que nous sommes occupées sans désemparer à ce que nous appelons les travaux de fin d'année ; je vous en préviens, ma bonne Mère, afin que l'idée ne vous vienne pas que je puisse me ralentir dans l'affection si sincère que je vous porte. Au reste, pour tout le mal que vous voudrez penser de moi, je vous donne carte blanche, mon cœur est loin d'être ce que vous pouvez supposer, et il a tant et tant de fois été infidèle, endormi pour Dieu, que vous aurez bien raison de n'y pas trop compter. Moi, je fais à bon droit plus de fond sur le vôtre, et je vous demande de ne pas le séparer du mien devant Dieu. Votre dernière lettre m'a fourni plus d'un sujet de méditation. Je vous ai bien suivie de cœur et de pensée pendant cette pieuse Octave, où je vous voyais tout embrasée et continuellement aux pieds du Saint-Sacrement, au moins par les désirs. Pour l'expiation de mes péchés, j'étais enchaînée à mon écritoire pendant l'octave du Sacré-Cœur, et j'avais beau ménager mon temps, il m'en restait bien peu pour aller me reposer auprès du *divin Epoux*, comme votre aimable mère sainte Thérèse. En somme, l'accomplissement de la volonté de Dieu est l'acte d'amour le plus parfait et le moins sujet à illusion, voilà comme je me consolais. Pourtant c'est un déplorable métier que de griffonner et d'aller surtout dire aux autres ce qu'on ne fait pas soi-même. Priez le bon Dieu qu'il ne me condamne pas un jour par mes propres paroles. Je lui répète la petite prière de sainte Gertrude, qui me va de tout point : « Seigneur Jésus, ayez pitié de moi, vous à qui rien n'est impossible, sinon de ne pas avoir pitié des misérables. » N'est-ce pas qu'elle est digne de sainte Thérèse, qui a tant de ces simplicités charmantes. . . . .

Tâchez un peu, s'il vous plaît, de m'enchainer avec vous dans cette bienheureuse solitude du Cœur de Notre-

Seigneur, où l'on ne voit plus que lui. Vous aurez fort à faire, car j'en sors bien plus souvent que je ne voudrais et que je ne devrais. Je n'ai qu'un bon côté, lequel encore ne vient pas de moi, c'est une *ténacité de vouloir*, qui essaie de ne se déconcerter de rien, pas même de ses fautes, de ses oublis, de ses ingratitudes, et qui toujours vient frapper à la porte après s'être fait chasser. Que vous vous adressez mal en m'appelant à votre secours quand la ferveur vous fait défaut! Vraiment non, je ne suis pas étonnée que vous soyez mieux avec Notre-Seigneur, depuis que nous nous connaissons. Et voici pourquoi, c'est que, toutes les fois que je sens ce pauvre Seigneur excédé des égarements de mon esprit et du froid de mon cœur, je le prie d'aller se dédommager avec vous. Et, comme cela arrive si fréquemment, vous vous enrichissez à mes dépens. Croyez-le, c'est la pure vérité.... Un peu de zèle pour le salut de mon âme, par charité.... Je voudrais bien pleurer et gémir pendant que le monde se réjouit; mais, ce que je voudrais encore plus, ce serait des œuvres, car c'est dans toute la force du mot que Dieu me sauvera gratis, s'il me donne un jour le paradis. En vérité, je ne fais rien.... Oh! la longue épître, allez-vous dire; oh! la paresseuse qui n'a qu'à causer avec ses amies; oh! la bavarde. J'accepte tout, vous n'en pourrez jamais autant dire que j'en sais sur mon compte. Et cependant le cher Seigneur veut bien m'aimer; faites-en de même.

2 Août 1850.

Révérende et bien-aimée Mère,

Notre Mère me charge de l'agréable commission d'exprimer à votre révérende Mère prieure, à vous et à toutes les ermites de Vaugirard, le plaisir que lui ont fait lettre et bouquet.... Il n'est point de fête sans lendemain; aujourd'hui il faut amuser les externes. Hier grand tapage, chants, foire de village, exposition des produits de l'industrie. Cent petites filles à costumer en Grecques, Suisses, Normandes, paysannes, que sais-je? Illumination, enfin tout s'est passé à souhait, temps magnifique, vu les cierges brûlés à la sainte Vierge, et vos prières aussi certainement. Votre magnifique bouquet a figuré hier toute la journée dans l'enceinte où jouent les enfants, derrière l'estrade de notre Mère. Demain seulement nous rentrerons dans un ordre complet. Le bon Dieu n'a cependant pas été oublié, car les enfants ont fait une communion générale, et le soir salut solennel. Tout cela paraîtrait peut-être un peu mondain à d'autres yeux que les vôtres. C'est un moyen de faire aimer la religion cependant, et jamais les enfants n'oublient ces joies pures du couvent. Toutes nous le redisent quand elles ont goûté de ces autres joies du monde, où la vanité joue un tout autre rôle que le cœur innocent.... Adieu, ma bonne Mère, je suis heureuse de notre union, et peut-être suis-je moins mauvaise depuis que je vous connais. Ainsi, point de repentir des distractions que vous occasionnent ces babillards d'Oiseaux. Dieu les fit pour chanter; même pour rompre le silence des lieux solitaires où ils se plaisent, bien plus que dans le tumulte du monde. C'est pour cela que nous ne pouvons plus nous taire depuis que nous avons découvert votre désert.

25 Août.

Révérende et toujours bien-aimée Mère,

Vous êtes probablement si bien enlevée jusqu'au troisième ciel, durant votre sainte solitude, que vous avez peine à revenir sur la terre ; je le conçois, et je voudrais bien savoir, à mon tour, si le divin Epoux a pu trouver à redire à nos relations. Je suis peut-être si sourde à ses réprimandes que je n'ai rien entendu ; mais vous, qui avez l'ouïe plus fine, vous devez savoir au juste ce qu'il demande de nous, et, en conscience, il faut me le dire. Si vous n'aviez pas élevé de doute sur ce chapitre, je n'en aurais pas eu seulement la pensée. Le fait est que, sans scrupule, et au très-grand profit de mon âme, je vous ai suivie avec une constance rare pendant votre retraite, me permettant de solliciter pour vous toutes les bénédictions d'en haut et l'ouverture de toutes les cataractes du Ciel. Si vous n'avez pas été inondée, si vous n'avez pas péri tout entière dans ce déluge, pour ne plus vous retrouver qu'en Dieu, oh ! ce n'est pas ma faute. Et, comme je sais que le divin Maître vous aime beaucoup plus que je ne saurais le faire, je vous vois, par ses soins, toute transformée et m'en réjouis, car plus vous me direz que vous êtes à lui, plus je vous aimerai. Savez-vous que j'étais presque lasse de mon assiduité pendant ces dix jours. Pour moi, maintenant je me repose et j'attends un peu de votre surabondance. Si vous pouviez lire dans mon cœur, vous verriez que je l'ai bien mérité....

Notre Mère m'a appelée hier au soir pour me dire de vous écrire et de vous recommander un grand nombre d'intentions très-spéciales, avec demande du souvenez-vous et divin Cœur de Jésus, d'ici au 3 octobre. C'est une aumône, m'a-t-elle dit, que sollicite un pauvre qui sera très-reconnaissant si on l'exauce. Les vacances, c'est pour nous le *Venite et requiescite pusillum*. Repos de corps, d'esprit et de cœur en Dieu avec ses sœurs. Nous nous réunissons tant que faire se peut, car, vous ne le croiriez pas, dans le courant de l'année, nous avons moins souvent que vous, saintes solitaires, le bonheur de nous réunir en communauté.

Aux derniers jours de cette longue licence, où cependant il n'est pas permis de parler, hors une heure de plus que de coutume, se distribuent les charges, et puis rentrent nos oisillons envolés. Ecoutez un mot de saint Augustin, notre Père, un de mes saints de prédilection. Ce mot m'a fait penser à vous autres. « Seigneur, dit-il, le temps ne coule que sous vos ordres, faites-m'en donc trouver ce qu'il m'en faut pour méditer votre loi, et ne permettez pas que la porte des mystères qu'elle cache demeure fermée à ceux qui frappent pour y entrer. Ce n'est pas sans dessein que vous avez voulu qu'on écrivît tous ces livres si profonds et qui renferment tant de merveilles. Ce sont des forêts fort épaisses et fort difficiles à percer, il est vrai. Mais ces forêts n'ont-elles pas leurs cerfs qui s'y retirent, qui s'y promènent, qui y paissent, qui s'y reposent et qui y ruminent. » Ces cerfs privilégiés, n'est-ce pas vous? Mais aussi vous êtes obligées de prier pour ces pauvres chiens de berger toujours sur la lisière de ces forêts, et qui trouvent à peine le temps de venir, de loin en loin, se coucher aux pieds du bon pasteur, en recevoir une petite caresse, pour aller courir de nouveau après les brebis. Trop heureux si, au prix de ce sacrifice et laissant le pasteur pour l'amour du pasteur, ils lui gagnent quelques-unes de ces âmes qui le sauront aimer mieux qu'ils ne font eux-mêmes. J'ai mis dans mon livre d'office, pour la voir tous les jours, ma petite sainte Thérèse, deux fois précieuse puisqu'elle me vient de vous. Le reste, entre Dieu et nous, c'est le secret du cœur, où fort heureusement personne ne peut pénétrer. C'est une des joies de l'âme que cette retraite intime cachée à tous les regards, où l'on peut s'enfuir et converser avec l'époux sans que nul s'en doute, bien qu'on ait l'air d'être à toute autre chose. Vraiment, je ne sais ce que je dis quand je cause avec vous, de ma vie je ne me suis si fort mise à l'aise avec qui que ce soit. Respect et affection à vous toutes, saintes âmes ; obtenez-moi un petit désert où m'enfuir au milieu même du bruit de notre vie. Cependant je m'y trouve fort heureuse, croyez-le, si heureuse que je n'envie rien à personne. Si ce n'est ce que vous savez : toujours et toujours plus d'amour et de générosité pour celui qui est seul digne de notre amour et de nos faibles services.... Adieu, ma chère Mère, mes lettres sont insignifiantes et ne vous disent rien auprès de tout ce que je voudrais vous dire, et, quand je vois les gens, j'en dis encore moins : voilà une étrange personne. Il n'y a vraiment que Notre bon Seigneur avec qui l'on puisse s'expliquer à fond et sur toutes sortes de sujets ; quand les paroles manquent, il comprend mille fois au delà. Oh ! qu'il fera bon converser sans fin avec lui !...

20 Octobre 1850.

Révérende et bonne Mère.

Deux lettres de vous et silence de ma part ; heureusement que vous savez les pourquoi ; au moins voudrais-je vous arriver dans l'octave de notre séraphique Mère ; vous me permettrez bien ce *notre,* vous qui m'avez dit : *Votre Père est notre Père,* et je tiens beaucoup à cette communauté de biens là-haut, vous le comprenez. Au reste, je vous assure que notre grande sainte nous traite bien comme ses enfants. Vous nous souhaitiez une nombreuse rentrée ; nous en sommes déjà à deux cents, et parmi elles quatorze Espagnoles. Nous avons conclu qu'elle pensait à nous puisqu'elle nous confiait ses compatriotes.... A ce propos, croyez-vous que je n'avais pas lu les lettres de votre bienheureuse Mère et que j'ignorais ce trésor ? Ma sœur Marie-Anne, cette sainte bretonne qui fait notre admiration et notre émulation, m'a si bien mis l'eau à la bouche sur ce chapitre, que je me suis empressée de combler le vide de mon ignorance. J'ai lu pendant les vacances, je lis encore ces aimables, spirituelles et saintes lettres. Suivant une vieille habitude qui ne me permet jamais de jouir du beau et du bon, surtout en pareil genre, sans en faire part à mon voisin, j'étourdissais tout le monde de mes lettres de sainte Thérèse, citant, lisant des passages qui m'enchantaient, et quelques-unes de rire, me disant : Comment, vous, thérésienne, vous ne connaissez pas cela ? J'étais à peu près comme le bonhomme Lafontaine, qui, après avoir assisté à Ténèbres, demandait à tout le monde : « Avez-vous lu Baruch ? C'est un homme admirable. » Je n'ai jamais vu Baruch dans les leçons de Ténèbres, mais ainsi dit l'anecdote.

23 Février 1852.

Ma bonne Mère,

Vous croyez être quitte de moi et de mes épîtres ; vraiment non ; vous savez que je ne puis pas plus vous oublier que moi-même, et que nos deux âmes n'en font plus qu'une en Celui qui a toutes nos pensées et toutes nos affections. Si je ne viens pas vous tourmenter plus souvent, croyez que c'est uniquement par le très-profond respect que j'ai pour le détachement d'une part, et, de l'autre, par la crainte de vous prendre un temps précieux. Cependant, avant de nous enfoncer dans le désert avec notre cher Seigneur, ne faut-il pas nous serrer la main, quand ce ne serait que pour réveiller notre émulation et nous appuyer mutuellement du secours de nos prières et de notre amitié pour courir à l'odeur des parfums de notre Bienaimé. En dehors de ce but, les occupations et les attachements de ce monde me semblent tout ce qu'il y a de plus mortellement ennuyeux, et je ne trouve rien qui puisse exprimer les plaintes de l'âme à ce sujet, si ce n'est celles de Job. Et tous ces désespoirs n'excluent pas cependant une paix intime qui est une joie plus vraie que la folie de nos pauvres frères du monde. Oh ! s'ils savaient ce qu'ils perdent! Et nous, qui le savons, pourquoi ne pas faire mille et mille fois plus pour Celui qui nous a arrachés à cet abîme. Adieu, ma bonne Mère, priez pour votre amie. Mercredi, nous dirons ensemble : *Ecce elongavi fugiens, et mansi in solitudine.* Je crois, de fait, que c'est par esprit de contradiction que je chéris la solitude, pouvant si rarement en jouir; j'attends de vous que vous m'obteniez de Notre-Seigneur d'habiter le vaste désert de son cœur.

Je lis en ce moment une vie qui me fait du bien par sa conformité avec notre vocation : celle de la bienheureuse Marie de l'Incarnation, fondatrice des Ursulines au Canada. Je n'ai jamais connu vie plus active et plus intérieure. Quand Dieu y met la main, il n'y a donc pas d'incompatibilité entre Marthe et Marie, ce qui peut consoler les pauvres manœuvres. Aussi bien, tout ce que Dieu veut de nous est bon, adorable, aimable; nous valons si peu, tellement rien, que trop heureux celui qu'il daigne employer, quand ce ne serait qu'au dernier office de sa maison. Qu'il nous permette seulement de l'aimer, nous ne demandons pas davantage, et il nous le commande. Adieu, enfin, chère Mère, jusqu'au grand alleluia; mais, non, le grand alleluia ne se chantera que dans le Ciel. Le beau jour! quand viendra-t-il?

Ma bien chère Mère (1),

Je vous ai déjà dit combien j'aimais le dogme de la communion des saints, oui, même celui des saints de la

---

(1) Les dates manquent à plusieurs de ces lettres : c'est un cachet d'authenticité.

terre. Pauvres saints, qui trébuchons souvent à tout pas. Et, pourtant, qu'avons-nous à faire, sinon de marcher sur les traces des saints qui nous ont devancés ici-bas? Un Père jésuite, faisant hier le panégyrique de son saint fondateur, nous disait : « Saint Ignace, repassant les années qui s'étaient écoulées depuis sa conversion, pouvait se rendre ce témoignage que, depuis ce moment bienheureux, il ne s'était pas passé une seule heure qu'il ne l'eût consacrée à la gloire de Dieu. S'il en eût été autrement, cette seule vue aurait été capable de le faire expirer de douleur. » Voilà ce qui s'appelle vivre pour Dieu. Oh! quand commencerons-nous à imiter saint Ignace? J'ai toujours été frappée de l'usage attentif et persévérant qu'il faisait de sa raison et de sa volonté pour aller à Dieu, abstraction faite de tout don extraordinaire.....

Le beau jour que celui qui nous réunira toutes! quel ravissement de voir Notre-Seigneur en son humanité glorifié, la sainte Vierge, les saints et ceux avec qui nous avons vécu par la pensée, par l'affection.

26 Juin 1852.

Ma bonne et Révérende Mère,

Je viens de faire ma retraite à ce bienheureux désert d'Issy, et je trouve qu'il y aurait sensualité spirituelle à vivre en pareille quiétude loin de tous les humains, bons et mauvais. Le calme du lieu, l'espace, l'assurance de ne rencontrer âme qui vive que ses coretraitantes, encore avec toute facilité de les éviter : c'est un petit Paradis. La bonne invention que celle des retraites. Vous qui en sortez tout embrasée, vous devez en juger mieux que moi, et si vous avez eu moins d'espace pour respirer la solitude, vous avez su trouver une retraite sans limites dans un lieu bien autrement vaste et délicieux, le Cœur de Jésus. Ma chère Mère, selon vos recommandations, j'ai essayé de faire avec vous mon jour du Sacré-Cœur et de me réchauffer un peu en m'unissant à vous. Mais, pour le présent, une bûche et moi, c'est tout un. Au reste, c'est de quoi je ne m'embarrasse guère, et j'essaie de voguer toujours, abandonnant le gouvernail. Chercher pourquoi celui qui n'a pas un sou dans sa bourse n'est pas riche, serait une absurdité. La seule peine est d'être en droit de se dire : Je suis pauvre par ma faute. Les saints savaient bien autrement ménager les bonnes grâces du seul maître digne d'affection et de service. Et les impies, si ardents dans le mal, ils devraient bien aussi nous servir d'exemple et de stimulant. . . . .

Il faut que je vous remercie toutes du souvenir de vos prières ; savez-vous que, sans être prévenue à l'avance, je me suis si fort aperçue de ce bénéfice, que ne sachant d'où me venait le bien, je disais : Certainement quelqu'un prie pour moi. Votre lettre est venue me dire qui, et je n'ai plus été étonnée. Quand on se fait vieille, on ne forme plus guère d'amitiés ; je remercie le bon Dieu qui m'a donné sur le tard une amie comme vous. C'est, entre nous, jusqu'au *Requiescat in pace*. Celle pour qui on le dira la première sera tenue d'attirer l'autre vers ce doux repos le plus tôt possible. La survivante veillera aux portes du purgatoire pour abréger la détention. C'est convenu, n'est-ce pas ?... Priez fort et ferme pour notre pauvre pays. Je l'aime et je ne voudrais pas être d'un autre. Le Lapon aime bien son terrier enfumé; il ne faut pas m'en vouloir, Adieu. Saintes âmes, tirez-nous après vous et nous courrons, car bien qu'oiseaux, nous ne volons guère.

Révérende et bien-aimée Mère,

Je dois réponse à vos malices et remercîment de vos envois.... Procédons par ordre. Et d'abord, vous devez me canoniser, car j'ai fait l'inconcevable prière que vous m'avez prescrite. Mais, comme j'ai assez de propension à la paraphrase, je l'ai enrichie d'un texte de votre crû et d'une inspiration du mien. A savoir : Mon Dieu, donnez-leur en *une comme moi* quand j'aurai un cœur tout d'or par la charité, tout d'encens par l'oraison, tout de myrrhe par la mortification; quand je ressemblerai, au moins de loin, à toutes ces belles fleurs du Carmel, auprès desquelles je ne suis qu'un chardon et dont je ne vaux pas la dernière. Maintenant, *grand merci* de la précieuse relique si bien ornée ! Vous avez renouvelé ma dévotion à ce saint patron, docteur du désert, qui cependant, il faut l'avouer, cède le pas dans mon affection à mon cher saint Augustin. Aussi, j'ai bien de la peine à excuser Saint-Jérôme d'avoir querellé si âprement mon cher Père..... Croyez, ma chère Mère, que Maman Sophie ne peut vous oublier, elle a un faible pour les Carmélites, tout le monde en convient, et je ne répondrais pas que, parmi nous, il n'y eût même quelques jalouses. Je vous avertis que je ne suis pas du nombre; vous savez à quel point je partage les sentiments de notre Mère. Par pitié, priez un peu pour moi. Il y a des moments où l'on ne conçoit pas qu'on ait pu avoir en sa vie un mouvement d'amour-propre. Comment donc, avec l'aide et l'affection religieuse de tant de saintes âmes, sans compter la sainte Vierge et notre cher Seigneur, ne pas tirer meilleur parti de sa chétive personne?

Révérende et bien-aimée Mère,

Etes-vous sortie de votre solitude? Je vous y ai suivie clopin clopant comme j'ai pu, et une bonne lettre de vous à notre R. Mère m'a bien prouvé que la charité sait vous faire quitter le désert au besoin. Je suis sûre que vous vous êtes faite trois fois sainte, si bien que je devrais perdre haleine pour vous suivre. Tant pis, vous me traînerez.... Priez donc un peu pour nous notre Mère Sainte-Thérèse; je ne me refroidis point en son amour. A propos, savez-vous que le P. Lacordaire a fait, à Mattaincourt, le panégyrique de notre bienheureux Père. Ne pouvant l'entendre, nous l'avons lu, moi deux fois, et je me propose une troisième lecture. A la première, c'est pure curiosité, on dévore. A la seconde, on commence à comprendre, à ruminer. A la troisième, enfin, on profite. Donc, c'est admirable. De grandes et larges vues, des pensées profondes, pieuses, exprimées avec cette simplicité que je chéris et qui me fait revenir toujours à Bossuet comme à la grandeur sublime, qui ne se met point en peine des ornements parce que toute son élévation est dans le fond des choses. Rien de ce que j'ai lu du P. Lacordaire ne m'a plu comme ce panégyrique; il avait ailleurs bien des manières de penser et de dire qui ne m'allaient point. Ici, je n'ai pas trouvé un mot. Vous direz : C'est qu'il était sur votre terrain. D'accord. Il y avait cependant un côté délicat à traiter : le grand citoyen (seconde division du panégyrique), et il s'en est tiré admirablement. Nous sommes enchantées et reconnaissantes..... Ma chère Mère, tirez-moi après vous ; plus je vais, moins je vaux. Adieu, ma bonne Mère, je m'aperçois, en terminant, que j'ai commencé sans forme de respect ; vous me pardonnerez, car je vous aime en Celui qui possède nos cœurs quand même.

Le plus important, je le passe sous silence, c'est que notre Mère Sophie vous donne, après Dieu, la meilleure part de son cœur et qu'elle est très-touchée de votre bon souvenir.

24 Février 1854.

Ma bonne Mère,

Si l'on vous met hors de votre logis avant que l'autre soit disposé à vous recevoir, acceptez donc le grand pavillon d'Issy, vous y aurez votre jardin à vous, avec mur de séparation. Vous serez libres comme l'air. Souvenez-vous de cela, s'il vous plaît, et ne séchez point sur pied. Croyez-vous à notre amitié, oui ou non? Donc, point de cérémonie mes bonnes Mères, et, si les circonstances l'exigent, venez toutes, toutes ; ne vous séparez pas. La maison est à vous et les cœurs aussi, vous le savez. Vous pourrez parfaitement satisfaire aux devoirs de votre règle. Et, où seriez-vous mieux en pareille extrémité qu'avec des sœurs, des religieuses? Comment vous dire ce que nous ressentons à la pensée de vous posséder quelque temps près de nous ; il est des choses qui ne se peuvent exprimer. Notre Mère et toute la maison vous appellent et vous sont plus que jamais dévouées.

Vous pourrez vous dérober aux humains dans le parc isolé, où vous serez comme dans un désert. Nous vous promettons d'être voisines discrètes. Au reste, vous aurez bien moyen d'échapper à tous les regards, car il y a certaines parties du parc où l'œil ne peut pénétrer. Vite, mandez-nous le jour et l'heure où vous viendrez. Tant pis pour le Carême si votre fuite arrive en ce temps; nous aurons beau jeûner, ce sera fête, et votre séjour en ce lieu deviendra comme une bénédiction première et un exorcisme *ipso facto*. Plusieurs de nos prédécesseurs, dans cette habitation, ne devaient pas faire partie des chœurs des anges. Nous avons équipage tout prêt pour le transport de vos personnages, c'est à savoir le carrosse de notre marchand de légumes, magnifique char à bancs bien fermé de rideaux : c'est un véhicule qui ne peut choquer personne; il est aussi apostolique que possible. Notre sainte Mère du Ciel a fait plus d'un voyage avec cette pompe, dans ses fondations. Au reste, ce n'est pas notre premier essai de ces chars de triomphe. Le voyage de Corbeil s'est souvent effectué par ce mode un peu lent de locomotion. Nos souvenirs affectueux à toutes les habitantes du Saint-Carmel, du tout particulier à vos deux vénérables malades.

Adieu, chère Mère, à bientôt à Issy. Vous verrez que vous serez peut-être obligée de faire le voyage en Carême. C'est notre révérende Mère elle-même qui m'a chargée de vous écrire tout cela, et de vous prier de le prendre au sérieux (1).

Décembre 1854.

Ma bonne Mère,

J'ai si grand peur que vous veniez la première me dire : Bon an, que je laisse là nombre de correspondances qui ne me tiennent pas tant au cœur et auxquelles je dois honneur cependant. Donc, ma chère Mère, toute sainteté pour votre Saint-Carmel et pour vous en 1855. Je ne vois rien de mieux à vous souhaiter. Les prospérités de ce monde ne signifient rien pour nous. Vous dire combien je suis ennuyée de ce monde serait difficile ; il faudrait que vous entrassiez pour un jour en mon petit intérieur, et mieux vaut rester dans le vôtre. Travail, douleur, contradictions au dedans et au dehors, voilà la vie. Pourtant il y a des gens qui s'en accommodent et qui ne voudraient point en voir la fin. C'est admirable, c'est miraculeux, et, cependant, ils ne jouissent jamais de la douce conversation intérieure qui nous fait prendre l'exil en patience.

Vous avez appris la maladie et le martyre de notre

(1) A notre grande joie, l'offre fut acceptée, et nous eûmes le bonheur d'abriter nos bonnes carmélites, en attendant que fut prêt à les recevoir leur monastère de l'avenue de Saxe, qu'elles auraient dû occuper en quittant celui des Carmes. Pendant près de deux ans, ces chères et saintes hôtesses sanctifièrent par leur présence, leurs vertus, leurs pieux exercices, les bâtiments que l'on avait accommodés pour leur servir de tentes, et notre sol fut béni par la trace de leurs pas. Quelquefois, nous eûmes la satisfaction de nous associer à leurs prières et d'entendre leurs chants, au moyen d'une petite chapelle dont la partie extérieure donnait sur le parc où nous pouvions pénétrer. Cette douce hospitalité fut une des grandes consolations de notre R. Mère Sophie dans ses dernières années.

chère Mère Marie de Jésus. Elle comptait voir la fête de Noël en meilleur lieu, et elle est encore des nôtres. Voilà ce que c'est que d'avoir demandé à celui qui promet tout à la prière de faire ici bas son purgatoire. Vous me direz : Mieux vaut souffrir en ce monde qu'en l'autre. C'est vrai. Pour moi, jusqu'à ce jour, je préfère ne rien demander. Peut-être changerai-je d'avis en me sanctifiant. J'ai peur de moi et que la patience ne m'échappe dans ces longs jours d'angoisse, dont chaque heure paraît un mois à notre chère Mère, bien qu'elle pâtisse avec une joie que je n'ai jamais vue. Je me range à l'avis de sainte Catherine de Gênes. Elle assure qu'il y a délices de souffrir en purgatoire, parce qu'on aime Dieu, parce qu'on veut souffrir, parce qu'on est ravi de voir toute justice s'accomplir et que l'on doit savoir que jamais on ne perdra Dieu. C'est bien quelque chose ; que vous en semble ? Heureuse celle qui, comme notre sainte Mère Thérèse, passe de la cellule aux noces éternelles. Mais n'est pas sainte Thérèse qui veut. Il est plus facile de l'aimer et de l'admirer que de l'imiter.

20 Février 1855.

Ma bonne Mère,

J'ai une âme que je veux gagner à notre bon Dieu pour son amour, aidez-moi. Je ne sais ce que je ferais pour obtenir cette grâce ; et, comme je ne suis pas capable de toucher à moi seule Notre Seigneur et sa sainte Mère, je viens à vous, leurs bonnes amies. Figurez-vous un homme d'un cœur parfait, d'une intelligence élevée, de mœurs irréprochables, aumônier, enfin ayant tout pour lui, et ne voulant pas entendre parler de se rapprocher de Dieu.

Il ne croit pas, dit-il, surtout ce qu'il est impossible de lui faire adopter, c'est la prière, même la plus courte. Prononcer seulement le nom de Marie, il n'y veut pas consentir. Quand je lui ai proposé de le dire après moi, il s'est écrié : Impossible. De telle façon que je le crois ensorcelé. Cependant, il porte la médaille depuis bien des années; il est d'un dévouement à toute épreuve et ne reculerait devant rien pour nous obliger. Et que ferons-nous pour lui si nous ne lui donnons la foi ? Vraiment, votre sainte Mère Thérèse aurait pourtant bien dit de lui à son cher Seigneur : Il est digne d'être de vos amis. . . . .

Ecoutez un mot de mon pauvre prosélyte (1). Comme

---

(1) Ce bon prosélyte, ancien ami de notre Maison, est une intelligence d'élite, le meilleur cœur du monde. Il passe une partie de sa vie à soulager les indigents, et l'on peut dire que sa gauche ignore le bien que fait sa droite. Néaumoins, tout en consumant sa propre existence pour de malheureux étrangers, il ne peut croire ni comprendre que notre Dieu s'abaisse jusqu'à s'occuper de ses pauvres créatures, et moins encore que sa Providence veille sur nous. Daigne le Seigneur éclairer ce bon aveugle et ne pas lui donner ici-bas toute la récompense de ses vertus morales. C'est lui que la Mère Saint-Jérôme recommandait aux prières de la sainte carmélite. Puisse notre chère Mère obtenir au ciel la conversion de celui à qui elle écrivait la lettre suivante :

« Vous savez, M...., que votre pensée ne me quitte pas. Je me demande ce qu'il peut y avoir entre vous et Dieu pour vous cacher sa lumière qui ravit ceux à qui il est donné d'en jouir. Et pourtant, vous êtes fait plus qu'homme au monde pour voir et pour comprendre ces éblouissantes et consolantes vérités. Une grande sainte, que j'affectionne comme si je l'avais connue, disait à Notre-Seigneur quand elle avait rencontré quelque âme de votre trempe, qui n'était pas plus croyante que vous : « Eh ! Seigneur, pourtant, il est digne d'être de vos amis. » Voilà ce que je lui dirais aussi de vous, si j'osais emprunter son langage. Promettez-nous au moins une toute petite concession. Dites à N.-S. de temps en temps : « Mon Dieu, s'il est vrai que la foi soit un bien digne d'envie, par Marie Immaculée, donnez-la moi. » Je ne vous dirai pas que nous prierons pour vous et avec vous, il y a vingt ans que nous le faisons de tout notre cœur. Nous irons jusqu'au bout. Vous ne doutez pas de notre sincère affection en Notre-Seigneur.

je l'assurais que la prière désarme Dieu, par cela seul qu'elle est un acte d'humilité : « Humble, mais je le suis; car je me crois trop peu de chose pour que Dieu s'occupe de moi. C'est vous qui êtes une orgueilleuse, vous qui allez jusqu'à croire que Dieu vous regarde, qu'il vous écoute, qu'il vous aime. » Les pauvres gens, voilà où ils en sont, ils nient toute la religion en niant l'*amour*, qui en est le principe et la fin. J'ai raisonné, mais il déraisonnait ; nous parlions chacun notre langue sans nous entendre. Dieu seul peut changer les cœurs!

14 Octobre 1855.

Bonne et Révérende Mère,

Admirez notre sagesse et comme nous vous avons laissées tranquilles! Mais au grand jour de Sainte-Thérèse, il faut bien que vous nous permettiez de nous réjouir avec vous. Vous devez être comme le poisson dans l'eau, rentrées chez vous, bien clôturées et si commodément logées (1). Il faut le dire aussi, à l'abri des incursions souvent intempestives de ces oiseaux amis, qui voulaient bien être discrets, mais chez qui le cœur dominait quelquefois la réserve. Qui donc est désappointé? Vos pauvres voisines! Lorsque l'on va de Paris visiter les Issyennes, on sent qu'il manque la moitié de la famille ; on s'arrête devant cette porte du parc par laquelle passaient si souvent nos chères Carmélites, devant cette maison vide qu'elles ont sanctifiée ; enfin, on fait triste pèlerinage

---

(1) Les Carmélites étaient alors entrées en possession de leur monastère de l'avenue de Saxe.

partout où elles ont posé le pied. Plus d'espoir, on ne les verra plus, on ne les entendra plus, sinon par lettres, jusqu'à la céleste revue.

6 Mai 1856.

Mes bien chères Mères,

Entr'ouvrant la porte de votre cénacle, où je vous vois réunies, *Cum Maria matre Jesus*, je vous jette ces deux mots au milieu de votre recueillement : Nous sommes encore tout embaumées de la présence de Monseigneur de Besançon. Il nous a fait toutes les cérémonies de notre première communion (23 enfants), le jour de l'Ascension, mais à la manière des Apôtres, des Pères de l'Eglise, des Saints. Que vous dire? Jamais nous n'avons entendu parole qui fit plus songer à celle de Notre Seigneur, plus simple, plus onctueuse, plus digne! Il n'a rien négligé. Lui-même, il a voulu faire la préparation avant la messe, pendant laquelle il a encore parlé. Puis, après, il a fait tout haut l'action de grâces. L'après-midi, la rénovation des vœux du Baptême, la consécration à la sainte Vierge. Enfin, dimanche, il est venu confirmer une seule enfant qui partait, et a fait autant de frais que s'il eût eu toute une paroisse. Plus il avance dans la vie, plus il se fait saint. Ainsi devrait-il en être de nous tous! Hélas! hélas! Vous, dans la plus complète solitude, vous avancez à pleines voiles; mais nous, un pied, sur la terre, l'autre dans le Ciel, cela ne va pas sans obstacles. Ces petites âmes, que nous essayons de façonner à la vie des saints, nous tireront après elles, c'est notre confiance.

Adieu, chères solitaires, priez pour les pauvres militantes, si souvent atteintes dans la mêlée. Demandez une abondante effusion de l'Esprit d'amour, de force et de lumière. J'ai une affection très-prononcée pour la dévotion au Saint-Esprit, vu ma grande lâcheté, pauvreté, misère. Car il est *don* et travaille en moi presque seul.

2 Septembre 1856.

Très-chère et Révérende Mère,

Mon silence prolongé me comptera là-haut, je l'espère, Vous deviez me croire morte ou peu s'en faut. Il me prenait bien de toutes légères craintes que vous me croyiez refroidie en votre affection. Mais, jugeant par moi-même, ma chère Mère, je me disais : Impossible. J'ai travaillé, travaillé comme un petit cheval ; voilà pourquoi vous n'avez point eu de mes nouvelles. Daigne le Seigneur avoir accepté cette assiduité comme acte d'amour. Qui oublie de donner cette valeur à la misérable vie que nous menons sur la terre est bien fou, vraiment. Et, pour celle qui vous dit cela, hélas ! combien d'heures s'écoulent sans que se réveille en elle ce très-doux et très-vivifiant amour. C'est ma peine et mon repentir de tous les jours. Voir et faire, pourquoi n'est-ce pas même chose ? Tandis que vous franchissez les collines et que vous vous envolez bien haut, nous restons collées en terre. On est cependant stimulé quand on songe à votre vie de retraite et de pénitence absolue.

26 Avril 1858.

Ma bonne Mère,

On arrive, dit-on, à tant aimer Dieu, que le silence seul peut satisfaire devant lui. Proportion gardée, je voudrais que vous ne mesuriez point mon affection sur mes paroles et que vous vous souveniez que rien en ce monde ne pourra me changer à votre égard. Mais, si la plume dit peu, le cœur parle à Dieu. Nous sommes, et j'espère que nous resterons longtemps, toujours s'il se peut, sous l'impression qui se respire dans cette maison où passe le saint cardinal-archevêque. Son immense charité lui a inspiré l'incroyable pensée de nous consacrer une semaine avec un dévouement que Dieu seul peut suggérer. Ce qu'il nous a dit était si simple, si ferme, si charitable! Mais toute sa personne ajoutait à ses paroles ce je ne sais quoi qui n'appartient qu'aux saints. Dignité, abandon, respect des âmes, vie d'un religieux sous la pourpre. Priez pour que nous n'ayons pas reçu en vain cette grande grâce. Oh! que c'est beau la sainteté. Que nous serons bien au ciel et en ravissante compagnie! Maintenant il nous semble que nous sommes au soir de l'Ascension et que Notre-Seigneur nous a été enlevé. On nous lisait hier, au réfectoire, le quatrième livre des Rois, et les regards désolés, les cris d'Elisée voyant son père Elie s'élever au ciel. Puisse le double esprit nous être resté, et toujours vivre avec le maître des maîtres au fond de notre cœur, Marie, son assistante, Joseph et les bons anges, et nous atteindrons le grand jour des réunions. Adieu, chère Mère; nos bannières sont différentes, mais nous faisons partie de la même armée, sous le même chef, Jésus-Christ Notre-Seigneur, à qui soit amour et gloire par tous avec une émulation infatigable!

Un tout petit soldat, qui ne vaut guère, mais qui attend tout de son divin chef.

1er Janvier 1860.

Bonne et Révérende Mère

Me voilà au 1er janvier sans vous avoir dit : *Bon an,* quoique le cœur l'ait dit si fort que vous avez dû l'entendre. Nous regrettons toujours les causeries de voisinage de ce bon temps, qui commence déjà à s'éloigner, d'autant plus que s'approche le bon temps futur auquel rien ne mettra obstacle aux éternels entretiens. Là, que de pensées, que de cantiques de louanges s'échangeront sans dégoût, sans lassitude, avec une infinie variété, à la gloire de celui qui seul mérite notre amour. Le beau jour qui commencera l'année éternelle! Nous l'atteindrons bientôt. Si on ne l'appelait pas par amour de la beauté infinie, les évènements de cette triste terre seraient de nature à nous le faire désirer. Hélas! il est donc malheureusement vrai que c'est moi qui avais raison, l'an passé, quand je vous faisais mes doléances sur notre Saint-Père. Que dirait votre sainte Mère, fille si dévouée de la sainte Eglise, si elle revenait sur la terre. Et alors, c'était l'*inimicus homo* qui frappait; maintenant on peut dire : *His plagatus sum in domo eorum qui diligebant me.* Ces paroles-là ne vous sont pas inconnues. La bonne Providence nous a donné pour protecteurs de cette année les sacrés Cœurs de Jésus et de Marie. Pendant qu'on tirait au sort, je leur faisais tout bas ma petite prière pour qu'ils daignassent être nos gardiens. Et voilà qu'ils ont répondu oui. Ne me canonisez pas, nous étions cent à faire cette prière.

Révérende et bien-aimée Mère,

On vous a dit mes graves occupations et expliqué mon silence. J'ai lu avec grand soin la feuille de la traduction de notre sainte bien-aimée. Comparant avec celle d'Arnaud d'Andilly, il ne me manque qu'un point de comparaison bien autrement essentiel, l'original espagnol. Or, ma chère Mère, 1° je ne l'ai point; 2° je ne sais pas l'espagnol. J'avais eu, il y a longtemps, une forte tentation de l'apprendre, précisément et uniquement pour lire sainte Thérèse. Je me suis munie de permissions, j'ai commencé, et puis scrupule m'a pris, j'en ai presque regret aujourd'hui. J'en suis donc réduite à vous donner une appréciation qui risque fort d'être hasardée. Je sais que l'art de la traduction a fait de grands progrès depuis le dix-septième siècle. D'Andilly n'est pas toujours très-clair; mais il est grave, et le style de la nouvelle traduction m'a paru un peu, beaucoup celui du jour, pas assez simple, trop peigné. Sainte Thérèse devait aller plus rondement que cela: il y a des phrases entières qui n'existent pas dans Arnaud. Ce qu'il y a d'intéressant, ce sont les notes de la nouvelle traduction.....

Vos lettres nous rendent heureuses, leur lecture est une fête, et j'aurais peur bientôt si j'étais égoïste, ce qui se pourrait bien, que tout le monde ici vous aimât autant que moi. Faites que je n'aime que Notre-Seigneur, je le veux, et c'est pour cela que je m'accroche à vous. Vous me trouverez toujours à tous nos rendez-vous. Souvent nous parlons de vous aux récréations, et je raconte comme je peux ce que lis d'édifiant dans vos parchemins, qui en valent bien d'autres. J'ai une prédilection pour les anciennes Mères du commencement. Tout me va, jusqu'au style, qui est celui d'une époque où tout était dans le vrai. Maintenant, nous fardons tout et déparons la beauté, même intérieure, dans nos récits.

Chère et bien-aimée Mère,

La bonne, l'excellente nouvelle, enfin nos vœux sont exaucés, et M. R.... est à nous ! Je m'y attendais tôt ou tard, car nous servons un bon maître qui ne se laisse point vaincre en générosité, et il fallait bien qu'il se chargeât d'acquitter ses épouses envers leur déclaré bienfaiteur. Vous êtes bienheureuses ; nous le sommes avec vous, mais sa chère fille doit être transportée de joie et de reconnaissance. Oh ! ma chère Mère, j'ai goûté une fois en ma vie le bonheur d'un retour à Dieu, instamment sollicité pendant quatorze ans : jamais je ne l'oublierai. Voilà le sujet d'une grande joie dans le ciel.

Nous recevons tant et tant de grâces que c'est à couvrir de confusion quand on scrute cela à fond. Mon étonnement est toujours qu'avec de telles profusions nous ne soyons pas des séraphins. Hélas, hélas ! loin de là ! Il faut que nous soyons bien stupides et bien lâches ! Si l'on pouvait donc ne s'émouvoir, ne s'attrister de rien ici-bas et se réjouir seulement pour ce qui en vaut la peine : Dieu, sa gloire, l'intérêt des âmes, puis laisser passer le reste sans sourciller ! Mais, comme il faut encore démêler quelques-uns de ces riens nécessaires à la vie, la grande, l'incessante difficulté est de tenir la balance égale entre une activité dévorante et une impassibilité voisine de l'indifférence. C'est l'étude et l'exercice de tous les jours.

1844.

Eh bien, ma chère et bien-aimée sœur (1), vous avez donc revu votre ville natale, votre maison, vos montagnes, et, qui plus est, vous avez retrouvé tous les cœurs qui vous aiment. Si vous saviez comme je vous ai suivie par la pensée; je ne sais si vous m'avez laissé votre double cœur, vraiment je me croyais plus détachée ! Aussi, le jeudi matin, n'ai-je pu faire mon oraison sur d'autre texte que ces paroles, qui semblaient une douce remontrance du divin Maître : « Ne te suis-je pas plus que dix âmes ? » Je dis une douce remontrance, parce que je crois que mon affection pour vous m'a toujours portée à aimer Dieu davantage. Vous et lui ne faites qu'un dans mes pensées. Depuis votre départ, je n'ose m'éloigner de ce bon maître un seul instant, dans la crainte que votre souvenir, venant à me chercher dans son cœur, vous m'en trouviez absente. Je le prie de ne pas me laisser seule, je lui demande la permission de m'appuyer sur son bras tout-puissant, et il me semble que, faisant de même de votre côté, nous marchons, prions, travaillons toujours ensemble. Si vous

---

(1) La Mère Xavier de l'*Enfant Jésus*, à laquelle sont adressées les quelques lettres qui suivent, était encore très-jeune lorsqu'elle connut la Mère Saint-Jérôme. Cette ancienne et véritable amie séjourna plusieurs fois dans notre famille et revint passer quelque temps au milieu de nous avec sa digne Supérieure, dont elle occupe aujourd'hui la place. L'excessive sensibilité du cœur de la M. Xavier lui fit vivement ressentir la perte de notre chère Mère Saint-Jérôme. Pourtant, nous avons eu la consolation d'éprouver que cette séparation n'avait fait que resserrer nos liens de cœur avec cette sainte amie.

saviez tout ce que je vous ai dit depuis mercredi (il y a huit jours aujourd'hui). Jamais, je crois, je ne vous ai tant parlé. Vous ririez si vous saviez comme la fable des *deux pigeons* me revient à tout moment malgré moi, et je me trouve répétant : Mon frère a-t-il tout ce qu'il veut, bon souper, bon gîte et le reste? Vendredi, je me suis unie à vous, croyant que vous pourriez communier à Clermont. Il y avait douze grands jours que je ne l'avais fait, j'étais si heureuse de me retrouver à la chapelle; mais vous m'y manquiez, et votre place vide a bien fort remué mon cœur; j'aimais tant autrefois à vous regarder en passant. Vous pouvez vous transporter au milieu de nous, et les lieux aident au souvenir; mais moi, je ne sais au juste où vous trouver, si ce n'est dans le Cœur du bon maître. C'est bien tout ce qu'il y a de meilleur, et j'ai honte de me plaindre. . . . .

Dites donc à toutes vos sœurs combien nous les remercions d'avoir laissé venir votre Mère parmi nous. Tout le monde ici l'aime et la regrette. L'expression de douceur, d'humilité, je dirais presque de candeur qui règne dans tous ses traits a donné la plus grande idée de sa vertu. Nous étions si bien habituées à la Mère et à la fille, me disait-on hier encore! que le temps de leur séjour ici a passé vite! Oui, heureusement, la vie passe comme l'éclair; nous nous reverrons bientôt. Vous voyez que les difficultés s'évanouissent presque d'elles-mêmes : Notre-Seigneur a envoyé son ange pour enlever la pierre qui semblait devoir faire obstacle à vos bons desseins au milieu des vôtres. Comme nos cœurs s'entendent! Une des pensées qui m'avait le plus occupée, c'était le bonheur que vous auriez à revoir la chapelle où vous avez sans doute fait votre première communion et qui a reçu vos vœux.

9 Décembre 1844.

Ma chère sœur,

Eh bien, n'est-ce pas qu'une retraite seule à seule avec Dieu est une bonne chose? Que je comprends bien le sentiment qui vous a occupée, ou plutôt combien de fois j'ai senti aussi que Dieu écrasait mon néant sous l'infinité de son amour. Et encore, si nous expérimentions notre impuissance à la manière des saints, ce serait bien autre chose. Patience, dans le ciel nous comprendrons enfin que Dieu est tout et que nous ne sommes rien, et que ce tout a aimé ce rien jusqu'à un excès que saint Laurent Justinien ne craint pas de qualifier de folie. Soyez bien tranquille, je ne crois pas que je vous aie jamais demandé de m'oublier ; j'y perdrais trop, puisque je compte que tout souvenir de ma chétive personne est une prière au bon Maître, pour ma persévérance dans la grâce et ma conversion à la vie parfaite et à l'union avec Dieu, le seul et l'unique bonheur que nous nous devons envier dans cette vie l'une et l'autre. A nous aussi le temps de l'Avent doit être cher, puisque, vous vous le rappelez peut-être, c'est dans la nuit de Noël et auprès de la crèche que notre ordre a pris naissance ; double lien entre les chères sœurs de l'enfant Jésus et celles de la Congrégation de Notre-Dame.

1847.

Si vous pensiez, ma chère sœur, pouvoir vous plier facilement au goût et au caractère des autres, je ne m'étonne pas que vous ayez été désappointée. Ce combat, cette étude est l'affaire de la vie, et, Dieu aidant, la personne qui sent le plus de répugnance naturelle à sympathiser avec tels ou tels caractères peut devenir la plus douce, la plus aimable pour tous. Ainsi, bon courage ! Je ne crois pas, du reste, que vous soyez de celles à qui ce combat coûtera le plus. Et puis, n'avez-vous pas éprouvé que la plupart de ces difficultés sont plus terribles de loin que de près, c'est-à-dire plus insurmontables dans les résolutions de l'oraison que dans l'action. Un bon remède, c'est de voir Notre-Seigneur ou la sainte Vierge dans ces personnes, de penser que c'est sur Notre-Seigneur que retombent nos répugnances, puisqu'il a dit : Tout ce que vous ferez à l'un de ces petits qui croient en moi, c'est à moi que vous le ferez. Je trouve qu'en rapportant ainsi tout à Notre-Seigneur, on arrive plus vite, plus sûrement et plus agréablement au but ; j'avais pourtant une bonne nouvelle à vous mander et continuation de prières à réclamer. Mon tuteur est ici dans les meilleures dispositions, suivant les instructions de l'excellent Père M..., dont il est enchanté. Demain, samedi, commencera sa première confession ; il n'en a pas fait d'autre depuis celle de sa première communion.

A propos de la première communion, je n'ai pas oublié que vous m'avez demandé des avis pour y préparer les enfants ; mais ils sont difficiles à donner de loin. Nous faisons chaque jour avec elles une visite au Saint-Sacrement, une à la sainte Vierge. Tous les deux jours, une instruction spéciale. Toutes les semaines, les enfants tirent de petites pratiques, font dire une messe, et, pour les confessions générales, nous les aidons, surtout au sujet de ce qui pourrait les embarrasser. Le reste se cherche dans la prière et l'oraison. Dieu vous le dira au cœur. Vous connaissez sans doute un excellent petit livre intitulé : *Le grand jour approche*; vous pourrez vous en servir utilement. Si vous faites les instructions vous-même, il faut les entremêler d'exemples et inspirer aux enfants l'amour de la prière; leur faire comprendre la nécessité d'offrir leurs actions à Dieu, de les faire pour lui; mettre dans leur cœur une confiance filiale en la sainte Vierge. Ce que l'on inspire à cette époque ne s'efface jamais, j'en ai des preuves admirables. Plus tard, il n'en est pas de même, à beaucoup près. Presque tout dépend des impressions reçues à la première communion. Que vous êtes heureuse, ma chère sœur, de votre belle mission !

8 Mai 1849.

Je vous reconnais bien aux sentiments que vous exprimez au sujet du Mois de Marie. Mais, ma chère sœur, je ne me fais pas illusion. Je suis le porte-voix de la sainte Vierge peut-être, et puis c'est tout. Les mérites et la récompense sont pour quelques bonnes sœurs qui ont en main la casserole ou le balai. Enfin, pourvu que Jésus et Marie soient glorifiés, n'importe par qui et comment. Je suis comme vous, et, ne trouvant rien en moi que quelques paroles et peu d'effets intérieurs, je me réjouis de penser qu'il y a des âmes qui dédommagent Notre-Seigneur et sa sainte Mère de la tiédeur de mon propre cœur : c'était là justement mon action de grâces de ce **matin.**

Ce que vous me dites des progrès de notre dévotion favorite est une de mes grandes joies en ce triste monde où rien n'est digne de nous réjouir, sinon cet établissement du règne de Dieu par notre cher Seigneur. Tout le reste est vide et nous échappe comme l'ombre.

27 Novembre 1854.

Ce qui nous réjouit toutes en ce moment c'est la gloire de notre Mère Immaculée qui se prépare. Sommes-nous heureuses de vivre pour pareille fête. Après, nous pourrons dire le *Nunc dimittis*. Vous avez su qu'il y a des réclamations. Il faut bien que l'enfer fasse ses derniers efforts, quand ce ne serait que pour retarder une définition qui, du reste, semble certaine.

12 Février 1861.

Je vous félicite, ma chère sœur, d'avoir à conduire à Dieu ces âmes neuves qui se donnent à lui si généreusement; souffrez leurs imperfections comme notre bon Dieu souffre les nôtres, sans perdre votre paix. Que nul penchant mauvais ne vous étonne, car rien ne déconcerte plus les âmes et ne ferme plus le cœur que cet étonnement quand on le laisse apercevoir. Il n'y a que la mauvaise volonté, la paresse d'âme qu'il faille tancer vertement. Donnez donc à Dieu et à la grâce le temps de faire leur œuvre. Nous autres, nous sommes toujours pressées; il faudrait que tous nos désirs devinssent immédiatement des faits accomplis.

Nous avons eu une belle fête le 13, pour la solennité de la cinquantaine de notre révérende Mère Sophie. Cette bonne Mère a renouvelé ses vœux d'une voix aussi claire, aussi ferme qu'à vingt ans. Nous avions un nombreux clergé, beaucoup de Pères Jésuites. Mgr Morlot présidait la cérémonie..... La grande salle, avec la place qui est devant, était transformée en un jardin improvisé, couvert d'arbres verts et des plantes de la serre. Des devises, des guirlandes, des écussons, complétaient l'ornementation. Le soir, séance nombreuse comme jamais, chants et expression du cœur, le tout chanté, joué avec une simplicité et un entrain indescriptibles. Le matin, la communion avait été générale, et, comme en toutes nos fêtes, on offrit les prémices au Seigneur.

Appendice au Chapitre XII.

QUELQUES LETTRES A D'ANCIENNES ÉLÈVES.

Nous terminons ce volume par le court appendice d'un très-petit nombre de lettres adressées par la Mère Saint-Jérôme à des élèves rentrées dans leur famille, et vivant dans le monde. Plus tard peut-être, nous sera-t-il possible d'ajouter un supplément à ce qui précède, au moyen de ce que nous pourrons recueillir et de quelques notes que nous conservons.

Septembre 1847.

Je tiens à arriver avant le 14 septembre, ma chère N... pour vous dire, de la part de toutes vos Mères, qu'elles s'uniront à vous et communieront avec vous ce jour-là pour votre bon père, pour vous, qui avez la foi, et qui savez que rien n'arrive sans la permission de Dieu.... Donc, le cœur en haut, là où réside maintenant presque tout ce que vous avez aimé en ce monde. Humiliez-vous sous la main de Dieu qui vous a brisée ; baisez-là, cette main qui avant de vous frapper s'est laissée percer de clous pour vous prouver, par ces incroyables preuves, un amour auquel vous ne saurez jamais assez répondre. Vous verrez combien cette soumission toute d'amour adoucit la croix. Au reste, vous avez pris le bon moyen pour calmer votre cœur ; vous avez eu recours au seul Cœur assez puissant pour pénétrer le nôtre, pour guérir ses plaies ; au seul Cœur qui compatisse à nos douleurs dans toute leur étendue, parce que lui seul les a portées avant de nous les imposer ; c'est donc à bon droit que les affligés peuvent recourir à ce Cœur. Vous comprendrez mieux que personne cette salutaire et solide dévotion. Pour seconder votre désir de sa pratique, je vous envoie une miniature du Sacré-Cœur que j'ai faite à votre intention. C'est vous, ma chère N.... qui serez la petite colombe réfugiée dans la plaie. N'en sortez pas ; car lorsqu'on s'y est une fois reposé, on se trouve mal partout ailleurs. Mais là, il faut vivre de confiance et répondre à toutes les pensées désolantes, sous quelque forme qu'elles viennent : *J'ai espéré en vous Seigneur, je ne serai point confondue.* Ne disputez pas avec l'ennemi ; recourez doucement et confidemment au Cœur de Jésus, à Marie, notre bonne Mère, et vous verrez s'éloigner les pensées de tristesse et les raisonnements superflus sur le passé. Vous qui comprenez à merveille vos devoirs, il faut vivre encore pour votre mari, pour vos grands parents, qui ont pris eux-mêmes une si vive part à votre affliction et qui vous ont donné des preuves de leur affection si véritable. Et puis, au milieu de toutes les vicissitudes de cette vie, après quelques bons jours suivis de jours douloureux, nous arriverons à ce séjour où il n'y a plus de larmes à essuyer ; et ce qui est plus doux encore, où selon l'expression de l'Ecriture, Dieu lui-même daignera essuyer de sa main les larmes des yeux de ses amis. Oh ! alors, nous nous réjouirons d'avoir porté la croix, cette croix, qui toute amère qu'elle ait été, nous aura sauvés. Ici-bas nous ne pouvons encore bien comprendre cette joie dans les larmes, pourtant nous la croyons, puisque Notre-Seigneur a dit : *Bienheureux ceux qui pleurent.....*

1847.

Chère N...,

Je ne saurais trop vous féliciter de la détermination où vous êtes de ne plus lire de romans ; les meilleurs ne valent rien et quels sont ceux qu'on se trouve entraîné à lire ? Ceux du jour, dont tout le monde parle, et dont on veut parler. Pourtant on convient que jamais ce genre de composition n'a été aussi désordonné, aussi dangereux. Dans les drames et dans les romans, ce ne sont plus des passions humaines, je dirais presque que ce sont des passions animales, qui sont en jeu. L'effroi et le dégoût, c'est tout ce que ces genres inspirent pour la plupart. Quant à l'histoire, c'est différent ; il me semble qu'elle n'a jamais été mieux étudiée en France, au moins autant qu'en peut juger ma petite capacité. Attendre l'impartialité dans les jugements sur les choses et sur les hommes, surtout s'ils se rapprochent de nous, ou donnent lieu à traiter de la grande question d'égalité, que l'on veut établir en fait, c'est impossible. Mais, il y a des vues, de l'intérêt, du talent... Vous me demandez l'indication de quelques ouvrages de ce genre. Pour commencer par ce qu'il y a de plus ancien, avez-vous lu les *Mémoires sur l'histoire de France* recueillis et mis en ordre par Petitot : depuis Villehardouin sous Philippe-Auguste jusqu'à nos jours ? Il y en a qui sont pleins d'intérêt, d'autres un peu ou fort ennuyeux. Faites en un choix. Quant aux ouvrages modernes : l'*Histoire de la Civilisation en France et en Europe*, par Guizot, me semble à lire. La *Conquête des Normands*, par A. Thierry. L'*Histoire de Pologne*, de Salvandy. Le *Consulat et l'Empire*, par Thiers. Dans tout cela, il y a mille choses qui ne sont ni dans vos idées, ni dans les miennes; mais on met les jugements faux, passionnés, ambitieux à part, et on s'instruit de ce qu'il y a de bon. Sans cela on lirait bien peu de chose. Que vous êtes donc gentille d'avoir conservé tous ces petits souvenirs de pensionnaire et d'y attacher quelque prix ! Véritablement, chère N.... au couvent comme dans le monde, rien de meilleur, et de plus stable que les amies de pension.

6 Octobre 1849.

J'espère, ma chère N... que vous aurez trouvé dans la Communion la force que vous vous proposiez d'y chercher. Je me réjouis de voir que vous sentez le besoin de cette divine nourriture, et que vous avez résolu de vous mettre en état de communier tous les mois. Plus vous vous approcherez souvent de la sainte Table, plus vous désirerez d'y être assidue. Je me permets seulement de vous prémunir contre une épreuve qui vous arrivera certainement. Vous vous rappelez m'avoir dit que dans vos rares communions, vous éprouviez toujours une joie sensible qui faisait votre bonheur. Il pourra arriver, il arrivera certainement que souvent vous n'éprouverez ni cette joie, ni ce bonheur en communiant, et je vous entends déjà me dire : Mieux vaudrait le faire plus rarement et sentir ce qu'on fait. Non, communiez souvent ; bien que le sentiment vous manque vous le ferez mieux et plus fructueusement. Que prétendons-nous quand nous communions ? Répondre à l'amour que Notre-Seigneur nous témoigne dans son sacrement, fortifier notre âme, entretenir et augmenter la vie de la grâce dont elle doit être déjà animée en s'approchant de ce sacré banquet. Or, pour cela, il n'est pas nécessaire d'avoir une dévotion sensible ; c'est une grâce dont nous devons remercier Dieu, mais l'absence du sentiment ne prouve rien contre nos dispositions. La foi nous reste, une foi plus humble, plus généreuse, plus désintéressée, et mille fois plus agréable à Notre-Seigneur que les douceurs qu'il répand dans notre âme. En ce cas, c'est lui qui donne, dans l'autre, c'est nous qui donnons ; nous qui le servons à nos dépens. Permettez-moi une très-imparfaite et très-stupide comparaison. Après une longue maladie, le convalescent dévore, l'homme robuste prend ses repas avec une faim moins pressante et un plaisir moins vif. Cependant ce dernier est dans un état de santé plus normal. Je vois que je me suis embarquée loin en courant au devant de vos difficultés... Adieu.

2 Novembre 1849.

J'ai bien compati à vos souffrances physiques et morales, ma chère N... j'espère qu'au moins vous êtes quitte de celles-la... N'avez-vous pas lu ce passage de l'Imitation : « Dieu a deux manières de visiter ses élus : la consolation et l'épreuve ? » Dans la consolation votre âme, naturellement bonne et aimante, se dilate et vous entraîne, par les élans de sa générosité, jusqu'à vous faire promettre l'impossible, et il est facile de confondre cette disposition avec de la vertu ; de s'y reposer, de croire que cette voie nous ferait avancer à pas de géants, tandis que dans la réalité, nous ne sommes contents de Dieu que parce qu'il semble prêt à faire notre volonté. Dans la voie de l'épreuve, votre âme se resserre ; elle sent qu'il lui faut plier, soumettre ses projets, sa volonté, et comme on n'arrive-là que par l'humilité et l'abandon, il y a lutte, vous ne sentez que la peine ; et dans l'acte le plus généreux devant Dieu, vous avez encore cet immense profit de le croire sans mérite, parce qu'il est sans joie sensible. Cependant vous avez d'autant plus contenté Dieu que la victoire a été plus pénible à la nature. Dites avec une sainte dame, vivant comme vous dans le monde : Vive la croix ! On ne peut en décharger ses épaules qu'en la plaçant dans son cœur. N'est-ce pas une idée très-vraie et pleine d'élévation et de courage ? Pensez-y et voyez.... Prions pour ce pauvre pays, jadis très-chrétien, aujourd'hui presque athée de pratique et de doctrine. La Ste-Vierge est mon espoir. Adieu.

1849.

Ma chère N. . Vous accusez à bon droit la mobilité de votre imagination ; mais à vrai dire, c'est un tourment, non une faute. Qui ne s'excusera d'en subir les écarts quand sainte Thérèse elle-même, nous dit que dans les moments où son cœur était le plus uni à Dieu, son imagination ne cessait de voltiger çà et là comme un papillon sur mille objets. Cependant, elle allait toujours, s'attachant à Dieu en dépit de ces folies involontaires, qu'elle dit être presque impossible à retrancher de ce monde. Certes, il y aurait là de quoi nous consoler, nous, pauvres petites âmes qui nous traînons à peine, tandis qu'elle volait, si nous pouvions nous rendre ce témoignage que nous ne refusons rien à Dieu, et que notre cœur est à lui comme celui de cette grande et aimable sainte. Enfin, ma chère N..., faisons de notre mieux à notre façon et Dieu fera le reste. Cependant, comme vous demandez un remède contre cette ingouvernable imagination, je vous dirai que ses écarts sont de deux sortes : les uns de pure mobilité, et ceux-là sont facilement excusés ; ils rentrent probablement dans ceux dont parle notre Sainte. Les autres viennent de passions immortifiées, de vains désirs, d'empressement pour arriver à ses fins, et ceux-ci ont besoin d'être réprimés par la mortification, par la soumission, l'abandon entre les mains de Dieu, disposition qui s'obtient par la prière, qui s'établit par l'examen. Voyez où vous en êtes. — Comme vous le dites fort bien, votre vie n'est pas inutile puisque vous êtes où Dieu veut. Vous pourrez toutefois la rendre plus raisonnable en vous proposant une sorte de règle à laquelle il faudra vous assujettir. Déterminez le temps à donner chaque jour à la prière, à la lecture, à la visite des malheureux et vous verrez que le soir, vous serez plus contente de vous. Cette grande liberté qu'on se laisse dans le monde, de faire ce que l'on veut, comme on le veut, à l'heure que prend la fantaisie, de varier et d'abandonner ses exercices, selon l'impression du moment, est peut-être ce qui ruine le plus l'empire de Dieu en nous. J'ai presque l'air de débiter une absurdité: mais il est sûr que nous avons besoin d'assujettissement pour être heureux, et que ce grand décousu de la vie du monde en est le premier supplice.... Adieu, vous savez qu'on ne peut être plus à vous que votre vieille et fidèle amie.

1852.

Vous me reprochez de faire de la propagande; eh bien, j'en ferai ma chère N.... Je crois être coupable de larcin quand je garde une bonne pensée, un bon livre pour moi toute seule. Maintenant, il s'agit de trois ouvrages excellents dont j'ai fait connaissance un peu tard, par ma faute. Le premier intitulé *Réponses*, par l'abbé de Ségur. Je crois qu'il irait à quelqu'un des vôtres. J'en ai été très-contente, il satisfait aux objections les plus répandues contre la religion, gaîment, rondement, sans longueur. — L'autre pour vous: *Manuel de charité*. Il fera tomber certains prétextes allégués par dame N... pour ne pas faire ses aumônes elle-même en visitant les pauvres. Le troisième, le *Livre des classes ouvrières*. Il attaque les vices de ces pauvres gens; mais avec tant d'égards, de cœur, qu'il fait aimer le médecin qui touche si délicatement la plaie. Ces deux derniers sont l'œuvre de l'abbé Mullois, un saint prêtre qui passe sa vie au milieu des ouvriers et qui en a déjà converti un grand nombre. Je les ai lus d'un bout à l'autre. C'est plus que de l'éloquence; c'est du bon sens, du cœur, de la charité vraie; enfin, il faut que je vous les envoie, même avant que vous m'ayez dit oui, parce que je sais qu'après les avoir lus, vous me direz merci. Il faut que vous donniez dans votre village quelques exemplaires du *Livre des classes ouvrières* ce sera une bonne œuvre. Les mauvais livres sont répandus avec tant de zèle, c'est honteux pour nous. Il me prend souvent une véritable impatience de ne pouvoir éclairer tant de pauvres gens, à moi inconnus, qui s'égarent, jugez si je ne prierai pas pour vos intentions. Oh oui, je le ferai. Je vous promets la communion de vendredi 1er du mois.... Adieu. Je vous aime comme vous savez, faisons-nous saintes; le reste ne vaut pas une seule de nos pensées.

23 Août 1858.

Certes, ma chère N.,., quand on rencontre un bon directeur, c'est une grâce inappréciable; mais quand la Providence le refuse, il faut conclure que Dieu lui-même daigne se charger de nous, et certes on n'y perd pas, car les femmes surtout ont certain penchant à se rechercher jusque dans les choses les plus saintes, et, si ce défaut n'est combattu, il peut les fourvoyer grandement. Il ne dit que trop vrai, votre bon curé; qu'avez-vous à offrir à Dieu en fait de sacrifices matériels auprès de tant de pauvres à qui manque le pain quotidien? Mais aussi, les petits ennuis de tous les instants ont leur mérite, c'est un martyre à coups d'épingle; on aimerait mieux le coup de massue une fois donné. Et puis, les âmes sont plus ou moins délicatement trempées. Il y en a sur qui tout fait plaie et qui ont une singulière aptitude à la souffrance; d'où je conclus qu'on peut devant Dieu mériter énormément sans suer, sans trembler, sans avoir ni faim ni soif.

Je crois que vous examinez trop si vous êtes bien ou mal disposée, ma chère N..., il faut se faire un caractère plus généreux, plus mâle, et aller en avant quand même.... Marchez donc. N'oubliez pas ce qu'a dit Notre-Seigneur : « *Celui qui ayant mis la main à la charrue se retourne pour regarder en arrrière, n'est pas propre au royaume de Dieu.* » Il est une chose dont vous pouvez toujours être la maîtresse : la persévérance dans vos prières et vos exercices. Prenez une bonne fois la résolution de ne jamais les abandonner, et Dieu, touché de votre fidélité, vous fera voir ce que vous pouvez avec lui. . . . .

Votre grand tort est le découragement et l'abandon des sacrements. Lâche soldat, vous quittez les armes précisément lorsqu'il faudrait les prendre..... On n'offense pas sans le savoir un Dieu que l'on veut aimer. Dès qu'il y a doute, jugez en votre faveur : c'est la décision de saint Liguori. A une sainte qui considérait dans l'amertume de son cœur ses fautes de fragilité, Notre-Seigneur fit voir un globe de feu, qui dévora en un instant des pailles amoncelées, voulant lui faire entendre par là qu'un seul acte d'amour fervent suffit pour effacer ces fautes légères où l'on tombe chaque jour. Ce que veut l'ennemi nos âmes, c'est de vous arrêter par moments. Que le temps soit bon ou mauvais, le voyageur n'attend pas les beaux jours pour continuer sa route, il va toujours ; tantôt il voit se dérouler devant ses yeux de riantes campagnes, tantôt, au contraire, il n'aperçoit qu'une nature âpre et sauvage. Est-il exposé à être précipité au fond des abîmes, enseveli dans la neige ; si son oreille n'entend plus que le cri des animaux sauvages, va-t-il rester en chemin pour cela ? Au contraire, il se presse et hâte sa marche, ne négligeant rien pour sortir au plus vite des pas dangereux ! Allons donc ! un peu de fermeté et de constance ! Vous faites dix pas en avant et vingt en arrière. En ce monde, rien ne coûte pour arriver à ses fins. Il n'y a que pour gagner le ciel qu'on veut se croiser les bras. Notre-Seigneur a bien dit que les gens du siècle sont plus prudents dans leurs affaires que ne le sont les enfants de lumière. Sans combat, pas de victoire ; en temps de guerre, les années comptent double, et le mérite n'est pas dans la jouissance.

Chère N....,

Prions Dieu, en vertu de son immutabilité, de fixer votre légèreté et votre inconstance. Entrez dans le Cœur de Jésus, fixez-y votre demeure tous les jours de votre vie. Dans cette retraite, priez, agissez, souffrez, combattez, et tout ira bien. Vous trouverez là la solution de tous vos doutes, la force dans toutes vos faiblesses, la consolation dans toutes vos peines. Que je voudrais vous voir toute consacrée, toute dévouée à ce Cœur ! Pour mériter d'y pénétrer tous les jours plus avant, fidélité ponctuelle, sans scrupule toutefois, à vos exercices de piété, surveillance douce et exacte ; on ne gagne rien par trop de violence, ni contre soi-même, ni contre les autres. Dieu n'a pas voulu que ses créatures fussent parfaites, afin de nous rappeler, en quelque sorte, à lui par le vide qu'elles nous laissent. Quelquefois, lorsque je craignais de m'attacher trop vivement, la découverte de quelque petite faiblesse humaine ne m'était pas une peine : « Il n'y a que vous de bon, de parfait, ô mon Dieu ! m'écriais-je. »

L'acceptation de la volonté de Dieu, quelle qu'elle soit, est le seul moyen de n'être pas infidèle. Ne veuillez que le salut de votre âme, quelque part que le bon Dieu vous appelle, et il vous aidera. Priez, soyez fidèle et restez dans des dispositions propres à attirer les bénédictions de Dieu. Certes, c'est une grande question, une question de vie ou de mort. Pour l'examiner, mettez-vous dans l'indifférence de la foi : que voudrais-je avoir fait à l'heure de la mort ? Et Dieu ne permettra pas que vous fassiez fausse route. On sait bien quelle est la plus sûre ; mais Dieu n'y appelle pas tout le monde, et il est aussi dangereux d'y entrer sans vocation que de rester dans le monde quand on a entendu la voix qui en retire. Examinez ensuite quelle est la pensée qui vous revient le plus habituellement dans l'oraison, dans la communion, et demandez à la sainte Vierge de vouloir bien inspirer ceux que vous consultez. Une grande fidélité à la grâce, exactitude à vos communions, ensuite demeurez parfaitement calme et tranquille.

Chère N....,

J'ai obtenu cette très-grande grâce pour vous : ce vœu de consécration n'oblige à rien qui soit incompatible avec les devoirs de société, avec la vie que vous menez. Il n'engage qu'à un amour plus constant, plus ardent et plus zélé pour le Cœur de notre bon Maître, que déjà vous devez avoir envie de connaître tous les jours de plus en plus. Pour le vœu de propagation, il suffit de quelques actes de zèle dans l'année : écrire, parler, répandre quelques livres qui traitent de la dévotion au Sacré-Cœur, engager à célébrer sa fête et celle de l'Immaculée-Conception. Il n'y a rien là qui ne soit dans vos usages. Quant aux grâces qui en sont le fruit, je ne saurais vous dire combien nous en avons vu de preuves sensibles. Il est des âmes qu'il a complètement changées, auxquelles il a donné pour se vaincre une facilité jusqu'alors inconnue. Maintenant que le bon Dieu vous a privilégiée de cette sorte, vous ne devez pas mesurer votre fidélité sur celle des autres, et lorsque Dieu vous demande un sacrifice tant léger soit-il, l'exemple de personnes pieuses qui n'y regardent pas de si près ne peut être une loi pour vous. Ah ! c'est bien vous qui pouvez dire : Il n'a pas traité ainsi des nations entières, et je lui refuserais une preuve de mon amour ! Vous savez d'ailleurs que c'est à de petits souvenirs presque imperceptibles aux yeux des autres qu'il voit le cœur, et qu'en retour le sien est blessé d'amour et de joie.

Je ne crois pas que Dieu vous veuille hors du monde, ou du moins ce ne serait pas de ces appels marqués, qu'il est comme impossible de ne pas reconnaître. Vous avez trouvé la paix en pensant à un autre parti, et, je vous dirai, d'après ma propre expérience, que le trouble et le remords s'emparaient de mon âme quand je voulais jadis abandonner le projet de me donner toute à Dieu. Vous l'avez prié ; il vous donnera sa lumière dans le besoin.

Ma chère N....

La tristesse tue l'âme, ne mène à rien et rend incapable de toute énergie. Si Dieu ne vous appelle pas à une vie séparée du monde en effet, il vous demande la vie de perfection au milieu du monde, il vous l'a trop bien fait comprendre et goûter pour que vous en puissiez douter. Je ne regarde donc pas comme des scrupules, ni comme chose à négliger ces retours d'amour-propre, ces préoccupations de la place que vous occupez dans l'opinion des autres, qui parfois vous tourmentent. Il ne faut pas, il est vrai, vous torturer l'esprit, ni manquer vos communions quand la chose est légère ; mais j'aime que vous le voyiez et que vous vous le reprochiez. Quelquefois on se trouve tout sec, tout distrait, tout hors de Dieu, on ne sait s'en expliquer la cause, et souvent elle n'est autre qu'un peu trop de latitude qu'on s'est donnée sur des choses que la grâce, si délicate dans ses exigences comme dans ses prévenances, demandait de nous. Vous vous plaignez de ne pas mettre à profit ce temps d'épreuves ; il vous reste au moins un refuge assuré : l'humilité, que Dieu ne saurait mépriser. Au reste, cet amour-propre dont vous vous plaignez, on le rencontre partout aussi bien qu'au bal, et, si vous lui faites une guerre journalière, il se trouvera tellement affaibli qu'à la fin, là comme ailleurs, il vous laissera tranquille. Hélas ! c'est de nos défauts le premier vivant et le dernier mourant. Malgré cette réflexion, il est bien entendu que le moins que vous pourrez aller dans le monde sera le mieux. On y perd toujours au moins son recueillement et un peu de son goût pour la prière. Et, bien que je pense que vous êtes destinée à vivre dans le monde, je vous répète cependant que Dieu ne veut pas de vous ce petit train ordinaire de vertu de la plupart des gens du monde, qui, dès lors qu'ils ne croient pas un mal évident, pensent toujours faire assez de bien. Vous devez être parfaite au milieu du monde, y suivre autant que votre position le permettra, d'abord les préceptes, bien entendu, puis même certains conseils ; car Dieu ne vous a pas aimée et éclairée de la manière ordinaire comme la plupart de ceux qui vous entourent.....

On se trouve rarement mieux de changer de confesseur, et toutes ces grandes chercheuses de directeurs plus éclairés, plus intérieurs, ne sont ordinairement que des personnes fort pleines d'elles-mêmes, et fort peu occupées de Dieu et d'une vraie et solide perfection. Supportez votre âme telle qu'elle est, et présentez à Dieu sa misère, son impuissance..... Ni valse, ni polka, c'est assez des quadrilles. D'ailleurs, n'êtes-vous pas libre ? Profitez-en. — Que répondre quand on vous demande pourquoi ? Très-délibérément que ce n'est point votre usage et que vous vous en trouvez bien. Quand une très-jeune personne vous consulte sur le même article, dites-lui que vous ne vous permettez pas ces danses. Qu'elle consulte son confesseur, mais que vous croyez plus sage de s'en abstenir. Vous devez tenir ferme, la conscience le défend, et, bien que le monde paraisse blâmer la jeune fille qui a trop de réserve, au fond il l'estime et la respecte..... Oui, je l'espère, vous serez du petit nombre de femmes éminemment chrétiennes, dont la piété, bien entendue, fait honneur à la religion et gagne les cœurs de tous ceux qui les entourent. Soyez un peu plus déterminée dans l'aveu des vraies raisons de votre mise sévère; croyez que le monde, s'il jetait les hauts cris, vous approuverait encore tout bas, sans compter que Notre-Seigneur ne serait pas obligé un jour de rougir de vous, pour vous punir d'avoir rougi de lui devant les hommes. La vertu, la force d'âme, ont un charme dont ne peuvent se défendre ceux-mêmes qui ne la pratiquent pas. Donc, même humainement parlant, vous n'auriez qu'à gagner à cette conduite.

1851.

Je pense, ma chère N..., que vous avez bien remercié le bon Dieu et la sainte Vierge. Ils protégeront jusqu'au bout la mère et le fils. Voilà une petite âme toute pure et toute resplendissante de la grâce du saint baptême, que Dieu vous donne à garder, à former, à diriger vers lui. Savez-vous que c'est un grand honneur qu'il vous fait, indépendamment de toutes les joies qu'il répand dans votre âme. Vous ne faillirez pas à cette mission, vous l'enfant de Marie! Demandez à cette Mère Vierge de vous inspirer; prenez-la pour modèle et pour guide dans les soins que vous donnerez à ce petit ange; qu'il soit pour vous comme un autre Enfant Jésus.... Animée par cette pensée si douce, si facile, si élevée et si simple, quelle sainte mère vous deviendrez et quel enfant de bénédiction sera celui que vous élèverez dans ces vues ! Permettez-moi, en qualité de grand'mère, de déposer un affectueux baiser sur le front du petit X. en demandant à Dieu de lui conserver toujours l'innocence de son baptême. Recevez aussi mes tendres embrassements et croyez qu'on ne peut vous aimer plus que le fait votre mère et amie.

M. Saint-Jérôme.

TABLE

Introduction VII
Chapitre Ier. — Enfance de la Mère Saint-Jérôme . . 1
Chapitre II. — La Mère Saint-Jérôme élève dans les premières classes 24
Chapitre III. — Vocation religieuse. 45
Chapitre IV. — Noviciat 65
Chapitre V. — Souvenirs sur d'anciennes élèves . . . 84
Chapitre VI. — Apostolat près des enfants. 119
Chapitre VII. — Dévotion au Sacré-Cœur de Jésus. . 149
Notice abrégée sur le P. Pierre Ronsin, guide spirituel de la Mère Saint-Jérôme depuis 1823 jusqu'à 1844. 169
Chapitre VIII. — Amour filial pour le Souverain Pontife, pour l'Eglise et pour la France. 188
Chapitre IX. — Écrits de la Mère Saint-Jérôme . . . 215
Chapitre X. — Dernière maladie et mort de la Mère Saint-Jérôme 237

CHAPITRE XI. — Lettres de la Mère Saint-Jérôme à M. de L..., son tuteur, et à Mme de S.....

CHAPITRE XII. — Lettres de la Mère Saint-Jérôme à la R. Mère Sophie de Saint-Elie, Carmélite, et à la R. Mère Xavier de l'Enfant Jésus. 324

APPENDICE AU CHAPITRE XII. — Quelques lettres à d'anciennes élèves. 361

Riom. — Imprimerie de G. Leboyer, rue Pascal, 3.

www.ingramcontent.com/pod-product-compliance
Lightning Source LLC
Chambersburg PA
CBHW050438170426
43201CB00008B/721